读者文摘 成长卷

——青春的那只蝉

本书编写组 / 编

北京工业大学出版社

图书在版编目（CIP）数据

读者文摘．成长卷．青春的那只蝉 /《读者文摘》编写组编．— 北京：北京工业大学出版社，2021.3（2023.8重印）

　　ISBN 978-7-5639-7773-4

　　Ⅰ．①读… Ⅱ．①读… Ⅲ．①文摘－世界 Ⅳ．① Z89

中国版本图书馆CIP数据核字（2020）第263077号

读者文摘·成长卷——青春的那只蝉
DUZHE WENZHAI·CHENGZHANG JUAN

编　　者：	本书编写组
责任编辑：	曹　媛
封面设计：	点墨轩阁
出版发行：	北京工业大学出版社
	（北京市朝阳区平乐园 100 号　邮编：100124）
	010-67391722（传真）　　bgdcbs@sina.com
经销单位：	全国各地新华书店
承印单位：	武汉兆旭印务有限公司
开　　本：	710 毫米 ×1000 毫米　1/16
印　　张：	18.5
字　　数：	319 千字
版　　次：	2021 年 3 月第 1 版
印　　次：	2023 年 8 月第 2 次印刷
标准书号：	ISBN 978-7-5639-7773-4
定　　价：	48.00 元

版权所有　翻印必究

（如发现印装质量问题，请寄本社发行部调换 010-67391106）

序 言

  我们都在时光里跌跌撞撞地成长，然后一点点离开最初的模样。到底什么是成长，如何成长，成长要经历什么……这许多的问题，没有人可以给出统一的答案，但个中滋味，每个亲历者都深有体会。

  小时候，看到大人可以想干什么就干什么，想去哪就去哪，非常羡慕，那时就渴望成为一个大人；可当真正长大之后才发现，年龄越大，烦心事就会越多，承担的责任也就越大，再也找不到小时候的潇洒自在了。人犹如一张白纸，越长大，在上面画的东西就越多，可做的选择就越多，痛苦就越多。那一刻突然明白，还是做小孩子最好了。成长在得到的同时，也意味着失去，失去自由，失去童真。但这是人生的必经之路，谁也逃脱不掉。

  成长是痛苦的，但也是快乐的。因为有那么多美好的回忆，小伙伴的嬉戏打闹，父母的关爱陪伴，老师的谆谆教导……如此种种，成为一个人生命中温暖的指引。当他处于绝望痛苦、陷于困顿迷茫时，那些情景、话语，会是他重新站立起来的无形力量。那些往日的笑容、快乐，会让他在以后的日子里、否定自己的时候，想起世界上还有人深深地爱着他，他并非一无是处。

  有人说成长是一份成熟，有人说成长是一份改变，有人说成长是一份责任，有人说成长是一份懂事，也有人说成长是一份失意，但我想说的是，成长是永远的行走，行走在人生这条充满荆棘又有鸟语花香的路上，一边走，一边赏，一边哭，一边笑，永远在走，永远在经历！

  《读者文摘·成长卷》系列共六本，分别是《不完美，是光照进来的地方》《不负梦想，乘风破浪》《那些年，我们一起成长》《青春的那只蝉》《流年里的桨声灯影》《活成自己喜欢的模样》，这些文字或讲述童年的童真童趣，或诉说生活中的尴尬苦恼，或言说成长的感悟经历，或描绘理想的豪情壮志……总之，处处蕴含着情愫，处处显现着温暖。

最后引用诗人刘瑜的一段话,与成长中的每个读者共勉:

愿你有好运气,如果没有,愿你在不幸中学会慈悲。

愿你被很多人爱,如果没有,愿你在寂寞中学会宽容。

愿你一生一世每天都可以睡到自然醒。

目 录

 第一辑　青春是窗边抓不住的那只蝉 / 1

小时候 / 3
青春那座城堡 / 6
心田上的百合花 / 9
文艺青年图鉴 / 11
在先生的"包庇"下 / 15
集体情书 / 17
头发与麦芽糖 / 21
俗世烟火是迷人的 / 23
我的小学时光 / 25
我曾经读过的热爱 / 27
外婆与桂花糕 / 29
我和赵四喜的少女时代 / 30
我与马轩轩 / 33

后花园 / 36
柚子碗 / 37
废园 / 38
一切开始时的美妙 / 40
近黄昏 / 43
老井 / 45
班有"老贾" / 48
那些让人终生难忘的老师，都有自己的降龙十八掌 / 50
少年和牛 / 51
顽童妄想曲 / 53
黄昏尽头是故乡 / 56

 第二辑　无烦恼，不青春 / 59

我与零食的相爱相离 / 61
妈妈，因为我想您好 / 64
我病了，我的错？ / 66
我们拼命发声，尽管只能被自己听见 / 69
穿越黑夜时，请步履不停 / 71

我最初的人生思索 / 73
寂寞的十七岁 / 76
十七岁那年，我把母亲骗进了精神病院 / 78
后来，不苦成了我最喜欢的甜 / 80
同学，你好优秀 / 83

第三辑　去喜欢自己的不够可爱 / 87

每个人都是绽放于世间的"唯一之花" / 89
真实的人性有无尽的可能 / 90
找回自信的方法 / 92
请君"勿忘我" / 93
我好像有点甜 / 95
与世界相拥 / 96
角落里洒满阳光 / 98
羡慕 / 99

如何拥有不矫情的人生 / 101
第二世界 / 103
何必与人比 / 104
你终将与自己握手言和 / 105
内向的人，青春期总是难过一点 / 107
心情就是生活的质量 / 112
没有观点的人能不能好好生活 / 114
心大了，大事就小了 / 116

 第四辑　安放在抽屉里的青春 / 119

我的伊甸园 / 121
魏升 / 122
杏树下 / 126
每个人都是青少年 / 130
弹一首阳光明媚的歌给你 / 132
陌上谁家年少 / 135
青春何时结了痂 / 137
那个坚持要拯救我的老师 / 139
安放在抽屉里的青春 / 141

鱼丸归你，你归我 / 143
尖叫豆片与过往的囚徒 / 146
那些梦想的花儿 / 148
那些藏在抽屉里的爱与惊喜 / 151
关于睡觉这件小事 / 154
靠近云朵的少年 / 157
好学生的中学爱情 / 163
无心恋良夜 / 166
表白 / 172

第五辑　我最想成为的模样 / 179

我的"神"一般的学生 / 181
在山里教书 / 185
一个微不足道的开始 / 187

"曲线救国"做编剧 / 189
我最想成为的模样 / 190
赢不起的战斗 / 192

目录

我的1000天小树林计划 / 194
心智上的成年 / 199
浪费的时光未必没有价值 / 202
迈出这一步 / 204
最好的样子 / 207
一个贫困生的十年 / 209

借我一束光照亮黯淡 / 211
永远为自己和值得的人而活 / 213
每个牛人，其实都是蜗牛 / 215
我真是一个贪图美好的家伙 / 217
你是个年轻人，就应该野心勃勃 / 218
在一座城堡里，遇见自己 / 220

 第六辑　少年的你，别来无恙 / 225

我不担心 / 227
被看到很重要 / 229
你可以飞得更高 / 231
早起的鸟儿有虫吃，那早起的虫呢 / 232
小溪流是绿色的 / 234
永远不会和你分手的那个人 / 238
关掉镜头，好好吃饭 / 239
无烦恼，不青春 / 243
我们终究是不一样的 / 245
我们为什么要保护孩子的叛逆 / 248
大海 / 251
黄少女的书桌时光 / 252
干就完了 / 255
八分好 / 257
智者见山，愚者见渊 / 258
去看大好河山的年轻人 / 260
这故事就要完结 / 261

人世真局促 / 263
一盏茶，三种况味 / 265
示强与示弱 / 266
感叹时光 / 268
看淡过往 / 269
梅丽姑妈的蛋糕 / 270
不怕别人变好 / 271
学着和这个世界保持距离 / 273
在岁月中沉淀 / 274
诚意 / 276
撕毁人设之后，你是谁 / 276
"为了钱而工作"，这是了不起的 / 278
搭讪的勇气 / 280
不若与众 / 281
最善泳者，忘水 / 283
多虐待筋骨，不虐待心情 / 284
世界再乱，请准时到站 / 285

第一辑

青春是窗边抓不住的那只蝉

青春恰如盛夏，倏忽而过，宛若窗边抓不住的那只蝉。就像自己多年前明明没做好准备，便被时光推搡着一刹那长大成人。但少年啊，也是这短暂且茂盛的青春滋养着我们的一生，让我们对万物有所期待。

小 时 候

艾润

一

我小时候挑食到了令人发指的地步，所以一不小心就瘦成了一棵豆芽菜。最不爱吃的蔬菜是菠菜，我爸总是试图劝说我："你看，大力水手都爱吃菠菜，所以他才那么有力气。"可惜，这招并未奏效，我觉得大力水手的样子不好看，倘若我吃了菠菜也变成他那样，那该多惨，于是我就更讨厌吃菠菜了。

我爸无奈，只好换了一个套路。我每天做完作业后，会准时守着电视机看《大风车》，最喜欢董浩叔叔，还给他写过信。有一天，我爸像煞有介事地拿出一封信，说是董浩叔叔给我的回信，信封上写着大大的"北京"二字。

我认不全信上的字，就委托我爸来念。

董浩叔叔在信里夸奖我是聪明的小朋友，希望我能好好学习，还特意嘱咐我要多吃蔬菜，补充维生素，才能更聪明。

那顿饭，我没有拒绝我爸夹过来的青菜。

过了几年，我在我爸的书桌里找到了那封没有贴邮票的信。那时候，我已经学习了书信的格式，知道自己被骗了，就跑去质问我爸，他哈哈大笑，不予回应。

这时，我已经不讨厌吃青菜了，补充了许多维生素。

二

我妈和我爸不同。我不喜欢吃的东西，她就不做，默默地做我喜欢吃的。我印象最深的是年夜饭要吃饺子，爸爸爱吃羊肉馅的，我爱吃芹菜馅的，弟弟爱吃韭菜鸡蛋馅的。

为此，我妈要准备三种口味的饺子馅。我问过妈妈喜欢吃什么馅的，她笑着说："我不挑，都可以。"

因为家里的菜口味总是偏清淡，我一度以为我妈和我爸一样，属于清汤寡水派。我爱吃辣，似乎是个例外。结果有一次，我妈突然对着我感慨："你和我年轻的时候一个样，特别能吃辣。"

我愣住了。

只是因为我爸胃不好，要忌口，久而久之，嗜辣的她也养成了清淡的饮食习惯。

我看着她在厨房里忙活，把尖尖的朝天椒切成细细的丝，下锅爆炒。我想上前帮忙，却被她挥手赶了出来，说是太辣了，小孩子不能呛着。

她这些年身体越来越弱，而且怎么也胖不起来，身形小小的她站在厨房里，才真的像是个孩子。

三

我弟从小就爱和我吵架，为了一些小事情都能吵出水火不容的阵势。他还时常给我泼冷水，凡是我喜欢的，他都讨厌。

我在我弟在眼中虽然算不上十恶不赦的女魔头，但也和丑八怪差不多。

我弟在幼年时就立下誓言，以后找女朋友绝对不找姐姐这样的。长辈们都只是笑笑，我则张牙舞爪地扑上去揍他。

他比我小，却比我高、比我壮，我自然打不过他，撇撇嘴委屈地哭了。我弟见状，慌忙上前哄我，把自己手里的糖硬塞给我。

我剥开糖放进嘴里，立马不哭了。

他有点瞧不起似的，冲我做了个鬼脸。

后来的许多年，我们俩依旧战火不断，又总能在爸妈回家之前握手言和，他一把揽过我的肩膀，扮演姐弟情深，我也能配合地挤出笑容。

爸妈始终不曾起疑。

偶尔需要和大人对抗的时候，我们会自觉达成统一战线。

忘了是从哪天开始，我们不再吵架，也不知道我和他，是谁先学会懂事的。

我开始给他挑选衣服。他也会时不时地给我发个红包，不再像小时候那样给我起外号，而是认认真真地叫一声"姐"。

有拿不准的事情，我也会打电话问他要个主意。偶尔他也会假装挑剔地对我说："你少吃点，再胖就嫁不出去了。"

四

我家院子里有棵葡萄树，好多年都不结果。

我每天都要站在下面瞅一瞅，摸一摸。直到有一年，在踮脚伸手时，我能够到葡萄架了，它也结出了圆溜溜的小葡萄。

我开始等它成熟。

有一天实在忍不住了，我一把揪下来一颗放进嘴里，酸到掉牙，又"呸呸呸"地往外吐。

奶奶拿了一颗蜜饯给我，埋怨我淘气，葡萄不熟哪能吃呢。

我已顾不得葡萄，跑到奶奶的屋子里，打开她床头的红木抽屉。老式的家具，笨重地待在房间一角，我也会嫌它们难看。

可我不嫌弃那个红木抽屉。

那个抽屉里面永远藏着好吃的：水果糖、蛋糕、橘子……以前是奶奶拿给我吃，我长大一点就学会了自己扒拉，够不着的时候，还要踩着一个小板凳。

那是我童年的百宝箱。

长大以后，那个笨笨的柜子还在家里立着，我却不再嫌弃它丑，还往红木抽屉里塞过许多吃的，花样比我小时候的还多。

可奶奶依旧不怎么吃，念叨着"老了，牙口不好，吃不惯"这些话，转身就把零食拿给在外面疯跑着打闹的小侄子、小侄女。

红木抽屉也会成为他们的百宝箱吧。

五

我到现在也不怎么会灵活地使用筷子，所有圆形的食物，总是咕噜一下就从筷子缝里溜掉。在饭桌上，我爸总会忍不住要再教教我。

我看着他轻松地夹起一个又一个丸子，可自己训练了几遍，还是不灵光。

"你小时候，我明明教过你那么多遍，怎么就是不会呢？"他一边念叨一边又把重点转移到我握筷子的手上。

在老家有一种说法，筷子握得越高，以后会嫁得越远。

我的手握在筷子的最顶端。

我爸叹了口气，继续吃饭。

小时候，我们家的饭桌相当于一个课堂。我的学习情况都是在饭桌上向我爸汇报的。我学会的好多词语和典故都是我爸临时起意教给我的。

他向我解释"流水不腐，户枢不蠹"，也跟我讲"凿壁偷光"的故事。

我根本不知道这些字词怎么写的时候，就已经明白了它们的意思。

只是现在,我爸不再热衷于给我讲这些道理了。

他说:"你大了,自己都懂了。"

这样看来,我没学会用筷子,倒也不是一件坏事。

毕竟我也会怀念小时候。

没长大的小时候,不懂事的小时候,被宠爱的小时候,回不去的小时候,永远有糖吃的小时候。

感悟手札

青春那座城堡

周李立

我们那个山区县城有多小呢?一个下午的时间,就足够把全城逛上三四圈。但通常只会在星期天下午,因为其余时间我们得待在学校,从早到晚。

县城太小了,小到足以让我们每天上四次学。大大小小的孩子,都走路去学校。

小城里没几条路供我选择,上学路线最多三条,我可以自由地选其中任何一条路走,路程相近,街道大同小异。我们这样的小孩,没见过世面,生来就在指甲盖大小的地方,没离开过也从没想过要离开,我们的上一代人还有上上一代人,大概也都是这样想的,所以我们那里的人,走路都不会太快。山坳中一小块平地上建起来的小城,在山里人眼里,足以用"一马平川"来描述了,何必着急呢,缓步徐行才能显出对脚下巴掌大的平地的珍视呢。

我们两两为伴,挽着手,有一路的话要说。少年时我们把很多鸡毛蒜皮的事都当作秘密，在伙伴对天发誓绝不泄密之前，哪怕我们按捺不住那颗想倾吐的心，也能极力让自己守口如瓶。

可惜无论多庄严的誓言、多事关紧要的秘密，到头来总是会被更多人知道——这是那时候让我百思不解的谜题之一。我们就这样共享了彼此的家庭故事，时常因之大惊小怪一阵子，然后很快就忘掉了惊诧，因为我们自以为这就算了解了人情世故。

每天在小城来回四趟，单程步行20分钟，在一座所有人都晃晃悠悠、不急不慢的山城。只是这三条路上，没什么值得留恋的风景，在路这头的人一定能望到那一头的人——所有小城都很相似，比如没有秘密，比如环境逼仄。我知道在上学路上我见过的每一张面孔，都是熟识的，或者似曾相识——几千人的小城里想寻觅点儿新鲜人或新鲜事，确实有点难。好处是熟识会让人心生安全感，没来由地，我们都逐渐成了没有防备心的小孩。在这样的地方，没有父母会担心小孩在上学路上被拐卖。就算被拐卖了也走不出去，通往外面世界的那条铁路真是繁忙，忙得顾不上载上我们去外面看一看。这是20世纪90年代。

现在，我当然可以把我的中学描述成一座城堡，但我没必要对它进行童话式的美化。它其实是一座山，校门在山脚，教学楼在山顶，山腰的几个操场层叠着，像土黄色的梯田。我们在梯田般错落有致的操场上上体育课，800米的跑步测验需要跑很多圈，山风猎猎，黄土随风飘散。山背后呢，是几栋住校生的宿舍楼、几栋教工住宅楼。住校生的家都在我从未登临过的更高的山上——大巴山脉，最高海拔2000米以上。教师们下班回家，需要走99级台阶。这里的教师都走惯了台阶，他们背着手，满头满身的粉笔灰，看上去就像爬山砍柴的老樵夫。他们又何尝不是呢？一茬一茬的学生都是他们砍下来的柴。和山上的樵夫一样，他们待在这座山上，整日为生计忙，只不过他们挥舞的不是砍刀，而是教鞭。

很遗憾，高三的教室占据全校制高点——教学楼顶层。上课铃声响起的前一刻钟，几个班的班主任总会站在走廊上眺望，从我们的教室窗口俯瞰全城的视野，棒极了！他们会看见从校门口开始绵延到山脚下的浩浩荡荡的队伍，这支队伍由爬楼梯爬得狼狈不堪的我们组成。他们会分辨出其中属于自己的那些学生，目光犀利，犹如在城楼上观瞻两军对垒的将军。

那是我记忆中最绝望的时刻，因为你永远不知道铃声是否会在下一秒响起。

铃声其实不是一种声音，声音是无形的，但铃声有形，它更像绳索，象征着跨越不出去的界限，犹如我们被困囿于大山之中的视野与生活，想跳出某些与生俱来的坚固屏障是那么难。绳索这一边的我们，时常被拦截在光明之外——迟到的感觉，就是下一秒便入地狱的感觉，黑暗极了。高三就是被认作每天都是生死判决日的一段日子。沮丧与挫败会在那一整天当中轮番折磨我，表现形式便是班主任阴沉的脸色和若有似无的白眼。而我是他麾下不善战斗的士兵，让这位将军丢尽脸面。迟到就是我们那时的"达摩克利斯之剑"。

班主任的悲悯之心，体现在他会为我们喊加油："加油，快跑，还有两步了，多争取一分钟。"这背后的潜台词是：一分钟做一道题，半个小时就能做一张试卷。我很幸运，拥有全校嗓门最大的班主任，我在山脚下的校门口，便能听见来自至高无上之处的呼喊与鼓劲。在脚酸腿软时，在大太阳底下，"快跑，只有两步"的加油号子，无异于火上浇油，我们都觉得那个夏天的炎热简直非比寻常。以至于每到上课前的几分钟，教室里都是此起彼伏的我们喘不过气来的声音和大汗淋漓后的体味，于是处处都是热气腾腾的味道。

这种味道很容易带来困意，毕竟我们是早晨五点起床、晚上十二点以后入睡的高三年级学生。课堂的后半段，呼吸声终于平静下去，像退潮的海水归于平静。而这时的每张课桌上那些竖立起来的辅导书后，你很可能就会发现一个酣睡着流口水的少年。我也因此被调换座位，因为我和同桌在课堂上睡觉时，无意中选择了相对而视的方向，当然我们并不能相对而"视"，因为我们得闭上眼睛，各自做各自的梦。

冒风险的事情简直太多，几乎都发生在后山的火车隧道里。火车隧道是我们的乐园，容纳了我们对刺激、危险或浪漫的所有想象。往火车隧道黑暗的纵深之处走得越远的人越是英勇，越被我们尊敬。比试过勇气之后，带着狂乱的心跳，与一同寻求刺激的伙伴，再回到教室，看书上的练习题，就没那么狰狞了，因为我们刚刚见识过真正的黑暗的狰狞：一点光亮都没有，伸手不见五指，堪称恐惧的极限。我们简短的冒险，释放掉了多余的青春的力气。于是我们平安无事，全都长大成人。唯一出事的，是一个男孩，他再也没有走出废弃的火车隧道。他遇上了小火车。说那火车"小"，是因为只有几节翻斗车的车厢，翻斗内装着采自深山的煤矿。他的死亡比所有秘密传得都快，他"一夜成名"，在小城无人不知，尽管他早就是我们当中最勇敢的冒险家。我们再也没有去过那个火车隧道，但我们都知道，有些东西就在那里，每逢重复的生活让我们心生倦意，我们便会心照不宣于这样的领悟，勇于应对这种倦意的人，才是真正的英雄。

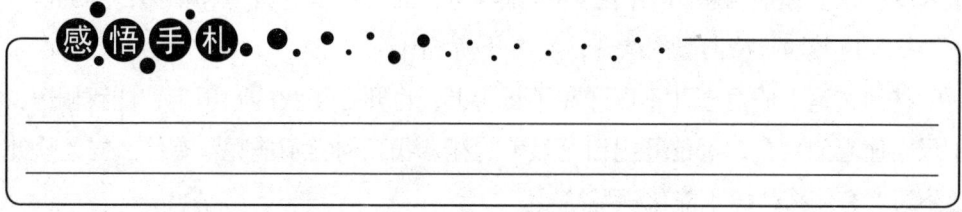

心田上的百合花

徐光惠

"在穿过林间的时候，我觉得麻雀的死亡给我一些启示，我们虽然在尘网中生活，但永远不要失去想飞的心，不要忘记飞翔的姿势。"林清玄先生安静地走了，他在临终前告诫我们：不要忘记飞翔的姿势！

多年前，我在小城的新华书店邂逅了林清玄的文字。那时的我正处于人生中最艰难的低谷期，工作和生活都出现了一些问题，像一团乱麻搅得我焦头烂额。我开始变得脾气暴躁、多疑敏感，甚至整夜失眠，精神萎靡不振，未来的路不知该如何走下去。

那天，我来到新华书店，无意间翻到一本散文集，读到了林清玄的《心田上的百合花》：在一个偏僻遥远的山谷里，有一个高达数千尺的断崖。不知道什么时候，断崖边上长出了一株小小的百合。

百合刚刚诞生的时候，长得和杂草一模一样。但是，它心里知道自己不是一株野草。它的内心深处，有一个内在的纯洁的念头："我是一株百合，不是一株野草。唯一能证明我是百合的方法，就是开出美丽的花朵。"

年年春天，野百合努力地开花，结籽。它的种子随着风，落在山谷、草原和悬崖边上，到处都开满洁白的野百合。

不管别人怎么欣赏，满山的百合花都谨记着第一株百合的留言："我们要全心全意默默地开花，以花来证明自己的存在。"

一株与杂草同生在断崖上的小小百合，却有着与杂草不一样的信念。为了心中美好的愿望，百合花执着坚韧，努力地吸收水分和阳光，深深地扎根，直直地挺着胸膛，顽强地与恶劣的自然环境做斗争，面对周围的讥讽和鄙夷，不动摇、不游移，执着地坚持自己的信念，最终开满了山谷。

林清玄笔下的百合花不仅开在了断崖上，也开在了我的心田上，让我顿悟：千尺断崖上的百合，都能开出自己最美的花，我又何尝不能呢？有什么样的坎儿迈不过？有什么苦痛不能化解呢？

我被他的文字深深打动，它如一盏明亮温暖的灯，照亮我晦暗的心。人，也要有百合花的这种精神。人在旅途，挫折和苦痛是难免的，不管生活对你多么不公平，别人如何误解你、看轻你，也不管你遭受的境遇有多难，你都要相信自己，只要设定了目标，坚持心中的信念并为之不懈努力，一切苦难都会过去，你的愿望总有一天会实现。

我不再自怨自怜，调整好心态，积极想办法，勇敢面对，渐渐走出低谷，找回最初的自己，重获生活的希望。

从此，我对林清玄的文字情有独钟，爱不释手。他的文字正如他的名字一样，在喧嚣中给人清新、清凉，又发人深省。那些关于生命、人生、爱、生活、成长、希望的字句，读来韵味悠长，质朴中透露着一种空灵淡雅的气息，为红尘中奔波的人提供荡涤心灵的清新剂，引导读者去探寻人生的真谛。

林清玄的文字正如心田上的百合花，在我生命中悠然绽放，永不凋零。

感悟手札

文艺青年图鉴

艾润

一

我对文艺青年有一个模糊的印象，是从高中时代开始的。那时候，在我的定义里，文艺青年一定要多才伶俐、爱读书、特立独行。不知道是不是学校地理位置优越、山好水好的缘故，高中三年我遇到了几位文艺青年，他们给我的印象颇深。

二

先从任课老师说起。老师姓庄，长了一张娃娃脸，非常容易脸红，怎么都不像成熟老师的样子，因此我们更愿意叫她庄小姐。

庄小姐从师范院校毕业后便担任了我们高一（3）班的语文老师。她当时踌躇满志，可怎么也没想到自己面对的是一帮爱在语文课上翻杂志、睡大觉的学生。在我们学校，流行的是"学好数理化，走遍天下都不怕"的理念，语文课约等于自修课。

于是，在语文课上就出现了这样一幕：庄小姐站在讲台上兀自用动听的声音讲述着，讲台下的我们固执地埋头做着和语文课毫不相干的事情。

静悄悄的，没有人捣乱，也没有人发言，在语文课上庄小姐仿佛演着独角戏。就这样过了两周，语文课代表看不下去了，向庄小姐建言："老师，您应该拿出老师的威严来，否则大家根本不把您放在眼里。"

庄小姐想了个主意，开始推行《一千零一夜》里山鲁佐德为国王讲故事的方式，每节课结束前的五分钟，是例行的"庄小姐讲故事"时间。故事是庄小姐原创的，她想象力奇佳，把奇幻故事讲得一波三折，却总是在最关键的时刻戛然而止，然后来一句："欲知后事如何，且听下堂课分解。"听故事是有条件的，那就是一节课前面的三十五分钟我们要好好听课，才能享受最后五分钟的"庄小姐讲故事"。

时间久了，大家倒也慢慢地开始习惯庄小姐讲语文课了，才发现她的讲课方式非但不枯燥，还十分有趣。她讲课时总是声情并茂，偶尔还能穿插一些自编的情景喜剧。

眼看着我们对语文课的兴趣越来越浓厚,"庄小姐讲故事"就停了。她说:"我的文学才华只能支撑我讲到这里了。前面会有更厉害的大师等着你们。"她开始给我们读名家的中长篇小说——刘醒龙的《凤凰琴》、老舍的《月牙儿》、萧红的《生死场》等,我们就这样跟着庄小姐阅读了许多名家的作品。

不知不觉间,一个学期结束了。从一开始的排斥语文课,到后来爱上庄小姐的课堂,我们经历了不小的改变,有很多学生在庄小姐的熏陶下,养成了写作的习惯。大家开始觉得能这么一直上庄小姐的语文课,似乎也不错。

可突如其来的一条小道消息,让我们心慌了。据语文课代表说,为了提高升学率,学校声明,倘若哪个老师的教学成果不佳,所带班级的该科期末成绩是全年级倒数第一,任课老师便要被"发配"到后勤部工作一段时间。我们自然反对学校这种丝毫不留情面的政策,可在升学率为"第一要义"的高中时期,似乎也只能默默接受这样的"霸王条款"。我们在心里替庄小姐捏了把汗,因为期中考试的时候,我们班的语文成绩是全年级垫底的,庄小姐为此还被校长批评,红过眼眶。

从知道这个消息开始,大家心照不宣地想,就算是为了庄小姐,期末考试也一定要考好,不能让庄小姐被调到后勤部。因为每个同学都看得出来,她是真心热爱教师这个职业。说起来,她只比我们大几岁,还是个并不知晓世故的女孩子。

在这种高强度的自我激励下,我们班自然是取得了好名次。在庆功宴上,"八卦"的语文课代表不小心说漏了嘴,我们这才知道,那条消息不过是庄小姐和语文课代表研究出来的小伎俩。

一时间,同学们哭笑不得,大呼上当,有的同学愤愤不平,表示生气。庄小姐举手投降,决定要把欠着我们的故事的结尾讲给我们听。

那天晚上,大家围坐在一起,听庄小姐娓娓道来,激动之处,还用手比画。那个场景,是我这些年回想起来,始终觉得温柔的时刻,像木心的诗——"你这样吹过,清凉,柔和。"

三

除了教室,我每天停留最多的地方就是女生宿舍楼下的小书摊了。宿舍楼下有个小操场,四周都是柳树,常有男同学在那儿打篮球,课间休息时,操场上总是挤满了人。

黄大叔眼光精准，选中了这个绝妙的位置，摆了个书摊。书目丰富，让人目不暇接。女生爱看的言情小说，男生爱看的玄幻推理小说，只要你想要，就不会找不到。

传闻黄大叔写得一手好字，还会写小说，上学时曾在报刊上发表过诗歌。他曾经考上大学，因为家贫没能就读，机缘巧合才开始开书店、摆书摊。

每天一下早自习，我就咬着包子蹲在黄大叔的书摊上看书。因为零花钱有限，没钱买书，有时候我蹲在书摊上就把一本书看完了。黄大叔从来不会因此生气，不会因为我不买书就赶我走。于是，我就这样看完了三毛、张爱玲、毕淑敏的全集。

久而久之，黄大叔也成了我们学校的一道风景。他日日站在那里，靠着柳树，气质高冷，并不怎么喜欢和同学们闲聊，但也丝毫不让我们感到生疏。只要到了考试周，你就一定看不到他的书摊了。用他的话来说便是："虽然阅读课外书也是增长知识的一种途径，可到了考试的时候，还是要把脑袋里所有的空间都留给试卷哦。"

包子、课外书、黄大叔的身影，是我高中三年日日重复的画面。我从未觉得有什么不妥，直到有一天，黄大叔突然问我："你每天吃包子，不觉得烦吗？"

我哈哈笑出声，然后说："因为包子比较容易拿在手里，还不耽误另一只手翻书。倘若拿个菜夹饼或者一根油条，手油乎乎的，还怎么翻书呢？"

黄大叔颔首道："有道理。小姑娘这么爱看书，只怕以后要当作家。"不知道是不是我的错觉，我仿佛看到他那冷冷的面容上浮现出一抹微笑。

如今回想，黄大叔还真是个预言家。毕竟那时候，连我自己都没想过有朝一日我真的能成为作家，可以写书。

遗憾的是，因为年少胆怯，我始终没能郑重地对黄大叔说声"谢谢"。他不知道的是，他的小书摊真的是我走上写作之路的助推剂。在青春忧郁的少女时代，我读一本本书，写一本本日记，把无处安放的心绪释放出来，才慢慢踏上自己喜欢的文学之路。

四

除了庄小姐和黄大叔这样和我们有一定距离的"长辈型"文艺青年，我的同桌赵小刀也是一个不得不提的标准文青。赵小刀斯文白净，作文时常被庄小姐拿来当范文，高一时就能完整地背诵《古文观止》。

赵小刀有个笔友，俩人通信长达半年，他每周都能从收发室取回笔友寄来的信，这令我们羡慕不已。可不知为何，赵小刀的笔友总是会有各种各样惨烈的遭遇，比如出车祸、遇上劫匪……这些令人匪夷所思、宛若电视剧里的情节总是发生在他的笔友身上。赵小刀就省下零花钱买礼物寄给笔友，以表安慰。

半年后，赵小刀的笔友突然不再来信了。赵小刀长吁短叹，担心笔友出意外，非要坐车去笔友所在的城市看一下。

实在拗不过他，赵小刀的爸爸便带着他跨省去看笔友。

没承想，回来后，赵小刀就把笔友写的信都撕了。我们不知其中缘由，赵小刀深沉地吟了句诗："我本将心向明月，奈何明月照沟渠。"

后来有一次自习课，大家一起看《樱桃小丸子》，有一集讲的是小丸子交了笔友，笔友说自己的生日要到了，小丸子就给笔友寄了礼物，之后对方就断了联系。

赵小刀叹了口气说："我有过和樱桃小丸子一样的遭遇。"

我们终于知道了赵小刀被笔友欺骗的整个过程。刚想安慰他，他潇洒地一挥手，说："算了，我心向过明月，曾经她就是明月。"

那个气场十足的姿态，是16岁少年最明媚也最倔强的青春轮廓。

五

后来我回学校看过庄小姐，她结了婚，生了宝宝，眉宇间都是初为人母的安详。但她转身从书柜上拿下一本英文版的《傲慢与偏见》递给我的时候，微笑的神情，一如当年的模样。

我上大学的时候，有一次回老家，碰到了黄大叔。他在我们县城开了一家面馆，我恰巧过去吃饭。他爽朗地笑着说："这顿免单，我请。"

至于赵小刀，在同学聚会上，我们见到了他和他太太，俩人站在一起，一对璧人。席间有人提起笔友的事，赵太太一脸宠溺地说他傻，小刀笑呵呵地解释道："当时年龄小嘛。"

时间带走了我们年少的模样。伶俐的庄小姐、高冷的黄大叔、温良的赵小刀，都变得越来越柔软、接地气，可那颗文艺的心始终都在软乎乎地跳动着。

如今回看，我的青春因为有了他们，才有了别样的光彩。

感悟手札

在先生的"包庇"下

小七

一

我平时沉默寡言，眼角低垂，坦然面对任何批评，面不改色心不跳，老师们对我无可奈何，家长早已对我"放弃了治疗"。但是，我居然被一位老师感动，这太难得了。他教的是我觉得枯燥无比的政治课，他还要求我们称呼他为"先生"。

先生教政治，一教就是几十年，经验丰富，在那座小城里也算是有点名气。

他经常和班里捣蛋的学生开玩笑，比如："什么叫贝多芬？背得多了就能多得分！""你们动笔啊！不动笔光看就会了吗？你们以为你们是我啊？！""这道题本来是很普通的，不过打扮得像个妖精一样。""这么简单的题目你都不会，你也太不简单了。""下次再考得太差，我决不承诺放弃武力。"

先生的教学方法独特而有趣。他从不让我们去书店里买资料，只准他自己买，名曰省钱。重点是，他会让我们抄题目！抄完朗读3遍并背诵！这似乎已成定律，也是他的教学特色。每次上课，他都提着一袋子资料，选择他认为好的题目，让我们飞快地听写下来。他告诉我们一些小绝招，每次逛书店的时候都要打起精神，先看政治大题，当场背下来，看烦这本看那本，店主把你们从这个门赶出去，你们就去外面放松放松眼睛，然后从那个门进去继续看。这样就不用花钱买书了，还锻炼了瞬间记忆能力。

二

先生的课堂最大的特点就是自由。在他的课上，我们不知养成了多少"坏习惯"。前排有同学在讲话，先生会大声吼道："讲话的同学，声音小点，不要打扰到后排睡觉的同学！"这一吼，睡觉的同学瞬间被吓醒了。这时，先生秒变温柔语气，指着睡觉的同学说："你不要有压力，继续睡。讲话的同学，我都制止了。"敢问谁还有困意啊？当然，先生也不是完全不管不顾，若是一多半学生都不听讲，他会像个小孩子一样，边敲桌子边喊："快醒醒！快醒醒！下大雨了，快回宿舍收被子。"

有时候课堂纪律太差了，以至于影响隔壁班上课，先生就会做出手枪的手势，瞄准讲话的同学，学生见势做出中弹的样子，还抽搐几下，全班爆笑，之后就心领神会安静下来了。

我坐在第一排，有一次想在先生的眼皮子底下吃零食，便偷偷地从桌洞里拿出零食，然后以迅雷不及掩耳之势塞进嘴里。先生看见了，悄悄地扔了一支粉笔过来："慢慢吃，别噎着了。"搞得我不好意思再吃了。坐在第一排的"福利"，大概还有各种老师的口水。先生讲到激动之处，总是会喷口水。有一次，我忍不住说："先生，你的口水喷到我的本子上了。"他回复道："你是祖国的花朵，不得浇点儿水啊？！"换作其他老师，我吭都不敢吭一声。

三

大家感到最自由的一点，大概是在先生的课上，我们可以随意进出，不必跟他打招呼。先生经常感叹："孩子们压力太大了，上课上烦了，从后面悄悄地溜走，我就装作没看见。"一开始，大家扭扭捏捏、推推搡搡，矜持着不敢出去。后来，大家发现，出逃后真的没事。于是，演变成光明正大地从前门出去。学生走后，先生就捂着眼睛当着全班同学的面说："我什么都没看见啊！"

有一次下大雪，先生看见我们一副心猿意马的样子，就突发奇想："想出去玩雪的同学就出去蹦蹦跳跳吧，想聊天的人留在教室。"结果全班同学都跑了。后来，教导主任训了班主任一顿，说这是教学事故，要严肃处理。班主任说这节课是先生的，教导主任顿时不说话了。

在先生的"包庇"下，我们总是能逃过校长和教导主任的惩罚。至于班主任，那可是我们的"头号敌人"。班主任总是悄无声息地出现在某个窗口，那张熟悉的脸与明净的窗玻璃交相辉映。那画面太美，可我们不敢看。

先生总是会和我们站在同一个阵营，一起对抗班主任。每当班主任的脸刚出现在窗户前，先生就咳几声，大家就明白了，赶紧收起零食，闭上嘴，拿起政治书，正襟危坐，演员退场般结束一切。班主任一走，大家再次东倒西歪，先生说："各位影帝、影后，辛苦了，辛苦了。"

一直觉得先生淡泊名利、心态乐观、无欲无求，他的课堂轻松愉快。紧张的高三，只有在先生的课上能开怀大笑。奇怪的是，班级的政治成绩总体非常好。也许是他教学方法独特，也许是他押题目准，也许是他教学经验丰富，更重要的原因也许是——这么好的老师，考不好都对不起他。

感悟手札

集体情书

徐正超

老马会恨我一辈子吗？我没办法回答这个问题。自从离开大学后，我们便再也没见过面。或许，连我这个人，他都已经忘记了吧。真希望如此。可是，真的可能吗？

无论如何，这个顶着一头茂密鬈发、戴着金属方框眼镜的男生，始终存在于我的记忆深处。有时，我还会想起他长年穿在身上的淡青色老式双排扣西装上衣，以及永远蒙尘的棕色皮鞋。

一

大一开学两个月后,已经有人开始恋爱。寝室里的人也因为性格、喜好等因素,分出了亲疏远近。老马赫然独立,只和哲学要好。老马永远是一副目视前方、面色深沉的神态。晚上宿舍熄灯后,有人会拧亮手电筒夜读,有人会听音乐。老马呢?他会在暗夜里轻轻地叹息。后来,大家一致邀请老马讲课,老马当时正迷恋"圆点哲学"。每个人都会在听他讲三到五分钟以后,渐渐入睡。老马从头讲了将近四年,但似乎一直没讲完第一章。

老马对异性也会有兴趣?大家都不敢相信!他不是只爱哲学吗?

大灯逼着自己的女朋友,在开始入寒的天气里,穿了一条及膝的裙子,露出小腿,连续数天,佯装无意地在老马面前晃来晃去。

我们一开始是群体观察,后来改成轮班监视老马的眼神。结果令人极其沮丧——老马非礼勿视,很坚定。

记不清后来是谁提出了另一种方案——给老马写情书。

情书是大灯的女朋友写的,坦诚地说,文笔一般,情感粗陋,甚至信纸也没按大家的要求折成心形,只是很随意地塞到一个两毛钱的信封里。

老马收到信后却没有任何反应。大家也对该项测试丧失了最初的好奇。事情好像就这样虎头蛇尾地过去了。

二

事情的转折发生在一个无所事事的周末的午后。我在半梦半醒间,听见老马问了一句:"这封信是谁写的?"随后,我听见很亢奋的起床声。大灯说:"你猜。"

老马声音平淡:"她是个粗心的姑娘吧,'的''地''得'分得不是很清。"

大灯说:"我也分不清。"

老马依旧声音平淡:"她引用的词很好,是李后主的,可她错说为韦庄的了。"

大灯说:"你可以回信给她纠正一下呀。"

老马说:"她是谁呢?"

大灯说:"你不回复人家,她以为你拒绝了她,怎么好让你知道她是谁呢?"

我在恍惚中听着大灯的谎言,感觉还蛮真诚的。

老马说:"那我就给她回一封信吧。"

大灯说:"真的?"

老马说:"这个姑娘的字写得挺好看的。"

老马不仅非礼勿视,而且非礼勿言。他的信写得很谨慎,像一个负责任的编辑或校对员,只是指出了信中的问题,并在行文的方法上给了一些建议。

大灯哪肯放过这样的机会?他逼着女朋友给老马回信,表达了谢意,并再次抒发"深情"。为了防止情书石沉大海,大灯还故意让女朋友写了两个病句。这个方法很奏效,老马很快就回信了,还淡淡地表示了对对方是谁的疑惑。

大灯女朋友的回信顾左右而言他,只是在暗暗提升感情的温度。

寝室的人们再一次团聚起来,每天回来的第一件事便是悄悄传阅老马的回信,信的内容也渐渐涉及风花雪月了。

每次老马提及想知道对方是谁,或者想见个面时,大灯都会等几天再回信,抑或等老马再来信,不提这类要求了,再继续各种旖旎的情话。老马慢慢习惯了这种游戏规则,只是心存好奇,却不再盘问。而且,信写得越来越厚。

为了提高大家的参与热情,大灯排了一个顺序表,寝室里每个人都会轮着给老马写信,然后由大灯的女友转抄给老马。

每个人读到老马给"自己"的回信,都会有些窃喜和激动。因为每个人都会说出一些自己的迷茫、疑惑,请老马来解答、劝慰。老马有一天说:"她可真是个多愁善感的姑娘。"

三

至今我也想不明白,这个伪造情书的把戏大家为什么会坚持那么久。直到大灯的女朋友和大灯闹着分手了,大家才突然像丢了拐杖一般。在没有回信的日子里,老马并没有如我们想的那样萎靡不振,他如同打了鸡血一般,彻夜不眠,信写得更加真挚,深情款款。

我们突然有了很重的负罪感。大家讨论了很久,不知如何是好。有人提出,既然无法模仿笔迹,还可以用电子邮件维持通信,但大家又觉得唐突。没承想,老马欣然接受了。一向行事稳重的老马,那些天居然有些欢呼雀跃。

为了和老马通信,我们专门申请了一个邮箱。依然还是按照之前的规矩,轮流写信。这竟然成了一种习惯。有时,有人会故意引逗老马评价寝室的人。老马也聊得入情入理,絮絮叨叨。

被老马在情书里寒碜了的大灯，很不愉快。轮到他值班写信，他竟不厚道地约老马在学校南门的仿古亭子里见一面。大家都很吃惊。见面？和谁？

那年冬天的雨雪极多。老马去赴约的那天下午，雪片像棉絮一样被一大把一大把地丢下来。我们问他是不是去约会，老马笑得很羞涩。

老马向大灯借了鞋油，很认真地擦了三遍皮鞋，还脱掉了入秋不久就穿上的厚毛裤，毛衣也悄悄塞到了枕头下面，假装找不到了。他单薄的西装虽不够笔挺，但让人感觉气韵清爽。

大灯有些不忍心了，但又不知道该怎么往回圆。老马兴冲冲地准备出门，大灯把自己肥大的红色羽绒服拿出来，要老马穿上。老马推却着试了试，挺不合身的，但大家怕他被冻着，纷纷说好看，可老马最终还是没有穿。

老马说："雪天出去散步，真浪漫。"我们面面相觑，无言以对。

四

如今每逢下雪，我都会想起老马站在亭中的样子。他看着雪花微笑，目光如炬，时而用手接几片雪花，看着它们融化。整整一个下午，直到晚上天黑，风住雪停，他始终那样静静地等待着，没看过一下表。那天晚上，借着星光，他踩着很深很深的脚印回来，面无表情。

第二天，老马发烧了，病了好多天。是的，老马并没有责怪"姑娘"爽约。老马情意依然，"她"不给老马写信，老马就主动写信给"她"。

老马知道，"姑娘"很忙，一旦有时间了，一定会和自己联系。

老马知道，"姑娘"是一个喜欢细水长流的人。

老马相信，"姑娘"不会丢下他的，虽然并未见面，但心心相印，这样真好。

毕业的时候，寝室的几个人不可免俗地喝了许多酒，流了一些泪。老马没哭，但喝红了眼睛。

老马说："姑娘已经快一年没回信了。"

老马说："姑娘是我在大学时代最好的精神寄托。"

我说："你是真傻还是装傻？"老马很迷惑地看着我。我说出了真相。老马听完之后，把余下的所有酒一滴不剩地喝光了。在我断片儿之前，老马说："你是我的敌人。"酒醒之后，老马的床铺上只剩下木板和草垫，老马从此不知所终。

有些话，是永远没机会说了吗？对不起，老马。那个信箱，我现在仍会看，虽时过境迁，但情真意切。

感悟手札

头发与麦芽糖

琦君

每次梳头发梳得不顺心，梳到右边偏偏翘向左边时，我就想拿把大剪刀，"咔嚓"一下把这绺不听话的头发剪掉，也会马上想起满口甜甜软软的麦芽糖来。

麦芽糖跟头发有什么关系呢？是我贪吃麦芽糖，把它粘在头发上了吗？不是的，是因为小时候，我常常剪头发换麦芽糖吃。

每回听到卖糖的"咚咚咚"地摇着拨浪鼓来了，我就急急忙忙跑到后房，在母亲堆破烂的簸箩里掏，掏出破布、蜡烛头、旧牙刷、玻璃药瓶等，塞在口袋里，再急急忙忙跑到后门口，统统捧给卖糖的老伯伯。他一样一样当宝贝收下，然后用小铁锤在刀背上一敲，割下一片麦芽糖递给我。糖薄得跟纸似的，一放进嘴里，就贴在上腭的"天花板"上。我让它慢慢融化，但眼睛总是盯着那一大块圆圆的糖饼，舍不得走开。老伯伯的竹箩里塞满了五花八门的东西，都是用糖换来的。有一天，我问他："伯伯，你要这些东西做什么？"

"换钱呀！都是有用的东西啊！破布可以做拖把、搓绳子，蜡烛头也可以熔开后再做蜡烛，玻璃瓶可以卖回工厂去。"他摸摸我的头说，"头发和猪毛我也要，猪毛做刷子，头发结发网。"

这一下我有主意了。每回母亲梳头时，我都耐心地在边上等，等她梳完头，我就帮她把梳子上的头发一丝丝理下来，用纸包好，等着换糖吃。母亲看我变得这般勤快，还直高兴，岂知我是另有所图呢。

可是母亲的头发并没有掉多少，要累积好多次才能换来一小片糖。我老是问："妈妈，您怎么不掉头发呢？"母亲奇怪地说："你这个丫头，难道你要妈妈快点老呀？"我连忙说："不是的啦，是因为……"还是不说的好，我怕母亲觉得不吉利，母亲的忌讳是很多的。

于是我想起自己有一头猪鬃似的头发，又粗又硬，披到东边，翘到西边，好难看啊。我躲在房间里，对着镜子从里面剪下一绺，再把外面的头发盖下来，这样是看不出来的。可是一次次剪得多了，短头发就像茅草根似的冒出来。母亲看到了，觉得很奇怪，问我："你的头发怎么了？"我结结巴巴地说："太多了，好痒，剪掉一些。我看二婶也是这样从里面剪的。"她大笑说："傻瓜，二婶梳头，嫌头发太多不好梳。你是短头发，怎么能这样剪呢？再剪要变成癞痢头了。"我只好老实地供出来，是为了换麦芽糖吃。母亲想了想说："不能再剪头发，我来找东西给他。"于是母亲找出我小时候的旧衣服、旧鞋袜等，包在一起交给我，我好高兴啊！

卖糖的又摇着拨浪鼓来了，母亲叫我把东西给他，自己却又端着满满一大碗米，走到后门递给他："再给我一片，我要供佛。"老伯伯说："小妹妹，这一包东西就很多了，不要米了。"母亲说："要的，要的。这是大米，熬粥给孩子们吃才香呢。"

老伯伯切了三片厚厚的麦芽糖给我们，高高兴兴地走了。母亲望着他的背影说："那点破旧东西能换几个铜板呢？看他好辛苦啊！"

我咬了一口糖含在嘴里，另两块捧到佛堂里供佛。想起老伯伯接下母亲那碗米时脸上快乐的笑容，我觉得嘴里的麦芽糖也格外香甜了。

感悟手札

俗世烟火是迷人的

王太生

俗世的烟火是迷人的。

多年前看过一部电影，一座城从雾气腾腾中醒来，房屋露出轮廓，远处有生炉子的烟，街道上清洁工在扫马路，有人买早点边走边吃，有人骑车匆匆而过，有人在大呼小叫，市声嘤嘤。一座城，光影斑驳，烟火迷人。

俗世的烟火是迷人的。要不然，在徽州卢村，那样一个小村庄，天色熹微，村庄还沉浸在天青色的透明水里时，怎么已有那么多的人，密密麻麻站在山岗高坡上，看一个村庄从炊烟袅袅中醒来——人们还是迷恋着俗世烟火的。

这样就想到小时候，乡下姨妈家土灶风箱生火做饭的场景。每次到姨妈家，总要坐在灶台后面，往炉膛内塞芦苇秆、棉花秆、玉米秆，将火烧得旺旺的。大铁锅里，饭菜被燎得泼泼作响，水汽弥漫，我知道那些烟，会顺着烟囱，逸散到天空。

烟火，作为生活的隐语，它是与炉灶、食物、器物、气息、痕迹……联系在一起的。

人立风口生炉子，一焰如舌。那些稻草、杂材被点燃，风顺着炉门，呼呼而过，火苗便四蹿。点火生炉子的人在空旷处，他弯着腰，手执火钳，将一只蜂窝煤点燃，并且烧得红彤彤。一只多孔的蜂窝煤，被点燃，它像是熟透了，火色透明。生好的煤炉，摆在过道、走廊，支一钢精锅，适合煨老母鸡汤、猪肚肺汤，食物在锅里咕噜翻腾，锅在翻腾时，水汽四溢。

邻居朱二小，在桥口开一茶水炉子，他每日早晨在天亮前将两大锅水烧沸。水沸时，炉子上方的屋顶上奔跑着淡烟，猛水过后，烟囱的烟，则由浓转淡。炉子前，人们打水、灌水，烟气水汽迷蒙一片。这时候，只能看到朱二小依在大锅木盖旁叼着烟的半张脸。

茶水炉子，又叫老虎灶。我不明白它为何叫老虎灶。大概是一片小铺面，两口大铁锅，一灶沸水，虎虎有生机。

有人说，俗世烟火的迷人，在于它有色彩、有味道、有温度。

曾细品一组老房子的旧照片，老武汉的繁华地——守根里，20世纪20年代的"石库门"建筑虽然破落，晾晒的衣物被从半空悬垂而下，老人坐在巷口打瞌睡，放学的孩子快步回家。一栋栋住宅对门而立，大门面向里，往宅内走，天井通幽、堂屋居中，屋内还有楼梯、厨房。房子像迷宫一样，数十年从未更换过的木质老楼梯，泛着幽微的光泽，人踩在上面嘎吱作响……独特的烟火气息，逸散在空气中。

味道是世俗的味道，在那些市井小茶馆里，一壶茶、一碟干丝、一碗面，包子点心，热气袅袅，谈天说地，碗与盘碰撞，汤水四溢。

俗世烟火是迷人的。因此，明代文人张岱，说他好烟火，好梨园，好鼓吹，好古董，好花鸟……这样一个充满情趣的人，身上沾满那么多的烟火气，又有着那么多的与众不同的特质，带给人们无尽的美好遐想。

俗世烟火的美食，让人们爱烟火，更爱生活。俗世中的美食，有许多是由烟火熏出来的。徽州老房子里那些悬挂的腊肉、香肠、腊鸭、腊鸡、红辣椒，沾着老宅的烟火气。烟火烘熏，使食物本身弥散的一缕烟气，自内而外发散出食物的醇香。

有个朋友，是个摄影大师，这几年拍了许多古镇赶集的照片。他的作品中，有卖钉耙、锄头、铁锹等农具的小商贩，有捏面人的手艺人；露天摊头卖面的老板一边舀汤，一边招揽顾客，汤勺翻转，呈一条银亮的弧线；有家老理发店，墙面刷着石灰水，铜面盆里水汽袅袅，一老者正仰面躺着刮胡子；卖香花藕的，粗柴火塞进红泥灶炉内，火苗四蹿，一锅子的藕，随着水汽沸腾在颤动。

朋友说，单纯拍摄烟与火，只是一团或一缕那样的几何图形，而这些附着于器与物上的，才是看得见、摸得着的人间烟火，是渗透在岁月里的痕迹。

满城烟火，满城灯。席慕蓉的文字中，两个恋爱的中年男女站在山顶遥看城里的万家灯火，眼睛中充溢着对俗世美好生活的向往。

林语堂晚年也对这俗世里的烟火生活充满留恋，他想到自己来日无多，却还有那么多的炫丽在身后天幕上缤纷绽放，还有那么多的美好，那么多的眷顾，便割舍不下。想到这些,他黯然神伤,情难自禁,身体颤抖,泪流满面。

人在俗世,烟花那么远,烟火那么近;烟花那么冷,烟火那么热。

感悟手札

我的小学时光

曹景行

知青老友的外孙女山山快八岁了,在澳大利亚南边的阿德莱德读小学二年级。我那天跟着她去学校,看到教室门外有一排架子放书包,室内有课桌椅,孩子却围着老师或坐或跪在地,轻松得很。周一放学回家,山山书包一扔就去玩耍。外婆问:"没有作业?"回答是:"每个星期一和放假归来第一天都没有作业,老师说小朋友都玩累了。"她的老师真好。

其实,回想60多年前我们读小学的时光,不也是这样轻松快乐?1954年,正是中华人民共和国第一部宪法诞生的那一年,我进了上海市虹口区的溧阳路第二小学。那时按规定七足岁才能读书,九月一日出生的就要等下一年,我正好"轧进后"。进哪所学校也没什么讲究,无所谓"择校",就近最好。

之前幼儿园没教过我认字写字,家里也没要求我学什么,进了小学才算正式接受教育。一年级两门主课,算术从一加一等于二开始,语文第一课只有"开学了"三个字,只是其中两个繁体,笔画挺多,有点难度。我字写得潦草,第一次抄写课文被老师批了个"中",差点输在起跑线上,至今难忘。语文课教注音字母,后来改用汉语拼音就全忘了,几十年后去台湾采访,发现那儿的学生仍在用。

那时小学低年级只有上午四节课,中午就放学回家。老师当然会布置作业,但不怎么多，像我这样手脚快一点的，常常课间休息的15分钟就差不多能做掉大半，或者这节课做上节课的，作业很少带回家。

下午我们会按照班主任划分的"学习小组"活动，一般就去小组长家里，先是一起把剩下的作业全部完成，有不明白的地方相互帮助。接着到弄堂里去玩，两个书包搁地上当球门，就可以开始踢球了，直到天黑回家吃饭。

除了踢球，也会撒野打架，还会翻墙爬屋顶，上树采桑叶，堵洞逮蟋蟀或者趴在地上刮"香烟牌子"、打玻璃弹子……有时突然文明起来，各自拿了一本书看得入迷。我小时候体弱多病，喜欢看书，进小学认了字更是把家中的书翻了个遍。

那时学校设备简陋，课桌面上的木板有洞有缝，正好用来上课开小差看书。老师应该知道，但好像也没说过什么，更没有突袭没收，大概知道我不看书就会同旁边的同学讲闲话，更麻烦。只是每学期结束拿到学生手册，评语中少不了一句"不遵守课堂纪律"。

但即使这样，我的学习成绩并不差。那时候的家长只要孩子不出事，很少管读书学习的事情，反正那是学校的责任、老师的本分。每个学期结束，开个家长会，拿了成绩单，差不多就完事了。平时做作业真有什么不懂的就问哥哥姐姐，他们的新课本往往被我先拿去翻看，也算一种课外读物。

不记得学校有什么特别的课外活动。没有兴趣小组、培训班，更没有补习班，根本就不需要。只有一次，学校选定我做大队鼓手，去虹口区少年宫学了几次。居委会的活动倒是常有，我们孩子跟在大人后面"轧闹猛"。

最好玩的是"除四害"抓麻雀，我们都爬到屋顶上敲打脸盆，真看到可怜的惊弓之鸟在我们面前掉地。到弄堂里炉火熊熊大炼钢铁时，我已小学五年级了，到处去捡废铜烂铁，外面没有就到家里翻找，满腔热情迸发。

有时还会跑去远一点的地方玩。今天挺有名的甜爱路原来只是一条安静的小巷子，我们知道路尽头的篱笆有个洞，爬进去就是虹口公园，后来改名鲁迅公园。池塘里有小虾和蝌蚪，用自己做的小网兜就可以捞起不少，放在瓶子里带回家"观赏"。我们还会用家里的面粉洗成面筋，粘在细竹竿顶端，到公园里抓知了和蜻蜓。这种事老师不管，家长也不管。

与今天的小学生相比，我们那时最大的不同就是独立，自己玩自己的。四五年级学到一点自然知识，知道什么是酸碱反应，就在家里做起实验。先从饼干箱里找到干燥用的生石灰，放到玻璃杯里加水，看它发热冒泡变得滚烫。再倒出澄清的石灰水，用麦管往里面吹气。石灰水很快就变得混浊，那是我吹出的二氧化碳和石灰水起反应了；继续吹，石灰水又变清了，还是二氧化碳的作用。厨房里的醋也被拿来做化学实验，倒在生石灰上就会嘶嘶作响直冒泡，倒进牛奶里就会生成一团白色沉淀。今天的孩子会这么玩吗？

六年小学读完了，接着三年初中，同样轻松快乐。所谓轻松快乐，无非是同今天的中小学生相比。回想起我们读书时大大小小的事情，几乎都同当今之常态唱反调。时钟不可能倒转，我也弄不明白为什么读书会变得越来越艰难，但至少可以为自己没有受此磨炼而感到庆幸吧。

感悟手札

我曾经读过的热爱

琢磨先生

我不知道你们是否还记得自己读的第一本书是怎么来的。在我的童年时代，家里几乎是没有书的，只有报纸，其实报纸都是稀缺品，因为报纸是可以贴墙上做装饰用的。那时候甚至连农器具都没有，因为都归大队共有。我们家住在大队的仓库旁边，仓库有个窗户，窗户小得只有孩子才能钻进去。所以，那里面承载了我对乐园的所有期待。

我对农器具自然不会有太大兴趣，我唯一的兴趣就是仓库里的一个木头箱子，里面几乎装着我们村里所有的书。现在想来，大约有一百本，基本上都是小画书。

隔三岔五，我就去掏一本带回家，怕被发现，看完赶紧还回去。一直没舍得还回去的是一本《西游记》，里面配了插图的那种。没事儿我就躺在麦秆堆上看书，跟着孙猴子去闯荡世界。

我们村子很小，但我的世界因为《西游记》这本书变得很大。我知道在某个地方有个女儿国，那里没有男的，我把这事儿告诉我们村子里找不到媳妇儿的人，他们都觉得很神奇；我也知道西方有个极乐世界，住着一位慈眉善目的老人，法力无边，我把这事儿告诉母亲，直接就改变了她老人家的信仰，从此每逢春节，她拜的众多道家神仙里赫然多出了一位佛家的人物。大人们每问我一次神话典故，我就翻一次《西游记》，直到最后如数家珍。以至于后来，我写的第一本书就是《水煮西游记》，跟此有直接的关系。

《西游记》陪伴了我的童年，而武侠小说则几乎贯穿了我的少年时代。我记得非常清楚，读四年级的时候，我从父亲的包里搜出一本《江湖夜雨十年灯》。他白天看，我晚上躲在被窝里用手电筒看，每看十几分钟就钻出来透口气，以至于做的梦全是江湖的事情，觉得这世界的某个幽谷中一定有一位仙风道骨的高人，这位高人有本功夫秘籍，只要我能拿到就可以行侠仗义。

这本书给了我极大的精神满足，虽然当时的日子很清贫，但只要我努力，一个机遇就可以改变我的人生轨迹。父亲在听完我的高谈阔论后，又把包里的书换成了《七侠五义》，也给了我不用钻在被窝里打手电筒看书的特权，因为他觉得那样太费电池。

那时候，我觉得世界上最幸福的事情，就是把地瓜埋在坑里，上面点上火，伴着烤地瓜散发出的香味，盘着腿读书，跟着武林豪杰走遍大江南北，匡扶社会正义。因为我读书多，知道的故事就多，我渐渐成了村子里同龄人的"带头大哥"，除了玩捉迷藏、弹玻璃球这类常规游戏，就是我的读书会。那时候，我感觉自己比坐在公堂之上的包拯大人都神气。

后来，我成了文科生，又从事了老师这个职业，这跟我父亲用武侠小说诱惑我有莫大的关系。因为做老师，我经常会去不同的企业和学校讲课，所以出差也极为频繁。无聊而又漫长的旅程，是读书的最佳时刻。每次出门前，我都会站在书架旁挑书，那感觉就如同一位君主在决定带哪一位妃子出巡。

我带出去次数最多的一本书，就是叔本华的《作为意志和表象的世界》，甚至有时候发现忘记带了，就会临时在机场买一本。这本书仿佛成了我的某种精神寄托，因为我觉得其他书都太过浅薄，无法与我进行深层次的交流。

旅途中的阅读给了我很大的慰藉，所以不管是飞机晚点了，还是约的人迟到了，我从包里拿出书就可以进入另一个世界。现实的世界或许跟我童年时候的一样，充满了挫折与阻碍。但每次把一本书托在自己手心里，就觉得生活有了无限可能。

只要对阅读保持着热爱，现实就蹉跎不了生命。

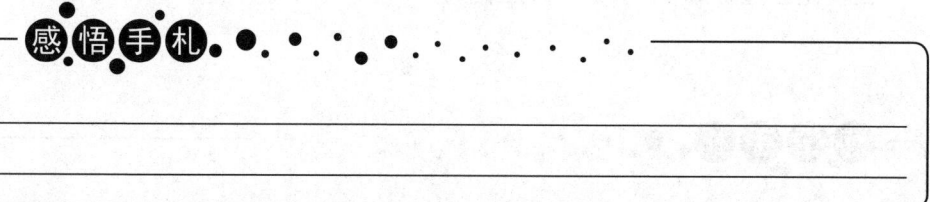

外婆与桂花糕

董雯雯

又是一年秋天，静坐窗前，鼻尖闻到甜腻的桂花香，久久不散。

小时候，父母外出经商，我跟着外婆生活。

外婆家门前有一棵桂花树，每年秋天桂花开时，满树金黄的小花，香气浓郁。外婆会将树上的桂花摇落、收齐、洗净、晒干，用来做桂花糕、桂花饼和桂花梅子酱；还可以做成香包，带在身边，可以香好一阵子。

外婆做的桂花糕最好吃，很甜、很香、很糯，我又喜欢甜食，自然拒绝不了诱惑，一次可以吃好几块，吃得满脸都是桂花糕的碎屑。这时候，外婆总是一边笑着帮我擦去脸上的碎屑，一边打趣道："你这小馋猫……"

后来，我长大一些，外婆却老了，腰身日益佝偻，身体也大不如前，多走几步路就气喘吁吁，更别说去摇桂花树了。所以每到秋天，我都会去帮外婆收桂花、晒桂花，也跟着外婆学做桂花糕。

再后来，因为学业繁忙，我很少去外婆家了，记忆中那甜腻的桂花香也慢慢淡去了。

日子一天天过去，直到一个秋天，噩耗传来——外婆走了。

再次来到外婆家时，门前的桂花树依旧挺立，桂花却落了一地。冷风飕飕吹过，我打了个寒战，走进外婆家里，亲人们跪倒一片，我才发觉，那个事事为我、处处疼我的老人真的不在了。

现在，每到秋天桂花飘香的时节，看着飘落满地的桂花，我的脑海中总会浮现出外婆那熟悉的身影，我还会依着外婆教我的法子做桂花糕。

在桂花香的陪伴中，我正一点点长大。

感悟手札······

我和赵四喜的少女时代

花大钱

我跟赵四喜，两个"三俗"少女，没理想，没情怀，灵魂也没香气，我们只想过天天往脸上敷十张面膜、想喝多少养乐多就喝多少、卫生巾都挑最贵的买的奢靡生活。然而真实的生活是，我们天天都为了每个月几千块钱的房租奔波忙碌，根本没有时间敷面膜，也没时间喝养乐多。

年初的时候，我们搬进了现在这个家，除了地段不错其他都很"错"。公寓很旧很破，楼上楼下住的都是上了年纪的大爷大妈，楼梯的声控灯老是失灵，整幢楼的电路都是旧的，夏天开空调时连头发都不敢吹，刚搬进来的时候还能时不时看到蟑螂俏皮的身影。而我们为了省几百块的清洁费，自己抡着袖子打扫了整整两天，肥皂、洗洁精、洁厕剂，轮番上阵。记得那天打扫完之后，我跟赵四喜坐在地上放空了三个小时，全程没说一句话。

那时候，我在一家广告公司实习，除了天天对着屏幕做一些烦琐的无用功，还要身兼快递签收员、外卖点单机等"要职"，每天早上为了能赶在最后一秒打上卡而在路上夺命狂奔，因为长期戴隐形眼镜所以眼睛总是周期性地发炎，每个月的月底领工资的时候，总觉得自己在上演《法治在线》的某期节目——《追问：花季少女血泪打工背后有怎样的故事》。

当然，赵四喜也没好到哪里去。她比我低一级，除了每周要上三天课，应付数不清的工科制图作业，周末还要出去给人拍照挣外快，一有空就坐在电脑前用PS对他人的长相进行二次创作，经常为了逃课用尽毕生才华编理由。

但年轻的好处就在于，再无聊的生活也会悄悄藏着各式各样的可能性。活着就是一场大冒险，明天什么样，谁都说不准。我们的小破公寓离衡山路很近，太阳一下山，这里就成了酒精饮料爱好者的天堂。天热起来的时候，我和赵四喜每周都会在百忙之中抽时间去那里"狩猎"，我们就像两个刚开荤的"三代贫农"，努力瞪大眼好奇地看着这些以前从未接触过的声色场所。

长大是一个解禁的过程，就像游戏里面的通关，你突然就能够解锁许多新的技能了，这种感觉是很奇妙的。解锁酒吧技能后，我跟赵四喜几乎绕着五原路、永福路、复兴中路走了不下500遍。为了省钱，我们大多时候是在便利店买了酒，然后坐在各个酒吧门口的马路牙子上喝，一边喝一边看看路人，猜想他们在说些什么。

看到长得特别帅的男生，我们还是无法克制自己内心的激动之情，有时会故意找借口过去搭讪："你好，我在做一个公益活动，只要凑够100个人，就能为非洲饥民捐出一亿元！现在还差最后一个，你一定愿意献出爱心的，对不对？那么我就先替非洲小朋友谢谢你了！"

"法租界先生"出现的时候，我和赵四喜的生活刚有了一些转机。我因为在网上发了几篇小文章，写了些三流段子，攒了几千个粉丝。我当时自我感觉特别好，几千个粉丝，那是什么概念啊，我感觉好像每人给我一块钱我就能在上海买房了呢。更何况，我坚信还有100万我的爱慕者因为不好意思而悄悄关注着我。至于赵四喜，因为照片拍得比较有风格，不小心上了一些时尚杂志，也算小有名气。有一次，当我跟赵四喜在酒吧门口照常"猎艳"的时候，她拍了一个拿着长柄伞的男人，后来那张照片被登在一本还蛮有名的杂志上，巧的是，刚好被那个男人看到了，他们就这么认识了。"法租界先生"的真名跟香港一个很老派的男演员一样，因为他的工作室在原法租界的一栋小别墅里，所以私下里我们就一直叫他"法租界先生"。

　　赵四喜谈恋爱的这段时间，我的生活也经历了一些特别大的变化。因为不堪压力，我离开了原先那家广告公司，进了一家互联网创业公司，却发现两家公司根本没什么差别。我在自己对这个行业举手无措的时候，接受了妈妈的意见，决定出国换个专业读研。

　　有天晚上，我在通宵赶各种乱七八糟的申请材料的时候，突然想到了三个非常严肃的问题："我出国花的这几十万元以后能不能挣回来啊？""学的新专业真的适合我吗？""万一我被国外的王子看上了，那我还要不要回国呢？"我陷入了恐慌，觉得自己突然毫无准备地被推到了世界的中间。

　　我越想越恐慌，就跑去把赵四喜从被窝里拽出来。"你觉得你20岁的生活是怎样的？"赵四喜把她的胳膊在我眼前晃了晃，说："就跟我胳膊上的文身一样吧，看上去生动艳丽、嚣张跋扈，却没人知道为了躲过妈妈的视线，它必须小心翼翼地窝在隐秘的胳肢窝的旁边。"

　　赵四喜沉默了一会儿，突然很认真地看着我说："大钱，其实我跟'法租界先生'分手时让我印象最深刻的瞬间跟他并没有什么关系。那时我从他家搬出来，一个人坐地铁，提着好几个大包，地铁在每个站点大概停33秒，我没提前准备，地铁都停了的时候我才急急忙忙整理行李，屏蔽门开始嘟嘟叫的时候，我还在抓大包小包，好不容易都拿上了，冲到门边的时候，门已经开始关闭了，喉咙里刚要叫出的那个'啊'在出口时也只是变成了轻轻一声'唉'。当时我真的很沮丧，但我一想到你在家里等我，我还是给自己打了打气，又重新折回去坐地铁。我想这可能就是我的20岁吧，充斥着数不清的慌乱和尴尬。但我心里明白，最终我还是能够到达自己想去的地方。"

　　我们的少女时代，并没有那么好，甚至有一点糟，但它跟你们每个人的少女时代都一样，时不时有亟待解决的问题，每周都为夜生活的行头发愁，没钱是常态，什么都想吃但又什么都不敢吃，笑起来像一辆柴油没加满的拖拉机，迷信虚头巴脑的星座运势，发很多微信朋友圈然后不定时又把它们都删光，流过一些普普通通谁都会有的眼泪，遭遇过几场普普通通谁都会碰到的爱情，对不喜欢的人非常残酷，对不喜欢的事情非常刻薄，但也会被一些亲密的关系打败。

可无论怎样，我们心里都明白，这些好的、坏的，全是我们生命的最鲜活的见证。如果可以的话，我希望我的少女时代永远不要过去；如果不可以，那我就跟它好好握个手，然后在下一个分镜中转身走向更好的精彩人生。

感悟手札

我与马轩轩

一人

马轩轩是在高一下学期转进我们班的外地借读生。午休的时候，她在班主任的带领下走进教室，穿着厚厚的羽绒服，扎着一个高马尾，眼皮耷拉着——不知道是不是因为害羞，她的肤色偏黑，但皮肤看起来很光滑。虽说还是初春，但广州的春天从来就没有让人畏惧的料峭寒意，所以身着羽绒服的马轩轩，和统一穿着绿白相间的轻薄校服的我们相比，看起来就是格格不入。

"我叫马轩轩，来自四川绵阳，以后请大家多多关照。"这女孩看起来有些乡土气，声音不算很大，自我介绍的时候笑得十分拘谨。这是我第一次听到传说中的"川普"，马轩轩是四川人，她的口音让作为广东人的同学们觉得十分新鲜，大家在底下纷纷发出窃笑声。

其实马轩轩的到来并没有在班级里引起多大的反响，毕竟在广州，我们这种公立学校每年接收的外地借读生数不胜数，来了又走，大家都是见怪不怪了。她被暂时安排在后排的座位上，一个人坐，没有同桌。我回过头去看她，刚好对上她的眼神，她看着我居然露出灿烂的笑，嘴角咧到耳根的笑，就像一朵绽放的花。而我只是礼貌性地回以微笑，心里并没有在意。

该学期第一次月考，本来一直稳固在班级前三名的我突然掉到了第四名。看着排在我前一名的总分仅比我高出一分的名字——马轩轩，我心里的意外简直突破天际。以前的借读生在借读期间的成绩基本都是垫底，甚至会拉低平均分，让班主任很头疼，像马轩轩这样一来就进了班级前三名的，我还是第一次见到。我又一次回头去看她，但这一次她并没有对我灿烂地笑，而是一个人坐在座位上，还是穿着略显臃肿的外套，低头抠着自己的指甲。

她为什么不开心？一来就考进了班级前三名还不值得开心吗？我心里打起了问号。放学后，同学们都陆续离开，只有马轩轩还在座位上低头收拾着课本。好奇心驱使我上前，第一次开口跟她说话："你好，我叫林诗敏。"她错愕地抬起头看看我，然后急忙说道："我知道我知道，你叫林诗敏。"我哈哈地笑了，说："你居然还知道我的名字呢。"马轩轩愣住了，又低头开始收拾课本，一边收拾，一边说："因为，你是那天班上唯一一个没有笑我口音的人，所以我记得你。"

我们在教室聊了很久。她说她考进前三名一点儿都不开心，反而很害怕。马轩轩是高一开始跟着打工的父母来到广州的，她之前在一所学校借读过，离开那所学校的原因，就是在每次月考的时候她都能考到前三名，于是就被班上的一些同学针对。大家都觉得像她这种从小地方来的人成绩不可能这么好，甚至暗地里传她作弊的谣言。又因为她的口音和没有穿跟大家一样的校服而孤立她。同学们在班上都讲粤语，她完全听不懂。每天都是自己一个人最早到学校，放学后又等大家都走了，她才收拾东西回家。

最过分的一次是，班上的一个男同学走近她的座位，然后大声地说："马轩轩，你好臭啊，你们外地人是不是都不洗澡啊！"然后班上的同学立马聚集起来，围着她，用她听不懂的语言大声交流着，一边说，一边向她投去鄙夷的眼神。而她完全说不出话来，只有坐在座位上瞪大眼睛，强忍着泪水，用倔强的眼神看着每一个嘲笑她的人。

那天之后，马轩轩就没有去上学了，她回家哭闹着让妈妈重新去找借读的学校。辗转多时，她才到了我们班上。她说："那天我在讲台上说话的时候，别人都笑了，只有你没笑，还给我鼓了掌，我很感激你，虽然我们之后都没有说过话。"想起那天她投给我的那个灿烂笑容，我心里泛起了一阵酸楚。

之后的每天，放学后我都会特意等马轩轩一起走。她还是固执地要等班上的同学都走完才回家，我们就索性一起讨论着写完当天的作业再回家。有时候在路上我会去7-11便利店买一份咖喱鱼蛋，跟收银员要两根签签，递给她一根，两个人一起分享一份热气腾腾的美味。

有一天，马轩轩带着我去了她和爸爸妈妈住的地方。我一直都知道来广州打工的很多外地人都住在城中村里密集的自建楼房里。我和她走在狭窄的小巷子里，头顶是胡乱攀爬的电线，脚下是永远潮湿的地面，很多没有上学的小孩在巷子里跑来跑去。我看着走在我前面的马轩轩，她扎起的高马尾一晃一晃的，一下子把我的眼泪晃出来了。

我叫住她："马轩轩。"她回头看我，为了避免让她察觉出我的异样，我猛地扑上去抱住她，语气轻松地说道："好渴啊，赶紧到你家给我倒杯水，渴死我了。"她咯咯地笑了，拉着我走得更快了。

时间过得很快。马轩轩骨子里是一个十分细心、阳光、特别会照顾人的女生，在她的帮助下，我的成绩竟然提高了不少，好几次月考都考了班级第一名。她也变得开朗起来，已经不会畏惧别人嘲笑她的口音，可以大胆地和别人交流、讨论了。有几次分小组学习我们没有分到一起，她也可以和别的同学很好地一起完成作业。我回头看她，她还会调皮地朝我吐吐舌头，露出我们第一次见面时像花一样的笑容，但其中多了一份自信，一份由心而发的快乐。

前不久，马轩轩告诉我，她马上就要回四川老家上学了，因为她爸爸妈妈打算回家做养殖户。听到这个消息后，我很失落，久久说不出话来，手握着笔不自觉地在课本上戳出了洞。马轩轩轻轻地扯了扯我的头发，说："我们又不是在古代，我们可以微信视频啊，你遇到有趣的事情或者你不开心也可以跟我说啊。再说了，我们又不是不再见面了，我说不定要考广州的大学呢，到时候我去你家做客！"我也告诉自己相逢总有时，收起难过的心情，和她一起去 7-11 便利店买了份咖喱鱼蛋。

当然，这一次是马轩轩买单。

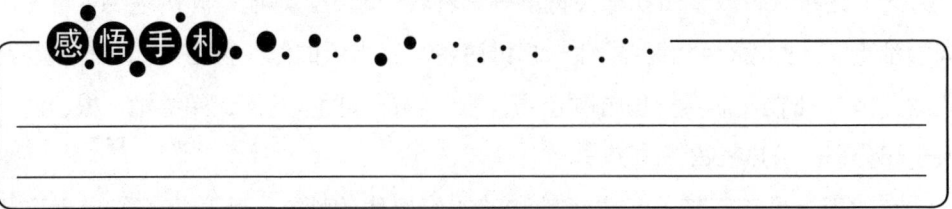

后 花 园

萧红

后花园五月里就开花，六月里就结果子，黄瓜、茄子、玉蜀黍、大芸豆、冬瓜、西瓜、西红柿，还有爬着蔓子的倭瓜。这倭瓜秧往往会爬到墙头上，然后从墙头爬出去，爬到院子外边。向着大街，这倭瓜蔓上开了一朵大黄花。

临着这热热闹闹的后花园，有一座冷冷清清、黑洞洞的磨坊，磨坊的后窗子就对着花园。刚巧沿着窗外的一排种的是黄瓜。黄瓜虽然不是倭瓜，但同样会爬蔓，于是就在磨坊的窗棂上开了花，还巧妙地结了果子。

在朝露里，那样嫩弱的须蔓的梢头，好像淡绿色的玻璃抽成的，不敢去触，一触非断不可的样子。同时一边结着果子，一边攀着窗棂往高处伸展，好像它们彼此学着样，一个跟一个都爬上窗子来了。到六月，窗子就被封满了，而且就在窗棂上挂着滴滴嘟嘟的大黄瓜、小黄瓜、瘦黄瓜、胖黄瓜，还有最小的黄瓜纽儿，头顶上还顶着一朵黄花没有落呢。

六月里，后花园更热闹了，蝴蝶飞，蜻蜓飞，螳螂跳，蚂蚱跳。柿子都红了，茄子青的青、紫的紫，溜明湛亮，又肥又胖，每一棵茄秧上结着三四个、四五个茄子。玉蜀黍的缨子刚刚才出芽，就各色不同，好比女人绣花的丝线夹子打开了，红的绿的、深的浅的，干净得过分了，简直不知道它为什么那样干净，不知怎样它才那样干净的，不知怎样才做到那样的，或者说它是刚刚用水洗过，或者说它是用膏油涂过。但是又都不像，那简直是干净得连手都没有上过。

这样漂亮的缨子并不发出什么香气，所以蜂子、蝴蝶不会在它上边搔一搔，或是吮一吮，却是那些蝴蝶乱纷纷地在那些正开着的花上闹着。

感悟手札

柚 子 碗

琦君

柚子成熟时，母亲吩咐大一点儿的孩子爬到树上，将那些圆鼓鼓的、长得匀称的柚子小心摘下，再放在篮子里用绳子垂下来。

母亲要拿柚子皮做容器。她先用刀在柚子齐腰处轻轻划一圈，然后慢慢地用指甲把皮挑开一点儿，再把大拇指伸入，轻轻地绕着割缝一圈圈地愈转愈深，直到蒂头处，双手捧着一转，柚子皮就完整地脱落下来。趁着柚子皮新鲜柔软，把碗套入，一盖一底。碗不能太小，以免柚子皮干了会皱；碗也不能太大，以免将柚子皮绷破，碗的大小要恰到好处。然后，把套着碗的柚子皮放在透风处吹干。等柚子皮干透以后，将碗拿出来，就成了两个玲珑的柚子碗，合在一起就是柚子盒了。

柚子碗非常清香，外公拿它装旱烟，烟丝也透着一股柚子香。我呢？我拿它装花生米，端着边走边吃，比放在口袋里弄得一口袋的花生皮要好得多。母亲呢？

母亲用一个个柚子碗装糖果、素点供佛。

柚子碗真是个百宝盒呢!

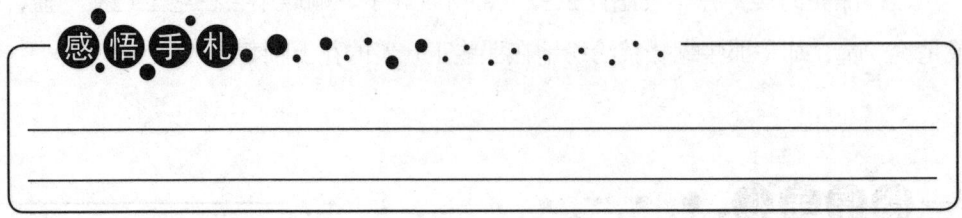

废　园

包利民

每到夏日,站在南菜园里,看着"蜂蝶纷纷过墙去",于是,我也就"却疑春色在邻家"了。记不清是哪一年的哪一天,我终于翻墙进了邻家的园子。

那时的我,心里还充满着无穷的幻想,清澈的眼睛也总能遇到很多美好的事物。眼中心底都还没有险山恶水,去隔断一份渴望的心情。

邻家的园子一片荒芜,短墙有几处倾圮。这户人家几年前搬走之后,这里,便一直废弃着。从墙头上跳下去,我便被湮没于高高的蒿草之中。扑打着飞舞的蚊虫,我从蒿秆中挤出来,眼前是一个很大的园子,曾经的土垄都被各种恣意生长的草覆盖,草丛中开着许多小小的或黄或白的花朵。蜻蜓和蝴蝶成群结队地尽情栖飞,每一缕风都是从它们的翅间流淌过来的,带着淡淡的清芬。

许多年以后,当我在异乡的野外,遇见一个同样的废园,看着同样的情景,却是满眼的寥落,满心的萧然。每一声足音都敲响着落寞,仿佛时光的无情重叠着心底梦想的废墟。多少的曾经,在日复一日的面目全非之后,猝然相逢在这样一个冷寂的园子,便生长出许多的沧桑和感慨来。

可是少年的时候,我有的只是满心的兴奋与期待,这样一个没有人烟的园子,得隐藏着多少惊喜和奇迹啊!园子的东西南三面都是很高的蒿草,或者因从未修剪打理而上下都是枝叶的杨树,北面就是园墙和院子,还有那个空房子。站在园子里，外边根本看不到我，这真是一个很隐蔽的乐园。

　　我踏着杂草，小心地躲开那些不避人的青蛙或者癞蛤蟆，来到东北角，那里有一堆木头。几只蚂蚱飞快地跳过去，溅起几朵阳光。底下的木头已经长了半截的青苔，而上面的几根，却长了一些耳朵状的东西，褐色，极硬。除了一些很大的黑蚂蚁爬上爬下外，便也只有风偶尔停驻。我很快对这里失去了兴趣，转而向西北角那一堆杂物走去。

　　我高兴地在那里翻拣着，破旧的手摇风车，破烂的农具，锈得失去了本色的犁，我用力搬开这些，仿佛移开了一段时光，寻找着深远处的宝贝。一只受惊的老鼠飞蹿而去，我浑不在意，因为目光已经被一个物件牵绊住。那是一根比手指粗些的木棍，一米多长，一端还有一个手柄，我拿在手中仔细端详，猜想它可能是一把老伞的木柄。我飞快地挥舞着，满心喜爱，这真是一个让人羡慕的武器。我心满意足，虽然还有许多未曾翻找，但可以以后慢慢来。

　　北墙中间的墙根下，立着一只大缸，到我的腰那么高，上面已经豁了口。探头向里看，不知已积了多少场的雨水，深绿色。我用刚得来的武器在缸壁上敲了两下，水中扑通一声，一只青蛙跃出又跌回。不禁大笑，这家伙不知怎么进到了缸里，却出不来了，天天坐缸观天。或许有一天，雨水积到豁口位置，它就能自由了。

　　我在异乡的那个废园里，也看到了许多堆积着的杂物，它们沉默在岁月里。可是却再没有一探的心思，怕那些飞溅的旧光阴，洞穿往事的壁垒。在如飞的日月流年里，尘埃漫漫，渐渐地蒙蔽了一份美好的情趣，也渐渐地使我丢失了许多珍贵的心境。就连那些翩然着的蜻蜓和蝴蝶，就连那些素淡的小花，也再难点亮幽深的眼睛。离去的时候，回头望，废园依然，就像我心底的荒凉。没有流连，更没有眷恋，只是一次不期然的相遇，除了一声叹息，什么都没有留下。

　　而那时当我拿着武器，翻过矮墙，回头的时候，却是有着无边无际的留恋。看着自家园子里整齐的蔬菜，想着废园里那些蓬勃的植株，心头更是一片火热。是的，我觉得那是蓬勃的，一切都充满了活力。我甚至在月夜偷偷溜进去，以感受一种不一样的情境。月光下的一切都静悄悄的，偶然的蟋蟀细细的琴声，一丝丝潜入夜色，当群蛙合鸣的时候，缸里的那一只也会大声叫。也会有着恐惧，想象着草影摇曳里，飘出些什么东西。只是回想的时候，却又那样有趣，那样怀念。

这是我一个人的乐园，可以寻，可以找，可以独处，连最亲近的伙伴也没有告诉。只是有一次，我正坐在废园里发呆，忽然邻近我家园墙的那边，传来一阵响动，然后蒿草摇动，一只芦花母鸡钻了出来。它看见我，怔了一下，便若无其事地步入园子深处，轻车熟路地啄食草籽儿或者小虫。我会心而笑，芦花鸡是我家几十只里的一只，看来它很与众不同，竟然也寻找到了这处乐园。我很愿意与它共同拥有，互不干扰。

在这个离故乡千里之外的夜里，在我的回忆里，那片废园依然青青，依然神秘，像是一种召唤。使得心里的苍凉渐渐地焕发了生机，使得生命中的荒烟蔓草，都盈满了情趣。或许那些被废弃的，也正是不被困囿不被桎梏的，在自然的风中雨里，任意张扬着生命。

于是心里有了芬芳的意味，明天，我会去郊外走走，如果有缘再遇见一个废园，或许，就能因此点亮许多遥远的美好。

感悟手札

一切开始时的美妙

[意] 埃维塔·格雷科

对于阿达来说，有一些声音值得特别去注意。比如音乐会开始前的那一刻，各种乐器调完音后发出的声音；风刚起时树叶沙沙的声音；还有把收拾好的咖啡杯放到咖啡机上时叮叮当当的声音。

阿达知道，有一些事情，在开始时会发出声音。她听到这些声音时，会停下来静静聆听——聆听开始的声音。

教阿达学会欣赏一切开始时的美妙的，是她的外婆特蕾莎。

在阿达还是三岁或稍大一点儿的小孩时，她的母亲不愿意再继续承担"母亲"这一角色。有一天晚上，母亲把她放到床上，第二天一早便把她留给了她的外婆。母亲只说，她还有别的事情要忙。从那之后，母亲便再也没有出现过。阿达觉得，如果母亲给她一个更加正式的理由，那她也不会像现在这样，认为自己是一个不值得别人花时间对待的小孩。尽管外婆特蕾莎一直把她当作生活的全部，但是阿达依然担心，也许有一天，外婆也会像她母亲那样，将她抛弃。

一天晚上，阿达问外婆这是不是她最后一次为她收拾床铺，外婆回答她："不是。"到第二天早上，阿达又问外婆这是不是她们最后一次一起吃早餐。外婆依然回答她："当然不是。"外婆总是这样不厌其烦地安抚她。

当阿达开始上幼儿园时，她的抵抗情绪变得越发严重。每天早上，她都要问外婆，幼儿园的那扇大门外会不会是她们最后一次见面的地方。

外婆叫醒阿达，帮她收拾打扮，为她做早餐，给她穿上小围裙。围裙上，外婆缝上了阿达的名字和一只小蜜蜂。那时的小孩子特别喜欢蜜蜂，所以外婆缝了一只扑闪着蓝色眼睛的小蜜蜂。"这大眼睛多像你呀！"她说。不过，尽管外婆已经尽力，这只蜜蜂看上去并没有想象中那么好看，其中一只眼睛像是闭了起来，腿又太长，看起来挺丑的。

出发前的准备一切顺利，阿达既不哭也不闹。但每当她们朝幼儿园走去时，阿达就开始觉得身上不舒服。有时是肚子疼，有时是肋骨疼，总之就是身体的某些部位不舒服。有好几次她还想呕吐。于是阿达跟外婆说，她必须掉头往回走，外婆也没有反对。所以每次阿达一开始不舒服，外婆就把她带回家了。

不过这样的情况持续不了太久，早晚她还是得去上幼儿园。外婆告诉阿达，如果她不去上学，幼儿园里的老师就要叫警察过来了。外婆不知道，三岁的小孩子并不怕警察，阿达也不怕。她真正害怕的，是哪天外婆把她带到幼儿园后，就永远地离她而去了。

一天早晨，外婆为阿达准备好小围裙、小篮子和其他东西后，拉着她的手对她说："阿达，你看，事情总要开始的。就像外面的路，你站在那里，看到一条路的尽头，以为结束了，但其实那又是另一条路的开始。就像我带你走的这条路一样，你以为走到了路的尽头，但事实上，那只是通往学校的路的开始。"

阿达听着外婆的话。只要外婆牵着她的手,她就知道外婆不会去别的地方,于是她平静下来。

"这是你要走的路,从这里走到幼儿园。"外婆还在说着。

"如果我走这条路,你就不跟我一起来了。"

"我会回来的,回来接你。"

"那你去哪里呢?"

外婆笑了。"我去哪里并不重要,"外婆回答说,"重要的是我会回来找你。"

阿达觉得外婆说得有道理,重要的是她会回来。但还有一件事,阿达想不明白,于是她又问外婆。三岁的阿达总是有一肚子问题,常常要问外婆。

"那我怎样才能知道,这是一条路的开始呢?"

外婆一时沉默了,她不知道怎么回答这个问题。这时,祖孙俩突然听到一个声音,不知道是从哪里来的——也许是幼儿园里的工作人员——他正在吹着口哨,那是一段不知道作者是谁却人人都熟悉无比的旋律。

特蕾莎就像那些懂得灵活应变的老人一样,抓住了这个口哨声,露出恍然大悟的神情。"从声音里知道。"外婆向阿达解释道。外婆拉着阿达的小手,陪她一起走到了幼儿园门口。

一进幼儿园,她们又听到了那个口哨声。外婆再次露出恍然大悟的神情。

"你听到了吗?"外婆问,"这个声音,便是开始的声音。"

阿达看着外婆的脸,想知道她是怎么知道的。但外婆一脸坚定,那口哨声又十分动听,阿达便不再疑心地追问下去了。

"你要学会聆听开始的声音。"外婆说道,"要有耐心,然后仔细听。我们再试一次。"

外婆闭上了眼睛,阿达也跟着闭上了眼睛。这时她们什么也没听到,一片安静。突然,口哨声又响了起来。阿达比外婆先睁开了眼睛,刚好看到了外婆脸上专注的神情。

"我听到了!"阿达大声喊,"我第一个听到了!"

外婆亲了亲阿达的额头,告诉她快走。这不是外婆最后一次陪阿达上学,却是阿达第一次进幼儿园。第一次总是要比最后一次好多了。

阿达放开了外婆的手。她边走边回头看外婆是不是还在那里。是的,外婆一直都在，朝她微笑着，告诉她，她会很快回来。只要她的小不点儿需要，她就一定会回来。

从那时起，阿达便学会了耐心等待，学会了专心去辨别事情的开始和结束。她知道，事情结束时只会一片寂静，而开始时会发出美妙的声音。

感悟手札

近 黄 昏

米丽宏

小时候，特能"造"，整天沉溺于厮杀追打的游戏中，比小男孩还疯。能让我安静一霎的，倒是有一样物事。它比我们耍弄的刀枪棍棒木头货，有趣得多。关键是它能变。颜色、形状、大小，都腾挪流转，变化万端，比露天电影还耐看。

那物事，是西天的火烧云。

黄昏，跑累了，疯够了，我们喜欢齐刷刷坐在村西小南河的石桥上，两腿悬空，悠荡着，看西天云。我们边看边指手画脚，有说看到的是马，有说是猪；有说是孙猴儿，有说是大猎狗；有说是自己驼背的爷爷赶着车，有说是二丑他娘在梳自己的大辫子……我们叽叽喳喳，谁也不服谁，连背后村里面此起彼伏的呼儿声，都听不见。

很多时候，我们看到的只是一派壮丽辉煌。那些棉花云，我们曾在高处向其挥动着手帕啊、围巾啊、小布衫啊打招呼的棉花云，这时被落日收去，染成了万匹绸缎，又无情铰碎，投入大火炉。碎布在火里飘摇、燃烧，好像西天就要被烧塌。滚金里，诞生一团红彤彤，红彤彤又变成诡异的妖精蓝。玫瑰红撑开乱象，悠然成缕；橘红挤出一隙，不久隐去。

大红大紫的闹腾中，夕阳慢慢滑坠，好似轻轻弹一弹，咕咚一声，落入熔金的山峰；最后的红光，停留片刻，慢慢散入灰蓝之中。

身边的五一悠悠地说，他最羡慕云，想去哪儿就去哪儿，一阵风就走了。他长大一定坐飞机，撵着云跑。

大飞说，想得美，飞机都是给空军坐的，咱们只有拖拉机。嘣嘣嘣，嘣嘣嘣。

秀秀觉得晚霞好漂亮，想让她娘扯一块儿这样的红绸布，给她做裙子。

我则自豪地说，那些云彩都是俺姥姥村儿的，俺姥姥家就在云彩下面住。俺长大了，也要搬到那里。

鼻涕大将说，那云彩说不定是从北边他姥姥家飘过来的。

我想了想，表示同意。这么美的云，哪能自己独占？就允许云彩从北边飘来吧。

不过，我们大家都弄不通的是，为什么我们村没那么美的云？为什么彩云总在远方？

云生云灭，云飘云移，无数个美丽的黄昏，来了又去。等我咀嚼出黄昏的甜味时，我明白，我的人生已填充上丰富的色彩。我的童蒙时代，已经作别而去。

十八岁师范毕业，我在一个山村中学教书。走在归家的小土路上，黄昏，是最甜美、闲逸的时刻。眼前被黄昏涂抹出油画般典雅的氛围：破石头房穿上了镀金的衣裳，房顶的青草在夕照里妖娆，小土路铺一层彩绸，白杨树的枝叶眼波灼灼。夕阳还未落山，半个月亮已印上天幕。黄昏，含住它，像含住一枚透明的糖果。甜味，模模糊糊晕开，晕开，一直晕到心里来。

篱落呼灯，灯亮起，倒遮掩了一些小秘密。这黄昏，就是为了让一些暗中的东西亮起来的，它们被俗常烟火遮蔽太久了。那时根本不会想，自己也会走入这烟火黄昏。

天色浓暗，阳光收起，喜鹊不再飞翔，我"吱呀"一声关闭大门，也关上了三十年的光阴。

中年的人生，尤其珍爱这黄昏的安宁。在职场与家庭之间三十年游走，经历了许多，快乐、痛苦、无奈、遗憾、打拼、放弃，白昼里的生猛、风口上的飞行，最终都将落脚于这水样黄昏。

晚霞隐去，薄暮上来，一家三口围着餐桌，就着灯光，津津有味地咀嚼简单的饭食和不简单的生活。我对此心有感恩。这时刻，还有很多人漂泊在异乡的站台，很多人在地铁的灯光下低头盯着手机，很多人正驱车朝家的灯光奔去……

我想起那句诗，夕阳无限好，只是近黄昏。似有一种不甘、一声叹息，其实，自然的黄昏也好，人生的黄昏也罢，近黄昏，有什么不好呢？

真实、结实的日子，少不了黄昏的一点松散，来撑开完美一天的疾徐有致。黄昏，不是终结，是对于新一天起点的靠拢，也是对于平静的宏伟阔大的靠拢。它是一种放松与宽慰，是一篇暖色调的赞美故事，是献给你一天劳作的温馨。

而我们一生中，为人子女，为人夫妇，为人父母，为一己之欲，之役，之奴，可谓四方打拼，八方出击，汗流浃背，气喘吁吁；心平气顺、无忧无虑的人生时段，定是轻松、怡然的生命的黄昏。夕阳无限好，从容度黄昏。

感悟手札

老 井

刘纲要

在儿时的老屋处，总是忍不住要想起往事来。跟城里的妻儿说起40年前的乡村生活，很是新鲜，我也很有兴味。其中，关于半夜担水的故事，引起了寻找老井的冲动。找了砍刀、铁锹，披荆斩棘，一路汗水，终于打通了到老井的路，见到了久违的老井。

老井，几乎被我忽略。如今的农家，或装有自来水管道，或房前屋后打了深井，一个杠杆压一压，井水汩汩流淌，再也不见水桶与扁担，蓄水的缸也自然没了。这些物件的消失，让我记忆中的担水场面，也就成了没有引线的炮仗，无法燃着与炸开火花。

按照生存法则，水是人们生活必不可少的东西。每天，人们都要去井里担水，灌满自家的水缸。有些东西取之不尽、用之不竭似的，而且不需要支付任何费用，反倒没有觉到它的珍贵，就像空气，就像水。但是，一旦遇到"万一"，饮水水源变得稀缺时，水也变得"物以稀为贵"了。老井，这才显示出自己不可替代的作用了。这一点，我是经历过的。

那年干旱，井里缺水。

那时候，还是靠天吃饭的年代，可老天不是洪涝就是干旱。大热的天，本来就口里干得冒烟，却没有水来解渴，让人心发慌。心发慌的人们到处找水，我也去找水了，就近的几个水井都见了底，从没有感觉水是如此的珍贵。好在我家只有母子二人，用水节约点，一担水足以用一天，尚能为继。尽管这样，水仍然是困扰我们的一个问题。白天，在井边等候挑水的人要排长队，都眼巴巴地等着那清流能够喷涌而出，但那只是一种愿望。水好像要枯竭了一样，妈妈说，我们只有等到晚上才行。

没有水的日子里，我也不敢放肆疯，担心玩累了，口干了，却没有水解渴。妈妈则弄了一些甘草、绿豆稀饭、苦瓜来缓解口渴。天上的日头白花花地照着，知了枯燥地聒噪着，世界好像都要起火了一样。每天晚上，我总是在迷迷糊糊中被妈妈弄醒。然后，不由分说，妈妈挑起水桶就出门，让我打着手电筒走在前面。万籁俱静的夜晚，弯弯的月亮像镰刀一样，在天空悬着。我没睡醒似的，迷迷糊糊听从妈妈的话语，朝着水井走着。经过窄窄的池塘塘堤，我走得很小心，我怕看泛着细碎亮光的池塘水面，怕看黑隐隐的山，我不知道那神秘的水下和暗暗的丛林中藏有什么。妈妈让我用竹竿在前面探路、赶蛇，偶尔有受惊的青蛙跳到塘中，"咚"地溅起水花，也能吓我一跳。到了宽敞处，妈妈便牵着我并排走，这时我便不怎么怕了。

经过大半夜的积累，干枯的水井有了些水，那水看上去并不像平时那样清澈，有些混浊。因为井里的水很浅，妈妈必须下到井底才能取到水。妈妈有些胖，就踏着井边的石块，慢慢下到井底，用竹勺轻轻地舀，半桶，便举起，让我在上面使劲提。我人小力气小，只能提半桶，然后用另半桶倒成一桶，最后的一桶，妈妈便在井上用扁担勾上来。

当妈妈在井里舀水时，我独自在井的上面依然害怕，心怦怦地跳，总忍不住喊一声"阿娘","娘在,崽",妈妈的声音是发颤的。

当我们担着水回到家插上门,重新上床后,妈妈便紧紧搂住我,用手从我的头上抚摸到背上……

村里隔上一段时间就会把水井清理一下,把水舀干,清除井底的树枝树叶等杂物,在井壁撒上白石灰消毒。夏天水井的水很清凉,我们会在井里舀水喝,或洗果子吃。但是,大人教诲了,对井水是不可造次的。因而,在我们孩子心目中,老井充满神圣的感觉。

40年过去,随着社会的发展,科技的进步,一些东西终究被取代而消失。家乡的水井,当年人们如此依赖,如此神圣的风物,渐渐地,因家家户户房前屋后打了小水井,或手工压水,或水泵抽水,不再需要担水,因而不再重要。通往水井的道路长满了杂草灌木,水井四周也逐渐被竹木遮住,淡出了人们的视线。她像一个历经了风雨沧桑的老人,归隐于竹木之中。

这天,经过一个小时的披荆斩棘,打通了从菜园到水井的道路。终于,久违的太阳光照射在了水井上面,水面上漂浮着一层绿藻,拨开它,可以看到绿叶的影子。朦胧中,我似乎看见一个少年,跟随挑着水桶的母亲,来担水了。

我发觉,我整理出来的不仅仅是荆棘丛中的一条道路,更是一段童年生活的记忆;我们打通的好似是一条时空隧道,让我穿越了40年,看到了当年熟悉的老井。

再见老井,仿佛见到了一位久别40年的友人,她安静地看着我们,不悲不喜。反倒是我,虽有一丝久别重逢的喜悦,但也心存打搅的内疚。老井,她已经不合时宜,已经被人忘却,但她一直是我心中一道难以抹去的风景,一段相互见证历史的情愫。

感悟手札

班有"老贾"

乔镜伊

"报——同志们,老贾已经抵达三班门口,赶紧归位啊!"在一个喧闹却短暂异常的课间,同学们都在争分夺秒利用这宝贵的时间"兴风作浪",忽闻从门外冲进来的小刘这一声吼,都跟脚底抹了油似的,"呼啦"地从四面八方奔向自己的座位,再急匆匆地掏出书本"认真"研读。"三、二、一。"大家盯着书页,在心中默念三个数,这时,"唰"的一声,教室大门被推开了,只见那名震武林的"老贾"站在门口,带着他那标志性的笑容一摇一摆地走进了教室。"哟,这么认真啊!"老贾放下课本,兴致勃勃地巡视了一圈。"那是啊,这不快考试了嘛……"不知从何方冒出来的马屁精趁机谄媚了一句。"是啊,哟,果然认真,你这书都拿倒了,看什么啊?"小刘心虚地笑了两声,瞬间就光荣地领教了老贾的热情。

此人姓贾,私底下我们都叫他"老贾",亲切嘛可不是。老贾虽姓"贾",但是说他这个人好,那可真是一点也不"假"。就拿他对待同学们的态度来说吧,那绝对是"甲级"。每次考完试,老贾都会亲自掏腰包请同学们吃糖,这买就买呗,他还只挑贵的买。"我这样做呢,还不是为了让你们知道'努力过后的回报是甜蜜的嘛。咱吃,就要吃好的,健健康康。我的观点呢,不像有些老师崇尚什么'成绩第一',我希望的是,你们能快乐成长,至少让你们有一个不一样的成长回忆。"一次老贾有感而发。语毕,各路大神便一边"吧唧"地嚼着糖,一边腾出手来拍那么几下,随后,又陷入了与糖果的斗争中。

待人处世是一门艺术。要知道,咱班老贾可是被我们"班级检察院"暗地里授予"三好班主任"称号的重量级人物。这个选举结果是有原因的,因为老贾不仅有三个特别突出的优点,在身材上也有点微胖,所以就称得上"重量级"啦。老贾的性格的确是一个亮点,说他"和蔼"是肯定的,同时,他也特别风趣幽默,而且还有些爱玩。

那是一个看似漫长的大课间,各路大神们说的说,笑的笑,打打闹闹,天南地北地闲扯中……"老贾来了!"突然,坐在窗边负责放哨的同学大喝一声,大家立刻动作敏捷地奔回座位,甚至刚刚还在体育课上嚷嚷腿疼脚扭的小张同学,都完美地诠释了"身手矫健"这个词。可见老贾的威慑力有多大!老贾像往常一样优哉游哉地推门而入,就在大家都觉得一切完美无缺的时候,忽闻老贾一声问:"老卢啊,你玩什么呢?"同学们闻声,立即扭头过去,只见老卢同学仍旧在玩一根橡皮筋,完全沉浸在自己的世界中,不亦乐乎。"喀!"班长装模作样地大声咳嗽了一声。老卢这才一惊,猛抬头,撞入老贾大人充满戏谑的眼瞳,刹那,万籁俱寂……大伙儿都觉得老卢此次"凶多吉少",只怕……"哟,你还会玩'翻花绳'啊,'香港大桥'和'降落伞'你会不会啊?"老贾一见那绳子就乐了,问向老卢。老卢愣了一下,赶忙说道:"'伞'会啊,但'大桥'不会。""这都不会,哎,你说你还玩个什么?"老贾"邪媚"一笑,说:"来,你现在有任务了,放学之前把'大桥'会翻,到时候,我来检查。"老卢听罢,受宠若惊,连忙点头答应。顿时,班级里爆出了一串串魔性的笑声……

  第三好也是最要紧的一好,就是老贾的教学。哎呀,这不是我吹,咱们贾老班的教学水平那真是"一级"棒啊!"学校模范老师"这个头衔,他可一直都有佩戴。作为班主任兼两个班级数学老师的他,那真是是含辛茹苦、兢兢业业。由他做咱班的班主任,我们的优秀率一直都是全年级最高的。你说,有这样一位出色的"三好"老师做班主任,岂不是万分荣幸?

  "嘿,老贾来啦!"窗边的哨兵们又侦察出了情报。同学们再一次笑着跑回座位,直到开始上课,嘴角都还挂着一丝笑意。班有老贾,欢乐多嘛。"上课!起立!老——师——好!"老贾啊老贾,说你好那真是一点也不假呀。在咱同学们心中,您是师长,更是我们的好伙伴。班有老贾,在快乐中成长!

感悟手札

那些让人终生难忘的老师，都有自己的降龙十八掌

冬蛰先生

我的恩师陈希元先生是个精神矍铄的"小老头"，五十挂零，须发全白。

陈老师博学多才，是个武侠迷，尤其喜爱金庸，熟悉金大侠的所有小说，改编的电视电影也是一遍遍不厌其烦地看。

陈老师让我们每人准备一个手掌大小可随身携带的本子，在封皮上写上"九阴真经"四个字。里面所记内容不多，但足够重要，比如"然"字的用法，比如环境描写的作用，再比如文言文翻译的六字要诀……

学生们渐渐熟悉了陈老师的套路，每当有人对九阴真经视而不见，做错题被点名，大家就跟着老陈一起编排：一个人叫"独孤求败"，两个人是"玄冥二老"或"黑风双煞"，七个人就变成了"江南七怪"。

如果人数众多呢？有一次出现了这样的情况，老陈一时摸不着头脑。

"百花齐放"，有同学们跟着出主意。

而陈老师始终不肯背弃金大侠的精神，使劲儿摇头：这怎么能叫"百花齐放"呢？你看看这都是些什么人，金轮法王、灭绝师太、星宿老怪，他们聚到一块儿能有什么好事？分明是一场江湖浩劫。

陈老师用金庸通过周伯通之口讲述"华山论剑"而不是正面描写的例子，阐释侧面描写的重要作用；而妙手书生临死前偷取杨康身上的饰物，后来成为黄蓉破案的关键证据的情节成了陈老师佐证伏笔的好例子。

陈老师讲写作有一套自己的方法，他说写文章讲究留白，要有一个余音袅袅的结尾，让读者回味无穷。而不是唯恐别人不知，有多少写多少，让人看过就忘。就相当于降龙十八掌最重要的一招亢龙有悔，它不是发力越重越猛越好，而是打出去的力道有十分，留在自身的力道却还有二十分。

好比陈年美酒，上口不辣，后劲却是醇厚无比。你要让你的读者看完之后

一直想着，吃饭想着，睡不着的时候还在想，很多天忘不掉，这样你就成功猎取了他。

陈老师与金大侠的典故还有很多，当时未必都懂，模模糊糊记住了一些，现在想来，真是觉得有趣又有道理。

今天，读金庸的学生少了，曾经迷倒众人的靖儿蓉儿竟然没几个人知道了。我懂得与时俱进，同时也渐渐明白，无论怎么发展，有一样是不变的，那就是让人喜欢、让人终生难忘的老师，他们每个人都有自己的降龙十八掌，都有自己的绝招，去拨动学生的心。

感悟手札

少年和牛

李汉荣

大约六岁的时候，父亲让我去放牛。记得那头牛是黑色的，性子慢，身体较瘦，却很高，大家叫它"老黑"。

父亲把牛牵出来，把牛缰绳递到我手中，又给我一节青竹条，指了指远处的山，说："就到那里去放牛吧。"

我望了望牛，又望了望远处的山，那可是我从未去过的山呀！我有些害怕，说："我怎么认得路呢？"

父亲说："跟着老黑走吧，老黑经常到山里去吃草，它认得路。"父亲又说，太阳离西边的山还剩一竹竿高的时候，就跟着牛下山回家。

现在想起来仍觉得有些害怕，把一个六岁的小孩交给一头牛，交给荒蛮的野山，父亲竟那样放心。

我跟着老黑向远处的山走去。上山的时候，我人小爬得慢，远远地落在老黑后面，我怕追不上它迷路，很着急，汗很快就湿透了衣服。

我看见老黑在山路转弯的地方把头转向后面，见我离它很远，就停下来等我。这时候我发现老黑对我这个小孩是体贴的。我有点喜欢和信任它了。我的小脑袋就想：大概牛也知道大小，它大概觉得我就是一个还没有学会用四蹄走路的小牛儿，需要大牛的照顾，它会可怜我这个小牛儿吧。

在上陡坡的时候，我试着抓住牛尾巴，借助牛的力气爬坡，牛没有拒绝我，我看得出它多用了些力气。它显然是在帮助我，拉着我爬坡。

很快，我与老黑就熟了，有了感情。牛去的地方，总是草色鲜美，即使在一片荒凉中，牛也能找到隐藏在岩石和土包后面的草丛。牛很会走路，很会选择路。在陡的地方，牛一步就能踩到最合适、最安全的路；在几条路交叉的时候，牛选择的那条路，一定是到达目的地最近的。我心里暗暗佩服牛的本领。

有一次，我不小心在一个梁上摔了一跤，膝盖流血，很痛。我趴在地上，看着快要落山的夕阳，哭出了声。这时候，牛走过来，站在我面前，低下头用鼻子嗅了嗅我，然后走下土坎，后腿弯曲下来，牛背刚刚够着我，我明白了：牛要背我回家。

写到这里，我禁不住在心里又喊了一声：我的老黑，我童年的老伙伴！

我骑在老黑背上，看夕阳缓缓落山，看月亮慢慢出来，慢慢走向我。整个天空都在牛背上起伏，星星越来越稠密。牛驮着我行走在山的波浪里，又像飘浮在高高的星空。

牛把我驮回家，天已经黑了。母亲看见牛背上的我，不住地流泪。当晚，母亲给老黑特意喂了一些麸皮，表示对它的感激。

秋天，我上了小学。两个月的放牛娃生活结束了。老黑又交给了别的人家。

半年后，老黑死了，据说是在山上摔死的。它已经瘦得不能拉犁，人们就让它拉磨，它走得很慢，人们都不喜欢它。有一个夜晚，它从牛棚里偷偷溜出来，独自上了山。第二天，有人在山下看见了它，已经摔死了。

当晚，我忍不住号啕大哭起来。人们都觉得好笑，他们不理解一个小孩和一头牛的感情。前年初夏，我回到家乡，专门到我童年放牛的山上走了一趟，在一个叫"梯子崖"的陡坡上,我找到了我第一次拉着牛尾巴爬坡的那个大石阶。它已比当年平了许多,石阶上有两处深深凹下去,是两只牛蹄的形状,那是无数头牛无数次地踩踏成的。肯定,当年老黑也是踩着这两个凹处一次次领着我上坡下坡的。

我忽然明白,我放过牛,其实是牛放了我呀!我放了两个月的牛,那头牛却放了我几十年。也许,我这一辈子,都被一头牛隐隐约约牵在手里。有时,它驮着我,行走在夜的群山,飘游在稠密的星光里……

感悟手札

顽童妄想曲

鲍尔金娜

每逢春节家宴吃到意兴阑珊,姑姑总喜欢重讲一段陈年往事:大概是我五六岁时,有一次去姑姑家玩,我和表哥趁大人不注意,合作把一大筐鸡蛋砸到墙上,结局就是满屋流金,大人皆惊,史称"砸鸡蛋事件"。

小孩子干坏事有个便利,就是长大后可以用一句"我没印象了"弹回所有的指控。听着无赖,却往往是事实。我每次重听"砸鸡蛋事件",和表哥茫然微笑对视,脑海里拢共也就唤醒一秒钟的蒙太奇——自己望着墙上稀巴烂的鸡蛋拍手欢呼,非常快乐。至于作案动机,完全没印象。虽然姑姑讲故事的语气总是温柔低回,眼含欢喜,但我因为心虚,连带觉得姑姑的表情里也蕴藏着跨越时空的惋惜和啧啧称奇。那可是20世纪80年代末,老百姓家里的一筐鸡蛋,就算谈不上价值连城,也比欧莱雅更值得拥有。可惜姑姑、姑父对于这筐鸡蛋种种细水长流、煎炒烹炸的愿景，在几分钟之内就宣告完蛋。他俩在清洗那面墙壁时心情是怎样的，我想都不敢想。

事后我和表哥没挨收拾，想必是托福于我家没有打孩子的传统，以及我俩小时候长得都非常可爱，呼扇呼扇的长睫毛和饱满欲裂的苹果肌摆在那里，常让大人无能为力。

表哥从小就是淘气包界的扛把子，脑袋好使，鬼点子无穷，"砸鸡蛋事件"只是他调皮捣蛋光辉岁月里的流星一瞬，不算特别了不起。我小时候却是公认的老实小孩，虽然嘴上不说，心里非常羡慕表哥淘气的名声。因为我早就发现"淘气"在大人眼里总跟高智商与创造力相关，许多家长在外人面前训斥自己孩子"太淘"的时候总是带着点扬扬自得的调子，好像手里揪着的是活生生的未来爱因斯坦；至于内向害羞之类的性格，除了省心，似乎就再没其他亮点了，中外历史名人里可没谁是以文静著称的。然而我从小就是个严肃的孩子，偏爱宁静与秩序，任大人们把我放在哪儿都行，几个小时后肯定还在原地，和绿植盆栽一样是皮实的装饰物。反正只要能坐在地毯上画画，听格林童话磁带，有橘子汁和雪糕，我的世界就甜蜜得饱和了。跟表哥玩跳棋或军棋，我从来没赢过，又不好意思哭，总是憋气憋得一脸凝重，跑去阳台喂鸟卖呆儿，又被大人认为是"心事重"，听起来就更不像表扬，而需要担心了。有些内向的孩子被认为是"蔫吧淘"，我却连"蔫吧淘"也不算。"蔫吧淘"的孩子依然有惹祸的才能和执行力，"蔫吧"只是他们的行动风格。比如我表弟小时候，一向不声不响，但喂金鱼吃泡泡糖，往爷爷衣兜里放饺子假装魔术，把兔子屎混进我吃的药，全不带犹豫的。每每被抓个正着，依然一脸沉静，抿嘴笑得非常得意。我就缺乏搞这类破坏的禀赋和勇气，所以突然做出砸鸡蛋的壮举，让人难以吸收，于是事情的定性只能是，我"玩诈尸了"。

"诈尸"除了它诡异的字面意思，在东北方言里还是个粗俗幽默的比喻，用来形容小孩玩大劲儿了后的精神状态。一旦进入那魔魔怔怔的异度空间，家长想管也来不及了，玩到"诈尸"的小孩很快就会因为心神承担不住过多的兴奋而产生挫败感，最后以愤怒大哭告终，哭完就老实了。我小时候完全不懂心理学的奥秘道理，但对于那种玩着玩着突然悲从中来的无助感印象很深，于是更觉得淘气是一件挺不上算的事，除非有人带着，这个人就是我表哥。

早在"砸鸡蛋事件"前，我就跟着表哥做过许多无厘头的顽皮事。我俩曾经在奶奶家的浴缸里养过蝌蚪，养出一缸身强体壮的癞蛤蟆，四散到厨房阳台，日夜歌唱，其中还有一些想不开的蛤蟆顺窗跳楼了，生卒不详。另有一年小学暑假，我跟表哥迷上了吸花坛里一串红的蜜吃。有的花蜜很甜，有的花蜜不怎么甜，所以需要大面积采摘以收集大数据。这项美妙的活动只有一个问题：蜜蜂也喜欢吃一串红的蜜。由于嫉妒不满以及小孩子难以捉摸的残酷天性，表哥和我对那些抢蜜的蜜蜂展开了小规模的报复处决。方法很简单，就是揪掉蜜蜂的脑袋，扔到一边去。我隐约记得自己那时候相信蜜蜂的脑袋在掉了之后还会长出来，应该是跟小壁虎的故事搞混了。如今每次看到有关蜜蜂濒危的新闻，我心里都猛然一凛，回忆那年夏天，自己圆嘟嘟的胖脸上一定挂着邪恶无忧的微笑。

还有一年，表哥和我去爬赤峰南山，山上有大菩萨像，没腰的野草，人烟稀少。表哥带我爬进半山腰一处弃绝的防空洞，发现一小堆乳白色的骨头，表哥顺势开讲鬼故事，吓得我直接麻爪，倒退着爬出去，一整天吃睡不香。几天后家里大人从南山回来，告诉我们那堆骨头是有人吃剩的鸡骨架。表哥在一旁嘿嘿坏笑，我是真气，可惜嘴笨，又不会武功，只好闷头嗑瘪子，毕竟回头还得管表哥借《风魔小次郎》《乱马1/2》看。那时候表哥是我与外面野生世界的唯一接触媒介，要捞眼界看看，必须以和为贵。

每年假期结束，从奶奶家回到自己家，没有了表哥的指导和助威，我就恢复了盆栽小孩的属性。偶尔干出调皮事，也多属意外，比如光脚从橱柜顶上往下跳，脚掌扎进钉子，我捧脚坐在地上幻想死亡，想着想着就兴趣索然，站起来走了。再不就是玩逮人时把眼睛撞到酸菜缸上，或者脑袋卡进铁栅栏，就更缺乏峰回路转的情节，纯是笨。唯一让我津津乐道的事迹发生在我小学时。一次我在姥姥家吃完午饭，突发奇想爬上卧室窗台，假装飞檐走壁。结果一个不稳，摔坐到一盆仙人掌上。表妹牺牲午睡时间，帮我摘了一小时的刺儿。我长大后喜欢给人讲这故事，心里为自己闯祸的原创性和喜剧效果感到相当得意。

没想到这个让我珍爱的往事竟然也发生了反转。前一阵我跟表妹聊天，聊起这事，表妹笑着打断我："姐，坐到仙人掌上的人是我，你才是帮我摘刺的人啊。"

我听后大惊,默然良久。表妹小时候确实比我淘,按正常推理,她说的很可能是事实,我也拿不出反驳的证据。可我实在习惯了这个回忆的主人公是我,从爬,到摔,到仙人掌刺扎在肉里的痛痒,记忆那么稳当、精确,就跟瓦特发明蒸汽机引发工业革命一样没有争议。现在让我把这故事拱手退还给表妹,太晚了。在姥姥家窗台上决定飞檐走壁的那一瞬间,对于一个木头木脑的乖小孩来说,可是一座说不清道不明的精神里程碑,淘气包们不会懂。

想来想去,我决定继续偷偷把仙人掌勇士的故事记到自己的账下,除非我以后能回忆起更胜一筹的调皮往事做替补;或是有一天姑姑忽然宣布,"砸鸡蛋事件"过后其实还有更精彩的续集。那我一定要听个痛快,然后把双手穿过时空的云雾,好好掐一掐那个顽童的胖脸蛋,对她心照不宣地点点头。

感悟手札

黄昏尽头是故乡

余显斌

黄昏永远是属于小村的,是属于粉墙黑瓦的农舍的,也是属于童年的。在静静的黄昏下,远处的山尖显得格外干净,也格外明显,甚至山尖的一块石头,一棵树,都显得那么清晰,那样显眼,黑红黑红的,如油画一般。

山的斜扁路上,放牛的喇叭公吆喝着牛,已经沿着弯曲的山路,向那畔的家里走去。走过山垭的时候,他的影子,还有牛的影子,都看得清清楚楚的。尤其是牛的一对犄角,格外明显。喇叭公的喇叭,也在黄昏里响起来,一声声扩散在黄昏里，将黄昏也仿佛吹出了一圈圈的波纹，一直扩散向远方，扩散向我想象也赶不到的地方。慢慢地，牛不见了，人也不见了，喇叭声隐约还在，但慢慢小了，再小了，最终听不见了。

黄昏再次恢复平静，红晕中透出隐隐的黑色。

远处，有人在唤归，是当娘的在喊着自己的娃儿回家，声音那么悠长，那么深远，好像是在岁月深处传来的一样，在黄昏里响起。这样的声音，是黄昏里最为温馨的声音，最为纯粹的声音。

那一声长长的呼唤，就将游子的心永远和乡村牵连在一起，难以分开。

多少年了，当我离开乡村，离开娘，在外面走得精疲力竭的时候，总想停下来，在黄昏里倾听一声娘唤归的声音，想歇息一下，将人事酬酢的烦恼稍稍消解一下。可是，天尽头只有黄昏，只有黄昏的光，慢慢地消退着，慢慢被暮色浸染着。

娘的声音，远在天涯那边。

我，却行走在千里之外。

此时的乡村，鸟儿一定划着翅膀，驮着一抹晚霞，飞向了远方，飞到黄昏里去了吧。小村对面的石头梁上，人家院落在夕光中大概也半明半暗了吧。柳树沟垴那一丛古老的树木，拢着几户人家，大概又如水墨画里的一般了吧。小时候，我常常望着黄昏的柳树沟垴想，那儿住着的是谁啊，他们站在遥远的山垴上，看见了黄昏里的我吗？我想，总有一天，我一定要去山垴上看看，那院子究竟是啥样子的，那些树是什么树。

可是，几十年过去了，我走遍各地，就是没走过我童年遥望过的柳树沟垴。

听说，那儿的人都搬走了。那儿的树木还在，那儿的黄昏还在。我如果有一天回到小村，去那儿的话，那儿大概已经杳无人迹了吧。他们都搬到了哪儿？在黄昏的时候，他们是否会回头想起那丛树木，还有自己住过的房子？黄昏，是点燃乡愁的时候，那一刻，谁不沿着记忆走一趟故乡啊！

有老家，就有乡愁。

有黄昏，乡愁总是会显得那么温馨，那么细腻。因为，在老家，有娘在那儿守着，有自己的童年在那儿守着，有童年的往事在那儿守着每一寸土地，每一声虫鸣。

我们走向远方,老家将我们的根留下。

我们漂泊他处,老家收留着我们的灵魂。

感悟手札

第二辑 无烦恼,不青春

成长有烦恼,也有欣喜,就像美好的加糖柠檬汁,有点儿甜也有点儿酸。青春里的烦恼,让我们铭记那些失眠的夜晚和流过的眼泪,日子总会明朗起来,一切逝去的,终将变成美好。

我与零食的相爱相离

Yeast

我的爸爸出生在一个物质匮乏的家庭,兄弟姐妹共四个,爷爷奶奶靠务农为生,全家人都吃不饱饭。后来他努力读书考上中专,毕业后有了工作,才结束了这段艰苦的岁月。

我则出生在一个零食匮乏的家庭,爸爸因为小时候受尽了吃不饱饭的苦,长大以后便把所有执念都许给了米饭,似乎只有一碗盖满肉和菜的白米饭才能抚平他童年时饥饿所带来的创伤。妈妈则跟大部分女性一样,爱吃零食,我最大的快乐,来自她每次打工回家时所携带的装满衣服的手提包。

无奈的是,我从小便体弱多病,医生检查后发现,我的扁桃体比一般人的略大些,更容易发炎,所以应当尽量避免吃一切会导致扁桃体发炎的食物,重盐、重糖、重油、重色素、重口味的零食成为禁忌。于是,妈妈以爱我的名义,切断了对我的零食供应。

童年最经典的画面就是,一群小孩手里拿着方便面"哗啦哗啦"地往嘴里倒,辣得直吸溜鼻涕,最后像小狗般吐出舌头,意犹未尽地舔完掌心最后一抹佐料。而我则会直勾勾地看着他们,丝毫没有避嫌的意思。我表面上谨记着大人说的,不能做"贪吃鬼",内心却不断上演着一把抢过方便面大快朵颐的痛快戏码,就连掉落到地上的碎屑都对我有着极大的诱惑力。

吃零食变成了我生病时才有的特殊待遇。发烧的时候,面对妈妈煲的各种粥我全都闭目摇头,只有方便面的味道能让我精神为之一振,但终归口苦无味,无法尽情享受。喝中药的时候,异常辛苦,只有一颗奶糖才能让我忍受。住进儿科病房的时候,看着周围的小孩有吃不完的火腿肠、肉松,我便在扎针的时候痛哭流涕,以求得到同等的零食待遇。

生病原本是一件痛苦的事情,但对我来说有一桩极大的好处,就是可以吃零食。

就在这样的挣扎与企盼中,我很快长大,开始上学了。

谁知道，学校里的诱惑更大。

校门口两旁遍布着琳琅满目的小店，各种零食辣的发着光，甜的像朵花，汽水冒着泡……它们不会说话，我却觉得那是天底下最喧闹的声音，深藏在我胃里的馋虫被吵得蠢蠢欲动。

身边不乏有钱的同学，每天下午上课铃响之前，是他们的零食时光。有的人吃着大片的辣条，辣得龇牙咧嘴；有的人仰头灌着汽水，喉头咕咚作响；有的人嚼着话梅，津津有味……我发誓，这种生活就是当时的我最向往的生活。

父母为了防止我胡吃零食，几乎从不让我手里有零花钱，零食也因此与我绝缘。

后来，他们开始允许我在外面买早餐吃，我终于有了零花钱。每天的早饭钱我都尽量省着用，他们给我1元我就用5毛，有时候就饿肚子，终于，在我的不懈努力下，存钱罐里发出了钢镚儿美妙的声音。每天晚上临睡前，我总是悄悄关上房门，躲在被窝里美滋滋地数钱，计划着买这买那，心里着实比吃了蜜还要甜。

那种滋味，非要形容的话，就像收到一封来自暗恋者的情书，心底全是隐秘的窃喜。

攒到一定的数目，我掂量着差不多可以过上嘴里有零食、手上有余钱的理想生活了。于是，门庭若市的校门口的小店里开始出现我的身影。

回家的路上，我左手拿着辣条，右手拿着汽水，和同学们有说有笑，短短5分钟的路程实在不够我吃东西，所以那时候恨不得从学校到家的距离能延长数倍。

这五分钟的惬意时光并没有持续多久。

一个天气时阴时雨的日子，放学时分，我买了一种像羊肉串的新零食。地面湿漉漉的，但天空中没有雨丝，我料定妈妈不会给我送伞。于是，我一路优哉游哉地吃着。经过一个转弯时，我用余光扫到了一个熟悉的身影，在脑袋还没反应过来是谁之前，我的身体已经做出了应激反应——将"羊肉串"丢进了旁边的垃圾桶。我佯装镇定地走向妈妈，其实刚才戏剧性的一幕早被她看在了眼里。她又气又乐，问我刚才在偷着吃什么好东西。回到家里，爸爸让我站在镜子前，说："你别骗我们了。"我定睛一瞧，自己的嘴巴周围一圈都是红的，鼻尖被辣得冒了汗，我尴尬地咧开嘴，结果发现，牙齿上还残留有辣椒片。

幸好，他们没有发现我的小金库，但我再也不敢在路上偷吃零食了。观望了一段时间后,我发现他们降低了"警戒级别",想吃零食的心又蠢蠢欲动了。

在放学的路上吃零食有诸多不可控因素,还是得找一个地方静静享用。最危险的地方才是最安全的地方,我决定铤而走险,把零食带回房间偷偷地吃。

于是,那段时间我学习出奇地认真,每次吃完饭就乖乖地钻进房间写作业。其实,我是一边做作业一边吃零食,忙得不亦乐乎。

但这桩乐事依旧好景不长。一次吃完零食后,我不小心把包装袋夹到了作业本中。那天爸爸鬼使神差地想检查一下我的作业,当他饶有兴致地翻开作业本时,他的笑容逐渐凝固在嘴角,我吃零食的秘密再次"东窗事发"……

零食就这样一次又一次地从我嘴边逃跑。我想,它应该是一个老谋深算的家伙,总是先给我一点甜头,其实暗地里一直在算计我。

就像辛波丝卡的诗里写的那样:"时机尚未成熟,变成他们的命运。缘分将他们推近、驱离,忍住笑声,然后闪到一旁……"

长大以后,父母再也不限制我吃零食了。或许是因为当初医生说:"等你长大,抵抗力就变强了,扁桃体也不会那么脆弱了。"

我可以提着大包小包的零食进进出出,将家里的每个角落都塞满,在任何时间都可以随意享用。我一度认为零食的"逃跑计划"最终失败了,它还是要臣服于变成大人的我。

只是它的存在变得平淡无奇,触手可及让它"泯然众人矣",我再也找不到偷吃零食时那种心神激荡的喜悦了。

它终究还是逃跑了,连同我的童年一起消失得无影无踪。

感悟手札

妈妈，因为我想您好

文瑞

妈妈，我是何等地希望您能找到属于您的快乐，我能理解您对与您自身相似的故事或您厌恶的事物产生的激烈的情绪，我知道您不是有意的，而我能做的，只有一次又一次地将我所看到的事物过滤后转述给您。我一直爱您，不论您是什么模样或说着什么话语。我只希望您能从我的视角里找到您世界的出口，从那里脱离出来，从停止的时间里跳出来，能与我一起从世界的碎片里找到当下的、新的自己，在无尽的时光里找到意义，能体会到我曾经体会过的或我未曾体会到的快乐。我是多么希望您快乐。您说被需要也是一种幸福，我却害怕它会让您负重难行，我希望您轻松快乐，做一切您想做的事，活成您想成为的样子。

我从未想过与任何人相似，我经历着与任何人都不相同的经历，脑海中有与任何人都不相同的声音，我的心里就是我自己。我就是我，我因自己而快乐，也因自己悲伤。现实可以使我屈服，但我做自己的选择，我的行动出于自己的思考。我会犯错，可我为自己的行为负责。我不会心怀侥幸，也不会逃避，我对探索世界满心期待，时刻准备着体会感动和真情，即使我并不算一个讨喜的人，但我从不认为这样的自己是需要改正的。

您不了解我，没有关系；您不能理解，也没有关系。因为我自己选择，自己承受，我没什么可抱怨的，我依然珍惜这样的自己，想让自己安宁，所以外面的世界是待开放的地图，内在的世界是自己的花园。我乐于打开大门，但关上门时也不会留有缝隙。我与自己和平相处，也懂得如何保护自己。

即使时运不济，活到山穷水尽，我只会细数曾经拥有的快乐，去找那"我或许会被判无罪的黎明"。我为这样的自己而心醉，因此而感到快乐和骄傲。我曾对同学说，我这些年最自豪的可能就是我的思想、我的灵魂，我用每一分每一秒锤炼它、滋养它，在思考里让它成型，这是我的杰作，无人能将它夺去。在这样的情形下，我光是活着，已是一种享受。

我不曾预想过这样的结果，但它的到来让我喜悦，这一切都让未来变成生命给我的礼物，成为对生命的不灭的赞歌，您能明白吗？我的生活现在是一种天空的色彩啊！

我曾向您形容过一个场景，书籍会一本本堆叠起来支撑人到达天际，现在我仿佛已越过云层，看到光亮。我深爱宇宙的静谧、灭亡、新生、旋转、爆炸，一切都那么美丽。深海里游动的生命，天空中飞翔的鸟，林中绽开的花，晒太阳的人，食物的香气，叶片投下的阴影，运动时流下的汗水，秋天拂面的风，语言里轻微的发音，一切都是那么美丽，无可比拟。想象一下，这个世界遍地奇迹，我拥有无穷无尽的快乐。

一只非洲的灰鹦鹉在生命的尽头对陪伴它多年的人说："您保重，我爱您。"我看到这里鼻子发酸，眼泪夺眶而出。这六个字，就是它的生命最大的意义，即使人类只是将它视为研究对象，从未平等地对待它，但到了最后，它选择了和解，用人类的语言倾诉它的爱和善意。我被深深地震撼了，甚至有点忌妒得到这六个字的人，同时期望着有一天我也能听到这样的话，它能给我的生命以更高的价值。妈妈，您能懂我吗？

生命在物质上从不同的起点出发，却在精神上一同起跑，我们与其他事物共享孤独，在孤独中与自己和解，在孤独中找到同行的短暂快乐，又安于孤独。这是一件远比存活更难的事，我祝愿您能拥有那一天或已经拥有那一天。这个行星是球形，它没有开端也没有尽头，当您经过某一处，并不意味着您已经历了它，它是时刻变化的，您只参与了它的那一刻。对世界的探索是没有尽头的，存在于这个世界上的快乐和感动一样是无尽的。我是一个贪婪的人，总是希望能收获更多，这份欲望伴随我的呼吸存在。您呢？您渴望什么，又对什么心怀期待，对什么怀抱热爱呢？妈妈，我最希望的是答案能与您有关，因为我想您好。

感悟手札

我病了，我的错？

刮刮油

一

我有两颗残齿，其中一颗是因为自己调皮打架弄断的，另外一颗是当年在篮球队里碰断的。

我记得那天教练安排了一次实战对抗，十几个队员分成两组打比赛。在一次控球进攻中，我运球迅速前突，正待用学了不久的三步上篮走一个时，后面追上来一个身体强壮的孩子。然后，我被撞飞出去。

教练慌忙跑过来，问我有没有事，我站起来摇着头吐出半颗门牙，有点慌神。教练看了看，说："脸上擦破了点皮，牙齿还会长，男子汉没问题！"我在那一刻安下心，认定自己无大碍，主动要求继续比赛，但被教练拒绝了。

晚上回到家，我被爸妈劈头盖脸一顿臭骂，他们说我脚底下没根，别人不摔就我摔。尤其是看到我的断齿后，他们更是大骂我傻，说："恒牙还长什么，你这门牙算是毁了。别人说什么你都信，你是不是脑子有问题？"

第二天，我爸妈找到教练理论，让他为带着欺骗性质的和稀泥行为道歉；后来，他们又找到撞我的孩子的家长，为我接了半颗假牙。这件事放到现在会是一件不得了的事情，搞不好要打几方的官司，但在30年前，这种结果已算是妥当。

可我无法忘记那一天晚上的痛苦和羞耻。我在被指责脑子有问题时意识到，我一直很信任的教练骗了我；更重要的是，我爸妈的态度让我觉得有必要重新审视自己，以前那扬扬自得的我是否真的没心没肺，其实自己是很傻的，造成这样的结果，都是我的错。

为自己感到羞耻远比身体上的伤害更持久。

二

小升初的那个暑假，我妈发现我双手手背极黑，手心那一面则白得明显。于是，她带我去了附近的一家医院。

医生仔细检查了我的手，斩钉截铁地做出诊断：这个症状是白癜风，如果不及时治疗，面积会越来越大，整个手背乃至双臂都可能会花掉，也不排除在其他部位出现，比如面部。

医生给我开了外用药，让我回家后每天在患处涂抹一次。他跟我妈说，减少吃维生素含量丰富的诸如橘子、橙子之类的食物，没事就用手指摩擦患处，不要暴晒；最重要的是，要保持心理放松，因为这个病，主要是由于心理紧张导致内分泌和免疫系统出现了问题。

走出医院大门，我妈跟我说："你知道这东西会越长越大吗？"我摇头。

她变得激动："今后可能满身满脸都会长这东西，可能一辈子都下不去。"我点头。

她说："我真不明白，你有什么可紧张的？"

我想了想我的过往，基本上是属于浑不懔，被老师罚站了一个月也没觉得害怕，我不知道我哪里紧张过。但倘若我说没有，又无法解释手上这东西的来源。我不知道如何回答，只是低着头站在那里。

我妈突然冲我小腿踢了一脚："你怎么什么病都得啊？是不是想让我急死？"说完，她就哭了。

我大约九岁后就很少哭，即便经历过很多在那个年纪并不算小的事。其实我妈那天踢得一点也不疼，我却哭得一塌糊涂。

此后的一段日子我过得战战兢兢。我不敢在外面玩，因为夏天阳光强烈，医生说过，我应该避免阳光暴晒；我在吃橘子的时候也会想到医生的话，把吃到一半的橘子扔掉；而最重要的是，我开始因为害怕紧张而变得更容易紧张了。到后来，我甚至在事情做到一半时整个心脏会毫无征兆且莫名其妙地紧缩一下，似乎在提醒我有什么事情需要我担心，但仔细想想又好像没有什么事。

那段时间，我相当乖。我认为我必须听话一点，人必须为自己犯的错误负责。

我病了，我错了。

我爸妈用尽办法找到一家所谓的专业医院的专家给我开了中药、西药内服外敷。他们每个月都要骑车一个半小时去给我取药，并到处打听各种偏方。

这件事几乎耗尽了他们那段时间的业余精力，即便到现在回忆起来，我仍旧觉得他们为此付出太多。但这件事后来以一个让人啼笑皆非的方式结束：手背上的这道界线并没有越来越长或者越来越明显，而是随着那个无比炎热的夏天的过去而慢慢变淡，到寒假的时候几乎看不出来了。此后我再去其他医院检查，没有医生说我有什么毛病，他们说这种情况很有可能是夏天的阳光让我的皮肤发生了一些变化，因为几个月的时间并不足以让白癜风这种疾病痊愈到完全看不出来。换句话说，我并没有得什么病。

我如释重负，觉得到了该放下的时候了。但很可惜的是，我发现自己变得容易紧张、敏感且多疑了。

我并不想将我的这种性格归因于这件事，而是认为它可能只是开启这种性格的一个标志性事件，而我本来就是这样的人，只有这么想才会让自己好过一点。但有一件事我可以肯定，我并不是我曾自以为的洒脱、随心所欲、勇敢无畏的人，而且今后再也不会是了。

通过这件事我了解到，一个人的心理防线有多么脆弱。

三

我在为人父母后，多少可以体会父母当年近乎气急败坏的情绪，因为他们所担心的那些事影响真的很严重，他们并没有欺骗我。但他们没有意识到一点——事情已经发生了。

我姑且称这种事情为人生的"黑天鹅事件"。这些黑天鹅事件可能没有征兆，就那么无缘无故地发生了，有时确实让人难以接受。

遇到成年人向你倾诉人生的黑天鹅事件时，大多数人不会用尖锐的语言指责对方。然而面对最亲近的孩子，家长则会用一些毫无情商的话语对待。

父母总是对孩子报以巨大的期待，他们付出自己的全部去保护这个孩子，用自己全部的人生经验去教育他。他们如此投入，以至于无法接受孩子身上发生这些黑天鹅事件。而家长在面对问题时先责备的态度，无异于让自己成为另一个加害者——有时甚至比事情本身更具有伤害性。

这种做法，离爱很远，而这种伤害，足以摧毁一个孩子的全部心理防线。

我人生里的这两件黑天鹅事件让我记忆深刻，因为它们开启了我的自我怀疑和自我苛责。以至于现在，遇到问题后我会经常产生"我一定是做错了什么才要承受这些"的情绪。

在那之后，我遇到问题时几乎不敢再跟父母商量，我不知道他们是会站在我这边，还是会让我先挨一顿责备而后更加内疚，虽然有时候我真的需要一个人去依靠。

作为我自己，我不希望我的孩子在遇到人生黑天鹅事件时痛苦加倍。我愿意作为他们的靠山，一起去面对和解决问题。我会告诉他们没有什么过不去的事情，一切都可以用恰当的方式解决；即便是无法完全解决的，那也只是人生的一段经历，它不会也不应该全面影响他们的人生。

感悟手札

我们拼命发声，尽管只能被自己听见

楚问荆

我人生中最具意义的一次染发，发生在初一那年。那年我们刚进初中，没有手机，娱乐活动相对单一，学校因为男女共舍制度而在三楼设了一道加锁铁门。于我们而言，这道门形同虚设，所以男生女生踩着拖鞋互串楼层成了宿舍熄灯前我们的主要消遣方式。

阿丁来宿舍找我的时候，我正趴在上铺看小说。他还没进门，楼道里他和女生说笑时发出的杠铃般的笑声就已经在我的耳边回荡了。我将小说翻了页，还没看几行，就被阿丁进门时那一头自带邪魅狂狷特效的酒红色长发给惊到了："咦，你什么时候染的头发？"阿丁得意地从兜里掏出一小瓶染发膏，甩着头发冲我笑道："还不错吧？我买了染发膏自己染的。你快下来，让阿丁老师给你做个新造型。"说着便伸手拆我的马尾辫，大有今日不给我染头发他就势不罢休之意。以"怂"著称的我，立马捂着脑袋后退，并表示染发虽好，仍需谨慎，以好学生自居的我，是绝对不会干出这种违反校规校纪的事儿的。

话虽这么说，但我还是耐不住阿丁在一旁天花乱坠地使劲撺掇："怕什么，再不疯狂我们就老了，现在不染头发难道还要等到七老八十吗？"阿丁用一副恨铁不成钢的表情看着我。

我眼瞅着阿丁的那一头红发，心里纠结得要命：染吧，被老师发现了后果可想而知；不染吧，我骨子里隐藏的叛逆因子叫嚣着，试图奔向染发这个出口。"不管了！染就染吧！"我咬咬牙说。阿丁一声欢呼，把我按在凳子上，之后便开始搓着手兴奋地围着我转圈儿。

"阿丁老师，请问有没有其他颜色可以选择啊？"我看着眼前一个劲儿鼓捣染发膏的阿丁说，"'可爱粉'也可以啊，'原谅绿'我也能接受。""这位顾客，您要求真多！"阿丁把嘴一撇，"小卖部里只能买到酒红色的染发膏啦！"

染发一时爽，逢人悔断肠。第二天上学时，我畏头缩脑，走路都低着头，生怕别人发现我头发的秘密。阿丁则唯恐别人看不见，逢人便展示他肆意张扬的红发，还不忘搭上我："你们看，小楚的头发也是我染的。"总有一种友情让人泪流满面⋯⋯托阿丁卖力宣传的福，我们很快就成了班主任老李办公室的"茶客"。

老李还算温和，他说先给我们一次机会，让我们在上晚自习前自行将头发染回黑色，不然的话，他就要动用极端强硬的手段，不仅要我们在班级做检讨，罚我们打扫卫生，还要在全校范围内对我们进行通报批评。

尽管我的头发一摸就掉色，我还是臭美得不想把它们染回去，阿丁从办公室出来后更是言辞激愤："古来圣贤皆寂寞，唯有红者留其名。红发在，人在！"说完，他便拉着我一路小跑溜出了校门，躲到了校外的网吧里，试图以此来逃避我们终将面对的将头发染回黑色的结局。

而我至今都记得那天，我和阿丁正玩着《黄金矿工》游戏时，老李突然黑着脸出现在我们身后的场景。好在老李对女生还比较宽容，回学校时把我直接塞进了校门口的理发店里。阿丁就比较悲惨了，据说老李为了以示惩戒，先拿剪刀把阿丁的头发剪残之后，才把他送到校门口的理发店里和我会合。一夜之间，阿丁就变成了大寸头。拜他的新造型所赐，阿丁的情绪很不稳定，他消沉了一段时间，直到发现棒球帽也是一大装酷神器后，才忘记了他在自己的头发被老李的剪刀虐待时心里产生的恐惧。

其实现在想起来，染发不过是一件小事，只是它恰好发生在青春的某个节点，所以才被我们赋予了很多特定的意义，比如追求个性，比如追求自由。而在我看来，这场甚至可以被称为"滑稽闹剧"的染发事件，不过是一场自我觉醒。

在这段被称作青春期的时间里，我们拼命发声，尽管只能被自己听见。这样的我们，远比那些被认为的叛逆和肤浅有深度。

感悟手札

穿越黑夜时，请步履不停

鹿隐

我不知道你有没有被孤立过，如果有，那你大概能体会我当时的心情。

那时，我读初二，不知怎么得罪了班里一个很有势力的男生，受他的煽动和影响，全班的男生都欺负我。女生也对我唯恐避之不及，生怕因为跟我在一起玩会被男生们针对。

当时我有多惨呢？上数学课时，我被老师叫起来回答问题，全班男生都会发出嘲讽的声音；出去打水，回来时教室的前后门都被锁上了，我只好捧着水杯站在门口，一直等到下一节课的老师过来；还有男生把屎壳郎从我脖子后面丢进衣服里。

那次，我特别生气，"腾"地从座位上站起来，怒斥道："你能不能不要这么恶心！"谁知那个男生笑嘻嘻地跟身边的同学说："她还好意思说别人恶心，也不看看自己什么德行。"当时身边不是没有女同学，只是她们飞快地远离我的座位，还跟我说："你不要跟着我们，我们怕虫子。"

周围的同学都望着我，他们眼里有戏弄、嘲笑、得意，唯独没有正义，没有人愿意站出来为我说句话。

上学路上，那些把山地车骑得飞快的男生，他们的身影像一道道闪电，矫健而充满活力。但我把去学校的路当成"黄泉路"。那时候,我真的觉得书读不下去了,想休学,想永远待在家里。

我不再跟别人说话,总是像木偶一样一个人呆坐在座位上。也曾拿美工刀在手臂上划出一道道伤痕展示给同桌看,以为这样可以得到别人的同情,甚至把圆规放在手臂上,对着欺负我的男生说:"你再扔掉我的作业本,我就把它扎下去。"可我得到的回应是:"你扎啊,关我什么事?"之后,我又于一个大雨滂沱的中午,独自在操场淋了一个小时的雨,以致成为全校的笑柄。

我活得越发像个疲惫的影子,沉默地承受着一切,笨拙地伤害自己。

后来有一次,我独自坐在公园的长椅上发呆,大雨将至,我脑袋里一片空白,心想不如破罐子破摔,倒在马路边算了。

就在这时,我看到不远处一个拿着酒瓶子的醉汉,蓬乱的头发,发黄的牙齿,摇摇晃晃地走着,行人避之如避瘟疫。

那一刻,我突然明白,一直以来,我的心魔都是自己,我没有必要回应他人的恶意。想靠伤害自己来让对方良心不安,是很愚蠢的做法。

我们努力去改变自己,不是为了力挽狂澜让那些讨厌我们的人喜欢上我们,而是为了让自己变得足够好。

现在,我如愿在最好的重点高中读高三,有了可以一起逛街的好姐妹,也有很多在一起打打闹闹的男同学。有一次在街上偶遇那个男生,他朝我冷哼一声,我却再不惧怕他的眼光,坦然地回望他。

因为我已不再胆怯、不再畏缩,不再试图靠伤害自己来惩罚他人。

你看,时间最终会抚平你所有的伤痕,它亲吻着你的脸颊柔声地告诉你:其实根本就不用害怕的呀!

我最初的人生思索

冯骥才

大概是我九岁那年的晚秋,因为穿着很薄的衣服在院里跑着玩,跑得一身汗,又站在胡同口去看一个疯子,受了风,我病倒了。病得还不轻呢!面颊烧得火辣辣的,脑袋晃晃悠悠,不想吃东西,怕光,尤其受不住别人嗡嗡的说话声……妈妈就在外屋给我架一张床,床前的茶几上摆了几瓶味苦难吃的药,还有与其恰恰相反,挺好吃的甜点心和一些很大的梨。妈妈将手绢遮在灯罩上——嗯,真好!

我的房间和妈妈住的那间房有扇门通着。该入睡时,妈妈披一条薄毯来问我还难受不,想吃什么。然后,她低下身来,用她很凉的前额抵一抵我的头,那垂下来的毯边的丝穗弄得我肩膀怪痒的。"还有点烧,谢天谢地,好多了……"她说。在半明半暗的灯光里,妈妈朦胧而温柔的脸上现出让人舒心的微笑。

最后,她扶我吃了药,给我盖了被子,就回屋去睡了。只剩下我自己。

我一时睡不着,便胡思乱想起来。脑子里乱得很,好像一团乱线,抽不出一个可以清晰地思索下去的线头。白天留下的印象搅成一团:那个疯子可笑和可怕的样子总缠着我,不想不行;还有追猫呀、大笑呀、死蜻蜓呀,然后是哥哥打我,挨骂了,呕吐了,又是挨骂;鸡蛋汤冒着热气儿……穿白褂的那个老头儿,拿着一个连在耳朵上的冰凉的小铁疙瘩,一个劲儿地在我胸脯上乱摁;后来我觉得脑子彻底混乱,不听使唤,便什么也不去想,渐渐感到眼皮很重,昏沉沉中,觉得茶几上几只黄色的梨特别刺眼,灯光也讨厌得很,昏暗、无聊、没用,呆呆地照着。睡觉吧,我伸手把灯闭了。

黑了!霎时间好像一切都看不见了。怎么这么安静、这么舒服呀……月光刚才好像一直在窗外窥探,此刻从没拉严的窗帘的缝隙里钻了进来,碰到药瓶上、瓷盘上、铜门把手上,散发出淡淡发蓝的幽光。灯光怎么使生活显得这么狭小,它只照亮身边;而夜,黑黑的,却顿时把天地变得如此广阔、无限深长呢?

我在那个年龄并不懂这些。我只觉得这黑夜中的天地神秘极了,浑然一体,深不可测,浩无际涯;我呢,这么小,无依无靠,孤孤单单;这黑洞洞的世界仿佛要吞掉我似的。这时,我感到身下的床没了,屋子没了,地面也没了,四处皆空，一切都无影无踪；自己恍惚悬在天上了，躺在软绵绵的云彩上……周围那样旷阔，一片无穷无尽的透明的乌蓝色，云也是乌蓝乌蓝的；远远近近还忽隐忽现地闪烁着星星般的亮点儿……这天究竟有多大，它总得有个尽头呀！哪里是边？那个边的外面是什么？又有多大？再外边……难道它竟无边无际吗？相比之下，我们多么小。我们又是谁？这么活着，喘气，眨眼，我到底是谁呀！

我是从哪儿来的？从前我在哪里？是什么样子？我怎么成为现在这个我的？将来又会怎么样？长大，像爸爸那么高，做事……再大，最后呢？老了，老了以后呢？这时我想起妈妈说过的一句话："谁都得老，都得死的。"

死？这是个多么熟悉的字眼呀！怎么以前我就从来没想过它意味着什么呢？死究竟意味着什么？像爷爷，像从前门口卖糖葫芦的那个老婆婆，闭上眼，不能说话，一动不动，好似睡着了一样。可是大家哭得那么伤心。到底还是把他们埋在地下了。忽然，我感到一阵来自死亡的神秘、阴冷和可怕，觉得周身仿佛散出凉气来。

于是，哥哥那本没皮儿的画报里脸上长毛的那个怪物出现了，跟着是白天那只死蜻蜓，随时想起来都吓人的鬼故事；跟着，胡同口的那个疯子朝我走来了……我害怕了，从将要入睡的迷蒙中完全清醒过来。我想，将来，我也是要死的，也会被人埋在地下，这世界就不再有我了。我也就再不能像现在这样踢球呀、做游戏呀、捉蟋蟀呀，看马戏时吃那种特别酸的红果片呀……而且再也不能过年了，那样地熬夜、拜年、放烟火、攒压岁钱；表哥把点着的鞭炮扔进鸡窝去，吓得鸡像鸟儿一样飞到半空中，乐得我喘不过气来……活着有多少快活的事，死了就完了。那时，表哥呢？妹妹呢？爸爸妈妈呢？他们都会死吗？他们知道吗？怎么也不害怕呀！我们能够不死吗？活着有多好！大家都好好活着，谁也不死。可是，可是不行啊……想到这里，尤其是想到妈妈，我的心简直冷得发抖。

妈妈将来也会死吗？她比我大，会先老、先死的。她就再不能爱我了，不能像现在这样，脸挨着脸、搂我、亲我……她的笑，她的声音，她柔软而暖和的手，她整个人，在将来某一天会一下子永远消失吗？如果那时我有话要告诉她呢？到哪儿去找她？她也得被埋在地下吗？土地坚硬、潮湿、冷冰冰的……我真怕极了。先是伤心、难过、流泪，而后越想越心虚害怕，急得蹬起被子来。趁妈妈活着的时光，我要赶紧爱她，听她的话，不惹她生气，只做让大家和妈妈高兴的事。哪怕她骂我，我也要爱她，快爱、多爱；我就要起来跑到她房里，紧紧搂住她……

四周黑极了，这一切太怕人了。我要拉开灯，但抓不着灯线，慌乱的手碰到茶几上的药瓶。我便失声哭叫起来："妈妈，妈妈……"

灯忽然亮了。妈妈就站在床前。她莫名其妙地看着我："怎么，做噩梦了？别怕……孩子，别怕。"

她俯身又用前额抵一抵我的头。这回她的前额不凉，反而挺热的。"好了，烧退了。"她宽心而温柔地笑着。

刚才的恐惧感还没离开我。这是怎么回事？我茫然地望着她，有种异样的感觉。一时，我有种冲动，要去拥抱她，但只微微挺起胸脯，脑袋却像灌了铅似的沉重，刚刚离开枕头，又坠倒在床上。

"做什么？你刚好，当心再着凉。"她说着便坐在我床边，紧挨着我，安静地望着我，一直在微笑，并用她暖和的手抚弄我的脸颊和头发。"你刚才是不是做噩梦了？听你喊的声音好大啊！"

"不是……我想了……将来，不，我……"我想把刚才所想的事情告诉妈妈，但不知为什么，竟然无法说出来。是不是担心说出来，她知道后也要害怕的。那是件多么可怕的事啊！

"得了，别说了，疯了一天了，快睡吧！明天病就全好了……"

昏暗的灯光静静地照着床前的药瓶、点心和黄色的梨，照着妈妈无言而含笑的脸。她拉着我的手，我便不由得把她的手握得紧紧的……我再不敢想那些可怕又莫解的事了。但愿世界上根本没有那种事。

栖息在邻院大树上的乌鸦不知因何缘故，含混不清地嘟囔一阵子，又静了下去。被月光照得微明的窗帘上走过一只猫的影子，渐渐地，一切都静止了，模糊了，淡远了，融化了，变成一团无形的、流动的、软软而迷漫的烟。我不知不觉便睡着了。

一个深奥而难解的谜，从那个夜晚便悄悄留存在我的心里。后来我才知道，这是我最初的人生思索。

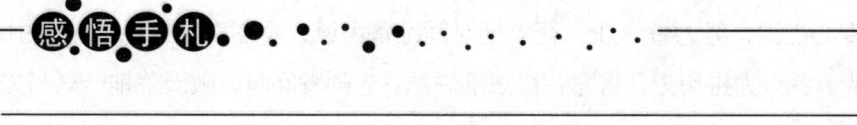

寂寞的十七岁

廖玉蕙

那年,我正和联考"拔河"。苍白着一张脸,慌慌张张过日子。

十七岁的我,其实还是个孩子,却又常佯装老成,一副历尽沧桑的世故样子。日子过得相当惨淡,理不清的几何困得我动弹不得,没人理会我的想法。老师在上头谆谆教诲,我在人群中神思不属。

黄昏回家,先到街市转角的租书店租看一本哀感顽艳的言情小说,晚上则偷偷躲在被子里记录着如今看来非常无聊的爱恨情仇。对课业似乎一点也不想投注心力,却又经常对着成绩单上的红字干着急。尽管成绩不甚理想,星期六下午台中戏院的爱情浪漫大悲剧却是无论如何也不肯错过。星期一的早晨最刺激,周会上行之多年的英文、国文抽签背诵,永远让我来不及准备,心存侥幸却又早早做好了"成仁"的应变——只要麦克风报出我的名字,我就直挺挺地一头栽下,佯装昏倒。我在家里床上屡次练习昏倒的姿势,务求兼顾安全与适度的优雅。

那年,我高二。学校忽然调来一位王姓历史老师,他不但玉树临风,而且多才多艺。在课堂上高谈历史因果,旁征博引,唐诗、宋词脱口而出。台上,风流倜傥的老师谈笑风生;台下,情窦初开的女孩怦然心动。被惹起的心事和被扬起的粉笔灰,同时在充满阳光的教室里四处浮动。下课后的黄昏,历史老师和同事一起在球场比赛,初中部的蓝衣和高中部的绿衣将篮球场挤得水泄不通,高楼走廊上也是人头攒动,大伙儿齐心为王老师加油打气,声震云霄。

不打球的日子,王老师通常会到音乐教室里练琴,流动的音符在年轻的心湖上激起一圈圈的涟漪。历史老师动见观瞻,一举一动都受到万方瞩目。女校里,乍然来了这么一位男性教师,就像在校园里埋下了不定时的炸弹,随时潜藏爆炸的危险。几乎所有被他教过的学生都在瞬间改变志向,决心将联考的第一志愿改成历史系。

我专心上课,努力做作业,花大把时间准备考试,企图以良好的成绩吸引老师的目光。我全力拼历史,将它背得滚瓜烂熟。老师发问时,破天荒地一马当先;

考试时，奋笔疾书，绞尽脑汁。下课后，好几次拿着在家里"呕心沥血"研究出来的问题，想去提问，终究还是因为害羞而作罢。

为了争取更多和老师接触的机会，升上高三，我小小使了点诈，当选了班长，表面却佯装被陷害的微嗔！每天起床，迎着晨曦，总是没来由地开心！一向沉重的上学脚步顿时变得轻快。我把王老师的课表牢牢记诵，估量他走过回廊的时间，刻意和他来个"不期而遇"，或故意在他待在教员办公室的时间里送去周记、书法本子，期待能得到一个和他交会的眼神。如果没能如愿，我还会不厌其烦地将周记捧回，等待下一个邂逅的机会。年轻的心真是容易满足，只要一天里能见上老师一面，便于愿足矣！如果老师竟能和我说上几句话，我便要独自躲进缤纷的花圃里，偷偷地痴痴发笑，回味几乎满溢出来的快乐。羞于启齿的心事将胸怀鼓得满胀，像是凭空长出了双翼，扑扑欲飞。在苦闷的年纪里，遇上遏抑不住的激情，对能不能考上大学一点也不在乎，念兹在兹的只是王老师有没有将我放在眼里。

高三的最后一堂历史课像一场提早的告别式，告别青涩的十七岁。同学们在课堂上高歌《吾爱吾师》，涕泪涟涟，吉他的伴奏哀凄断续，想到踏出校门也就意味着和老师断了关系，简直让人肝肠寸断。有人忍不住趴在课桌上压抑地嘤嘤哭泣，我忘了自己当时是否也加入了饮泣的行列，但清楚记得"誓不相忘"的自我勉励。在那样荒芜的岁月里，一切思考都潦潦草草，涣漫且无法确定，唯其如此，更突显出这份情笃意切的天真烂漫。

我殚思竭虑于一份给老师的毕业纪念品，太贵、太俗、太招摇、太露痕迹……用负面排除法先行过滤，再用正面肯定法严格挑选，我踩着虚弱的步伐在街市里千挑万选，端赖强韧的意志力。然而，似乎也没有什么创意，后来发现，叮当作响的风铃原来是大家共同的最爱。

当我背着同学蹑手蹑脚地潜去送礼时，赫然看见老师的桌上业已堆满了礼物，由包装上辨识度小，都大同小异，煞费苦心挑选、自以为独一无二的礼物沉没其间，光彩尽失。我犹如失足掉入深渊，骨断腰折，五脏六腑尽皆易位。想到一年来的苦心焦虑，或者也和这礼物一般，只是寻常。啊！在心仪的老师面前，我是多么痛恨寻常！

寂寞的十七岁终止于高热渐退的夏末。我烫了鬈发、整束了衣装，带着悲壮的心情去向老师告别。老师笑笑，依旧没说什么，只递给我几本题了字的励志书《成功者的座右铭》，要我转交给其他几位送他礼物的同学。自以为已心如止水的我，心竟又如小鹿乱撞起来：老师无以言宣的秘密或者潜藏在书里的某个角落吧？

回家后，脸红心跳地翻了又翻，没找到任何蛛丝马迹。从来没有一刻那么憎恨着"怨亲平等"四字，送我的和送同学的书，从题词到内容，全没两样。

"我终究只是寻常。"我不得不绝望地如此承认。暗夜里，我泪如雨下，痛心于老师薄情寡恩，辜负了我对他的深情厚谊。

感悟手札

十七岁那年，我把母亲骗进了精神病院

秦舟

一

我从舅妈口中得知，母亲有精神病。可我并没有对母亲多一分理解，对她的嫌弃反而有增无减。高三暑假补课，我找了备考的理由在学校寄宿，眼不见心不烦。

国庆节前夕，舅妈突然在电话里说："你妈这段时间病情特别严重。本来你上高三了，不想让你分心。但实在没办法，你得带你妈去看看。"

国庆放假，我去了舅妈家。母亲已经很长时间不吃药了，无论怎么劝都不去医院。舅妈说:"只能由你骗过去了。"我心头一惊:"怎么骗?"

"你跟你妈说你要和她一起去体检,你妈只认你,她肯定愿意跟你去。"我很犹豫,虽然我一直不待见她,可一想到把她骗进去,我怕她会承受不了。她的病情会不会更严重?

舅妈仿佛看穿了我的心思,说:"到了医院,医生会帮你妈控制病情的。难道你想让你妈一辈子都这样?"

我咬咬牙,终于下定了决心。

二

回到家,母亲让我先不要进门。随即,她从屋里拿了一根树枝和一只装满水的花瓶,用树枝蘸着花瓶里的水,在我身上甩了一圈,说是辟邪。

这个举动说明母亲的脑子依然不同于正常人,可却让我发现,即使她的大脑处于混沌状态,她的心里依旧想着如何保护我,让我不受伤害。我鼻头一酸。吃饭时,我向母亲开了口,说带她去检查身体。如舅妈所料,母亲爽快地答应了。

我选择了母亲以前治疗的医院,并独自去和母亲的前主治医师碰了面。我告诉医生,母亲抗拒治疗,我要骗她过来。

医生对我点点头,让我把母亲带来,剩下的交给他们。第二天,我带母亲到了医院门口。下了车,母亲对我说:"我记得这是我以前待过的医院,你不会又要把我送进去吧?"说完,她歪着头对我傻笑。

我故作轻松地说:"怎么可能?别瞎想,就是体检。"办完手续,护士说,只要我带母亲跟她一起上楼,进了大厅,等母亲换好病号服,就可以走了。我愣愣地点点头。母亲边换衣服边兴奋地给我讲她以前住在哪间病房,怎么吃饭,怎么起床……全程我都心慌得要命,根本无心听。终于,母亲换好了衣服。护士带着她去称体重,母亲上秤的时候,护士用眼神示意我,让我赶紧走。

我慌忙对母亲说:"妈,你先弄着,我去买点东西。"她说:"那你快点回来。"

我应了一声,走进电梯。这时,站在体重秤上的母亲转过头来对我傻笑,我怔怔地看着她。电梯关上的一瞬间,憋了好久的眼泪流下来。母亲不知道,电梯门关了之后,我就不会再回去了。

三

两个半月后,母亲回到家中。我提前在家等她。刚进家门,母亲就笑嘻嘻地要抱我。我和她抱在一块儿，久久不忍松手。半夜，我听到客厅有窸窸窣窣的声音，接着，我的门被打开了。我感觉到母亲趴在我的枕边，于是我睁开眼，母亲正笑着看着我。

我问："怎么不去睡觉？"

母亲说："好久没见你了，想看看你。"

我说："好，让你看个够。"

母亲突然又说："宝贝，你可千万别活得像我一样。不会做饭，不会说话，不会工作，不会照顾家庭。你要活得漂亮一点儿，知道吗？"

听到母亲说这样的话，我心里一阵酸楚。得了这个病，母亲其实也很绝望。她照顾不好我，照顾不好这个家庭，自己也非常懊恼。父亲早已再娶，母亲的全部牵绊，只有我。她给我的爱，尽管笨拙，可也是她能给的全部。想到这些，我含泪起身，一把抱住母亲。

后来，不苦成了我最喜欢的甜

廖白

你喜欢甜食吗？例如，糖果！

我喜欢糖果，尤其是小时候。从小我就是一个嗜甜如命的孩子，是一个真正意义上在糖罐子里长大的孩子，每天晚上吃一个圆圆的糖球就是我最大的期待。当时我家有一个玻璃的糖罐子，大概是一个空的罐头瓶。现在看来，这样的糖罐子又丑又土，但是，那时这个撕了商标的玻璃罐子是我童年最大的快乐。那个罐子里装着我的快乐——一个个五颜六色的糖球。它们堆叠在罐子里，看起来十分诱人。

在童年，那个糖罐似乎是我最好的朋友。

后来，我长大了一些，上了小学，我以为自己会有除了糖罐以外的好朋友。但是和在幼儿园一样，我还是没有朋友。班里有小团体，小团体的"头目"们会相互攀比谁的朋友多。这时候，一下课就有两三个人站在我的桌子边找我说话。我选择了她们之中的一个成了朋友，这样我再也不用中午无聊地趴在桌子上午睡了。后来，我有了更多的朋友，但是，我又开始午睡了。

原因说来好笑，这两个"小头目"和好了，也就不需要再攀比什么。而我，成了她们双方一致边缘化的局外人，就算她们玩时带上了我，也会玩着玩着就把我忘了，或者把我当作开玩笑的对象。我们玩追逐游戏，若是我在追，她们就拼命地跑，跑到一个我找不到的地方开始另一个新游戏；或者轮到我奔跑了，她们却不来追。一来二去，我就不再出去了，我开始在学校想念我的糖罐，我想用睡觉让时间过得快一些，让我快一些回家见到我的糖罐。

后来我转学了，环境发生了改变，但是情况没有发生任何改变。只不过中午睡觉变成了独自出校门吃午饭，我尽量拖延和消磨时间。体育课上需要组队时，我依然像皮球一样被各个小团体踢来踢去。

这个时候，我开始明白她们不喜欢我，明白我从小就不讨人喜欢。我记住了一句话——"我妈妈不让我和你这种人玩"。

我，是什么样的人？

对于这样的遭遇，我的反应是拒绝上学，我哭过、闹过，但是我笨，说不清楚。妈妈总以为我只是不喜欢上学。

关于我的流言渐渐在班里传开，说触碰了我，就会染上坏运气：考试会考砸，跳绳时绳子都会被跳坏。

那是我第一次知道，原来我这么"厉害"。

因为搬家，我的糖罐丢失了，也因为我吃糖过多，所以我的牙齿不好。但是，我的口袋里总会装着糖，想象着这糖还是从那个糖罐里面拿出来的，以作慰藉。

我的小学时代就这样结束了，快上中学时我依然满怀期待，我期待着有一个小姑娘可以和我一起吃糖果，一起做好多事。

我的期待很快变为现实，小学毕业后我终于拥有了一个比糖还要甜的朋友。我们可以说是志同道合，也可以说是"同流合污"。

我们的相遇是在一个英语补习班，我认识了那个和糖一样甜的姑娘。她穿着一条白色的裙子，那是我无论如何都没有自信穿出来的。在我眼里，她像一个小天使，把我从自卑的壳里拽了出来。

我们慢慢熟悉，开始分享食物。我给了她我最喜欢的糖果，后来我们还分享了梦想。在那一刻，她成了我的世界里最丰富多彩的一笔。虽然我们的性格大不相同，但是我们有共通的情绪，共同的喜好，我们是最要好的朋友。我们曾经为了"最好的朋友"这个称呼执拗不已，为彼此身边出现其他朋友暗自担心。我们依靠我们两个小家伙的友谊，让两家人一同出游。

我们恨不得向全世界宣告，我们是这辈子最好的朋友，谁也不能让我们分开。

也不知道为什么，明明在一辈子才刚开始的时候就敢大声喊出这样的话，之后却逐渐没了勇气。

如果没有她，我不知道初中会怎么度过。之后，我也不止一次地庆幸，幸好遇见了她。

初中三年，我们补着近乎一样的课程，在同一个自习室上自习，喝着同样的奶茶。我们干任何事情都要在一起。一样的衣服，一样的文具，连配眼镜都要选同样风格的眼镜框。

现在想来当时的自己多么幼稚，但我又多么羡慕那个自己。我羡慕小时候的我遇见了小时候的她，羡慕小时候的我可以向全世界宣告，她是我最好的朋友。羡慕那个时候的我们，一个约定似乎就是一辈子。

后来，和很多人一样，我和自己最好的朋友因为升学而分开。

值得庆幸的是，我们的学校相邻。但是，这也是最令人难受的，我们明明就在隔壁，可是少了交集。那时在我的眼中，千千万万的朋友都比不上她一个。虽然开学后我也有了很多新朋友，但是我还是很想念她，因为不是每一个人，都会像我和她那样合拍；不是每一个人，都可以忍受我寡淡的性格。所以我又成了一个人，我更加想念她了。

原来友谊是会慢慢变淡的，我们已经渐行渐远。那时候，我依然很执着于最好的朋友这个概念，但是后来她告诉我，伴随着长大，其实人就没有最好的朋友了，有的只是老朋友。

当时，我沉默了，竟觉得她说得很对。我当时的心情很复杂，我想念我的糖罐和那个用来自我保护的壳了。

我还记得在初中毕业的那个超长假期，我们在一起玩的最后一天。我们在她家一起追剧，一起吃饭，后来又一起漫无目的地走。假期的最后一天，我望着她的背影，默默地说了一句：

"再见，一定要再见。"

现在的我不再期待友情，我希望一切都顺其自然。我也不再能承受糖和奶茶的甜腻。现在的我，已经习惯了无糖果茶的清香，还有独处时的静默。

在忘记了从前的甜之后，好像从前的苦也不苦了。

而不苦，就变成了我最喜欢的甜。

感悟手札

同学，你好优秀

明月夜

在初中和数学老师"相爱相杀"的我，一度对"数学老师"四个字心怀恐惧。

高中的第一堂数学课，在我的满心忐忑中，一位胖胖的中年男子走了进来。只见他眼神犀利，嘴角紧绷，充满"高冷"的气质。可配上他圆圆的脑袋和圆圆的身材，又显出几分颇具反差的可爱。

在我们都小小翼翼地屏住呼吸的时候，他突然调皮地一笑并说了一句："同学们都很优秀嘛！"

高中生活很快拉开了序幕，他成了我们最喜欢的老师，大家都亲切地称他为"小袁"。小袁上课充满原则又十分有趣,刚见面时那"高冷"的形象从此一去不复返。

小袁是一个不怕冷的胖子,他一年四季只穿两件T恤。到了冬天特别特别冷的时候,他才偶尔加一件外衣,可是一到下午又脱去外衣,很神奇。我们都调侃他:"小袁穿外衣的时候,才是真的冷。"有一年的冬天,在不是很冷的一天,小袁竟然破天荒地穿上了外衣,在我们的"逼问"下,小袁才吞吞吐吐地说:"等下放学我要去赴宴,你们师母逼我穿的。"冬天上晚自习的时候,我们怕冷,把教室门都关了,小袁一边嫌热,一边去开门,我们便叫嚷着:"哎呀,太冷了。"他把椅子搬到教室门口,美其名曰"为你们挡风"。还别说,他胖胖的身躯和门也基本一样宽了。

除了固定不变的装扮,小袁还有一件东西永不离身,那就是他用来装教案的购物袋。一次下课之后,已经离开的小袁急急忙忙地冲进教室,说:"书包,把我的书包给我。"我们诧异极了,小袁什么时候有个书包?然后看着他从讲台上提起那个购物袋,心满意足地离开了。

从那以后,我们也开始把购物袋称作书包,班级聚会买东西留下的大购物袋,还被我们一起"捐赠"给了小袁。

比起这些"江湖事迹",流传更广的是小袁的"袁氏金句"。小袁的金句洗脑程度堪比微信朋友圈里的"毒鸡汤"文,一节课下来,基本成为大家的口头禅。他的金句不仅传遍了我们班,甚至整个五楼的学生都成了他的"迷弟"和"迷妹"。每次大家回答出来问题,他总会说一句:"同学,你好优秀!"憨憨的表情加上"千回百转"的语气,简直让人欲罢不能。他给我们讲指数函数的时候,说:"爆炸式增长,一直升,升到天堂!"有一次大家起哄说数学课代表在谈恋爱,小袁比我们还兴奋,说:"小建,你到底有没有谈?有的话给大家分享一下!"当然小袁也是非常有原则的,三年里上课永远比我们先到教室,细心地写好教案。但他对我们有两个"零容忍":一是迟到,二是不改错题。

一旦触犯,就会收到他的"退学警告"。当时改数学错题是一大"酷刑",每个星期二的晚自习时间是小袁的检查时间,改好题的同学如同拥有保命符,没改的同学基本都会受到"能不能读啊?要不退学算了"的灵魂审问。我很感谢他的严格,我们班的数学平均分基本稳居年级第一。

虽然小袁平易近人又搞笑有趣，可我还是不敢跟他开玩笑。我的数学成绩平平，后来还有下降的趋势。"一模"的时候，我的数学考了不错的分数，让我树立了一点信心。可是之后的模拟考试数学分数一直不高，再也没有上到三位数，我心里焦急万分却不知道该如何是好。班里都制订了"培优辅导"计划，我不在其中。可是小袁好像看出了我的痛苦，每次尽管成绩不如意，他也会鼓励我。又一次考试之后，我拿着考得一塌糊涂的试卷敲开了小袁办公室的门，我对小袁说："我不知道怎么办。"小袁看了看我的试卷，他说："你至少考低了50分，你要知道，你的数学水平在全班是排在前三的呀！不要灰心，只要再细心一点就好，你是很优秀的！"我不知道我那天是怀着什么样的心情走出办公室的，只记得一瞬间心里充满了感动。

高考的前一天，我没有休息好，考数学的时候心里很害怕。可是突然想到那一句："同学，你好优秀。"暖意瞬间涌上心头，凝聚为笔下的力量。一路做完试卷，竟没有觉得难，走出考场的时候却听见身边有人说："怎么这么难啊，我死定了。"

看着眼前一排排熟悉的教学楼，我释然地笑了。

成绩出来的时候，我的数学考了全班最高的分数，这也是高中三年来我考出的最高的分数。

高考结束的第二天照了毕业照，开离别会的时候，平时最闹腾的小袁却悄悄溜走了。他说自己年纪大了，不适合凑热闹，但我们都知道，他是年纪大了，不适合离别。

生活一往无前，曾经的时光成为我心中最快乐的回忆。曾经因成绩不好而自卑伤心的小女孩与我挥手道别，消失在那一年的夏末。我会永远记得那句："同学，你好优秀！"只是很遗憾，我忘了对他说一句："老师，你好优秀！"

感悟手札

第三辑

去喜欢自己的不够可爱

时光荏苒，人世如水聚散，丰富的经历会让你的内心变得愈发柔软，也终将使你放下曾经的遗憾，悦纳并不完美的自己。目光澄澈，轻装上路，与自己握手言和，开始一段新的探索之旅。但愿以后的每一天，都是你自己想过的、要过的、精心用力美化的。

每个人都是绽放于世间的"唯一之花"

渡边和子

经常作比较的人，很容易成为极端自卑的人或极端自负的人。和自己完全一样的人，在全世界，即使是全宇宙，也找不到一个。奥地利研究宗教的哲学家马丁·布伯说："这个世界上新诞生的婴儿，是此前谁也没见到过的新事物，是带着独一无二性诞生的。在其出生前，没有与其相同的人；在其死后，也不会有同样的人出现在这个世上。如果出现了，那个人就没有出生的必要。那个人是唯一的、独一无二的人，他有知道这一点的权利。"

不管自己多么悲惨，和他人相比时，也不要有"为什么我会做这么愚蠢的事情呢？因为做了这样的不可挽回的事情，所以我还是死了的好"这样的想法。人当然会有这样想的时候。我也曾陷入过自我厌恶："我在这个世上活着真的好吗？"成为修女之后，我也这么想过。那个时候，我就用马丁·布伯的"人有着除自己以外，没人能完成的使命；有着除自己以外，无法被给予的爱"这句话来劝说自己，不管多么艰辛，都不能放弃自己的生命，或是去折磨充满自卑感的自己。

我们总是拿别人和自己作比较。如果看到优秀的人，请不要沮丧，以他为目标努力吧！"我想成为像他那样有同情心的人""我想成为像他那样努力的人"。自顾自地沮丧，没有任何意义。要是遇到比自己还差的人，那该怎么办才好呢？那时候，就把他当作反面教材吧！"注意，不要像那个人一样说出伤害别人的话。因为他伤害了我，我感到非常痛苦。"

我喜欢"我以外皆师也"这句话。虽然我长时间任教，但我从我的学生、小学的儿童、幼儿园的孩子以及家长的身上，都得到过教诲。人不能忘记"我以外皆师也"这种谦虚的心态。

我是我，别人是别人，每个人都具有独特性。正因为我是这个世界上唯一的、拥有名字的、不可替代的"唯一之花"，所以不必去模仿其他人。如果要作比较的话，就把他人当作努力的目标或是作为反面教材来看好了。你保持你自己的样子就好，没有成为其他人的必要。另外，如果你觉得他人和你的想法一样的话，那就犯了个大错误。每个人都是独一无二的个体，怀着尊敬之心，学习该学习的地方，丢弃该丢弃的地方吧！

感悟手札

真实的人性有无尽的可能

鲁先圣

每个时代，都有冷静深邃的思考者，也都有得过且过、随波逐流不思考的人。可以肯定的是，所有思考者的目光，最终都会成为一个民族前行的火把。一个思考者，即使独处丛林、荒原、大漠，也会感觉自己拥有整个世界。随波逐流的人，即使身处人群中，心灵也会感觉到寂寞无比，他们最终都成了尘世的过客与浮萍。

鲁迅先生说："猛兽总是独行，牛羊才成群结队。"每个人都需要友情，但是，很多道路不能结伴而行。有些事，只能一个人做；有些路，只能一个人走；有些话，也不需说出口。热闹和喧嚣，永远属于愚蠢的庸人。在很多领域，抵达彼岸和巅峰的，都是孤独寂寞的跋涉者。

喜欢一句话："真实的人性，有无尽的可能。"我理解这话说的是，一个人潜在的力量，连你自己也不清楚，甚至，你的能量，会在你的不断挖掘之下爆发出不可思议的奇迹，最终你能成就多大的事情，只有到了最后才水落石出。

所有杰出的人,都有一种共性:一生都朝着一个方向,时刻自律,持续发力,无怨无悔。

一个青年人,学会一种本领固然重要,但是,找到并确立自己人生的坐标更加重要。所有的徘徊不定、犹豫不决、茫然失措,都是因为没有自己的坐标。只有确立了坐标,才能建立起强大的定力,才能够不论何时都保持真我,处变不惊、从容淡定。

一个人最可怜的品质是空想、虚伪和悲观,不要说这三种你都具备,就是有一种,你也必将一事无成,并最终走投无路,人生陷入万劫不复的迷惘和绝境。因为,不切实际的空想,只会让你错失良机;做人的虚伪,会让你失去正确的判断和朋友;而悲观,则会让你失去前进的动力和方向。

漫画家丁聪先生说:"有天趣的人就是天才。"他的意思是说,艺术天才一定是永葆童心的人。他本人正是,年届九旬依然创作不止,而且依然自称"小丁",始终保持着自己的率性天真。

特立独行的人,通常都不会得到大众和社会的承认,甚至往往会受到非议、讥讽、嘲笑甚至诋毁,但是,特立独行却往往是天分、才气、担当、勇气的代名词。

曾经遇见的很多朋友,渐渐地都走散了。有朋友对我说,我的步履太快了,大家跟不上了。我说不是,只要是同道,大家一定会再次相遇。因为,那一场盛宴,缺少了谁,都不能开席。

尼采认为,人是一个试验,每一次实验,无论成败,都会化为自己的血肉,成为人性的组成部分。

对此,我坚信不疑。只有不断探索,不断追求的人,人生的阅历才会越来越丰富。不论是成功还是失败,所有的经历,最后都会成为他人生大厦的一砖一瓦。

所以,我在每一次演说对象是青年的讲座中,都这样告诫青年朋友:当你感觉周围的空气压抑而沉默,就应该拆掉你的帐篷,随时准备出发。

每当我看到一个少年双眸中的忧郁和茫然,我就知道,一个鲜活的生命过早地枯萎了。一个青年人的眼睛里,闪烁的应该是明亮、清澈、意气风发。我对青少年朋友最常说的寄语是：灼灼其华，整装待发。有大好的年华在手里，忧郁什么，担心什么，怕什么！

找回自信的方法

[日] 松浦弥太郎

进入高中前的最后一个假期，我每天都坚持跑步。我决定在入学后加入学校的橄榄球队。那所学校经常代表日本关东地区参加全国大赛，是一所名校。学校的橄榄球队以训练严苛闻名，一个我非常崇拜的比我大两岁的邻家哥哥在那里打橄榄球，于是，没有任何经验的我决定加入球队。

我对自己没有信心，非常担心自己不能在那里好好待下去，因为我知道，橄榄球队里最不缺的就是集运动神经和体能于一身的"猛者"。

为了燃起信心，我想了许多办法，最终决定先开始练习跑步，因为橄榄球是一项需要不停奔跑的运动。我想，至少可以在开学前通过大量的运动提升自己的体能。我的体格并不健壮，如果连长时间奔跑的耐力都不具备的话，在"猛者"如云的世界又怎么能够生存下去？

于是，我开始了每天长达10千米的跑步练习，并且在跑步中加入长短加速冲刺训练，同时加强腹肌锻炼，坚持做伏地挺身等运动。日复一日，十分辛苦。但奇迹般地，我的不安越来越少，勇气和自信渐渐涌现出来。我想，在入学前每天这样进行魔鬼训练的人，应该只有我一个吧！

我感受到了自己体格、耐力上的变化。虽然只是我个人的感受，但那时，我几乎已经可以用冲刺的速度跑完10千米了。曾经那么害怕、不安的我突然变得充满力量。

进入橄榄球队后的初步练习就是跑步。果不其然,周围都是身强力壮的"猛者",也不乏从中学时期就开始打橄榄球的前辈。然而,即使再严酷的跑步训练,我也总能跑在最前端。看起来瘦削又弱不禁风的我,因为异常持久的耐力和惊人的速度,在当时高手如云的橄榄球队里有了一席之地。我由衷地感谢自己在开学前那段疯狂练习的日子。

沉浸在某件事情里,把它当成每日必做的功课,自信慢慢就会来

感悟手札

请君"勿忘我"

陈鲁民

有一种小花叫"勿忘我",多年生草本植物,耐旱喜凉,开有浅蓝色的小花,看起来貌不惊人,却有一个富有诗意的名字,被寓以十分美好的寄托。相传中世纪一位德国骑士与恋人漫步在多瑙河畔,瞥见河畔绽放着蓝色小花。骑士不顾危险探身摘花,不料失足掉入急流中。自知无法获救的骑士说了一句"勿忘我",把那朵蓝色的花扔向恋人,随即消失在水中。此后,骑士的恋人日夜在发际佩戴蓝色小花,以表明对爱人的不忘与忠贞。而那朵蓝色的花,便因此被称作"勿忘我"。

"忘我",多数时候是个好词,忘我劳动,忘我工作,忘我学习,忘我奉献,忘我相爱等,都值得讴歌,值得尊崇。但凡事过犹不及,一个人如果过于忘我,不知自重,就会失去自我,失去自尊,反倒可能会酿成人生悲剧,所以,"忘我"前边加上一个"勿"字至关重要。

一个差役押解和尚去充军。家人素知差役不够机灵，就再三嘱咐他，每天行路前，一定要先检查枷、伞、和尚和自己在不在。一天夜里，和尚趁差役睡熟，就将他的头发剃光，偷偷逃走。差役醒后，发现枷、伞、"和尚"都在，"我"却不见了。就很纳闷地自言自语道："我去哪里了？"

人们往往会嘲笑这个差役太笨太蠢，居然把自己都忘了，但笑过之后，再反思自己，我们是不是有时也把自己忘了，失去了自我？譬如，在上司面前，唯唯诺诺，低声下气，忘记自己也是个有尊严的人；在名人面前，低眉顺眼，仰人鼻息，忘记大家在人格上都是平等的；在子孙面前，当牛做马，百依百顺，忘记自己是个独立的人；在情人面前，痴迷无度，不顾一切，忘记了爱是两颗心的相互依恋；在金钱面前，迷了心窍，贪得无厌，成了金钱的奴隶；在权力面前，忘乎所以，以权谋私，成了滥用职权的丑类，等等。如此迷失本性，失了自我，同样是很可悲、很好笑的事，并不比那个差役高明。

因而，人生在世，请务必谨记"勿忘我"。

古希腊人曾把"能认识自己"看作是人的最高智慧，阿波罗神庙门楣上就写着这样一句箴言："认识你自己。"认识自己，就要认真研究自己，给自己精确定位，知道自己从哪里来，到哪里去，有什么责任、义务，能吃几碗干饭，能挑几斤担子，该享受什么权利，该拥有什么幸福，这样，才能游刃有余地驾驭自己的人生之舟驶向理想的港湾。

要善待自己。别忘了你是血肉之躯，不是金刚不坏之身，身体要省着点儿用，量力而行。你不是救世主，一个人挑不起千斤重担，就别去当拼命三郎，因为，过度透支，积劳成疾，最后吃亏受累的是你自己。你也不是受气包，没必要逆来顺受，痛了你要喊，累了你要说，有泪就痛痛快快地流，受委屈了也别忍着，对自己说声对不起。

要使自己开心。我们每天都在努力使他人开心，对他人微笑，温柔款语，赠送礼品，但却往往忘了自己。其实，人生在世，让自己高兴也是要紧的事。为人处世不能不为他人考虑，使自己开心才是更重要的人生智慧。具体来说，就是要善于赞誉自己，要充分肯定自己，要不断犒赏自己，要经常安抚自己，一句话，就是为了让自己高兴，每天都乐呵呵的。

生命只有一次，每个人来到世间都是一个奇迹，因而要珍爱自己，不能只为他人活着，把自己活好了，活出光辉，活出价值，活出高度，才是最最重要的。是故，请君"勿忘我"。

感悟手札

我好像有点甜

海桑

让大海再大些，再蔚蓝些
再多些色彩斑斓的水族
再多一个有关美人鱼的传说
我愿意听到这些消息
我听到这些消息就高兴
于是我笑了
让长河再长些，再宽广些
再心潮澎湃得泛滥些
再多一个孔子模样的哲人
坐在水上叹息吧
我愿意听到这些消息
我听到这些消息就欢喜
我的泪就要涌出来
知道这些宏大的事物在那儿
我便安心，我便愿意自己再小些
虽说水至清则无鱼

但让我再清一些吧

我愿意是一汪水、一缸水、一碗水

叫那个嘴唇干裂的人

用瓢舀起来就喝，用手捧起来就喝

把头栽下去就喝吧

然后他抬起满是水珠的脸，他就笑了

我好像有点甜，是吧

可我不是糖，对吧

感悟手札

与世界相拥

鲁先圣

人生最大的悲哀，莫过于发现自己的生命竟然毫无意义，每一天都在毫无价值地重复昨天的自己，人过中年，一事无成！

而更大的悲哀还在于，你发现原来不屑一顾的同伴，还有被你轻易地就击败的对手，都紧紧握着自己命运的纤绳，早已经闯荡出一片灿烂的世界。

生活有一个神奇的现象：你生命中遇见的每一个人，其实你将来必定都会重逢。因此，一个智者，把每一个生命中的遇见，都看作是世界给自己的意味深长，看作是世界的暗示，加倍地珍惜。但是，有的人却相反，要么轻易地错过，要么熟视无睹。

无论是对这个世界充满火一样的热情，还是对生活万念俱灰，其实都是人生的真实。你喜欢，世界依然；你愤恨，世界也依然。更进一步说，你活在世上，或者你决绝地离开世界，世界依然如故。

所以，不要把自己看得那么重要，对于世界来说，谁都微不足道。

太阳每一天都会走进暮色，但是，又一定会在第二天从朝霞中升起！

我常常为太阳的伟大而震撼不已，它可以照亮整个天空大地，让光芒洒满山川万物，让整个世界生机盎然；但是，它又可以委身于一泓清泉，一棵小草，钻进一颗小小的露珠。

我也常常感动于月亮的宁静和明媚，它安静地把清辉洒满大地，为世界带来无边的浪漫和柔情，但是，它又像一个待嫁的女子，那样安静，那样不争。

不论错过了什么，都不应该哭泣。因为，错过了太阳，还有繁星。

大地无言，世界寂静无语，但是，当我们静下来，我们就能够从这寂静中，聆听到巨人的足音。

生活在一刻不停地前行。最重要的，是不要让自己成为世界的一个过客，而是融入其中。

一个人，越接近崇高，越是谦卑、含蓄、虚怀若谷。

秋天的黄叶，飘飘洒洒地落入大地的怀抱，它完成了自己一个季节的壮丽。如果，我们每一个人，都能够坚信自己的生命是世界的一个奇迹，那么我们就一定会成为世界的一处风景。

很多人抱怨世界缺乏公正，抱怨生活欺骗了自己。其实，是他自己把世界看错了，自己被眼前的私利遮蔽了眼睛。世界没有变，浩浩荡荡，一往无前。

世界没有什么不可能，只有目光短浅者的浅尝辄止，只有弱者的无能为力。

人最可怕的是为自己建立起密不透风的墙堤，其实这是把自己与世界隔离开来，是为自己筑了一个坚固的囚笼，把自己囚禁起来。

胸怀坦荡，敞开心扉，世界自会扑面而来。

感悟手札

角落里洒满阳光

陈振林

那是一个冬日。这座城市的冬天，像春天一般，到处洒满阳光。

偌大的报告厅里，坐满了听众，他们正在观摩主席台上的老师上课。这是一堂语文课，内容是分析贾平凹先生的散文《一棵小桃树》。老师是个40多岁戴眼镜的男老师，学生是七年级的孩子们。

课已经接近尾声。按照一般上课的惯例，应该是老师给课堂做个小结的时候了。老师抛出了一个问题给孩子们："如果贾平凹先生只能给小桃树写一个字，你们觉得是哪一个字？"孩子们听得很认真，学了文章之后自然就有了自己的见解，不断有孩子站起来发言。

"我觉得是敬畏的'敬'字。因为小桃树在风雨中终于挺了过来。"一个女生说。

"我确定是怀念的'念'字。作者是借小桃树怀念自己的奶奶。"一个男生说。

"我选一个梦想的'梦'字。写小桃树，作者也是在写自己的梦想呢！"又一个女生说。

……

孩子们说出的答案有七八个了，答案中包含着不同的见解。举手的孩子还是很多。突然，老师将目光投向了最后排右边角落里的一个女生："来，请你说一说，你觉得是哪一个字？"

"我……我没有想好。"小女生低着头，小声地说。大家以为老师会让她坐下，然后让其他学生继续回答。在一些教室的角落里，常会坐着两三个小女生或者小男生，他们也许是在学习中有困难的学生。他们不会主动举手发言，也极少被老师点名发言。

"这样，你就从你刚才说出的'我没有想好'这几个字中找一找，也许有你想要的答案哦！"出乎意料地，老师走近小女生，小声地提醒她。

"那……我就选择这个'好'字。"小女生的声音提高了一些。那个"好"字，发音清脆。听课的人们发出了善意的笑声。小女生接着解释："小桃树有很多困难，都挺过去了，那就是好的。"

"是的，我们走过风雨——好！我们战胜脆弱——好！我们选择面对——好！生活路上阴晴不定，但我们要勇敢去面对……"老师接过了小女生的话，开始发表自己的感慨。40多岁的男老师站在学生中间，明亮而刚健。他的嘴里，慢慢地吐出自己的看法。那一个个句子，像清澈的小溪在缓缓流淌。

小女生坐下了，她的眼里，晶莹闪亮。她知道，多年以后，她可能会忘记很多事，但她不会忘记今天这堂课。

窗外，阳光正好，穿透窗子，投在这角落里，一地温暖。

感悟手札

羡　慕

孙君飞

人都有局限与缺陷，所以终归会羡慕些什么。面丑者会羡慕貌美者，失败者会羡慕成功者，位卑者会羡慕权重者……如果羡慕引致的是更真、更善、更美，这就是好事。遗憾的是人的欲望同时会膨胀，人在贪婪的路上尤其会忘掉自己的局限与缺陷，对远方的羡慕时常会扭曲成对近邻的嫉妒乃至仇视，唯有得到更多才能填补他的空虚，弥补他的脆弱。喜欢羡慕的人已经感觉到安全的凹陷了，嫉恨的人更需要物质的搀扶支撑——物质具有支撑自我的物理特性，但它并不永远支撑人，因为它有可能在贪婪者那里变成危墙。

事实上，如今令人羡慕的人物的范围似乎变得越来越小，正如我们很难回答会有多少人羡慕"汗滴禾下土"的农民，更多的人羡慕的是企业家、商人、影视明星、歌手，有些人甚至会羡慕不劳而获的人。如果一个人羡慕的对象过于狭隘，他的胸怀必然也狭隘。羡慕也有正确与错误之分，当一个人羡慕错了一种人，他对他心目中榜样的追随可能一开始就是错的。尤其需要警惕的是有的人在相互追逐的过程中，早已经抛弃了田地、水源和天空，他们眼中只有人，只有狭隘的两种人：羡慕的对象和争夺的对象。他们仅仅从他人的手里得到，而不是从自己的劳动、工作和创造中得到，他们只相信人争人更加有针对性和乐趣，通过人抢人得到的速度更快、更有效率，然而在人的手里究竟能放下多少实实在在的物质呢？所以他们会把物质符号化以后，再进行人与人之间的夺取，这无疑是一条更加危险的虚无之路。

　　因此，诗意也变得越来越稀缺，安居乐业、自我满足的人要么化了妆，要么很难遇到。诗意的回归需要人重新走向田地原野、江河湖海、山岳悬崖，抬起头重新发现蓝天流霞、白云飞鸟与海市蜃楼，并且在真正的黑夜里耐心地等候繁星银河——人除了羡慕人，更应该羡慕自然万物，从羡慕动物到羡慕植被，从羡慕一阵风到羡慕一缕余音，从羡慕石头的骨骼到羡慕冰雪的灵魂，这样的人怎么会感觉不到诗意的存在呢？更有诗意的也许是另一种羡慕：大象羡慕蚂蚁，隼鸟羡慕蜗牛，白帆羡慕落叶，利斧羡慕气球；或者伟大羡慕尘埃，繁华羡慕纯真，永生羡慕常态，丑恶羡慕美德……但我又不敢肯定，因为这种诗意并非触目可见，诗意的一个意思就指的是尚未实现的、值得尝试的、等待光临的。有些诗意在远方，需要我们用一生去羡慕和追求。还有暂时看不到的诗意，当一个人羡慕诸如劳动者、诚信者、节制者、沉默者和环保者这类普通人时，他也许体会不到自己正在接近并拥有诗意，但其实诗意不但一直存在着，而且已经在润物细无声地涵养着他的身心——诗意并非全是蓝天流霞、白云飞鸟，有时候它仅仅是一双合适的布鞋、一句静默着也能够听明白的话。

　　诗人说自己羡慕一棵树："它露出的骨头，多么美丽。它露出的骨头开满了花，多么美丽。我也有骨头，可我不敢露在外面。我的骨头里，藏着一粒种子，它连发芽都不敢，更别提开放。"看来有比羡慕更重要的事，干成了那些更重要的事，诗意才会更甜蜜、更坦荡地来到我们身边，我们也会成为真正富有诗意的人。

感悟手札

如何拥有不矫情的人生

梁爽

和一位图书策划人聊天。我问她一个问题是：如何度过工作中最辛苦、最迷茫、最疲劳的阶段？

她的回答很酷：印象中好像没有什么特别辛苦、迷茫、疲劳的阶段。她解释说，自己会尽量避免陷入自我怜悯、自我感动的想法中去，所以基本上不去想"我有多辛苦""我有多努力"，因为那样容易把精力从"事"转到"情"上面，最后可能"事"和"情"都搞砸了。她想得最多的问题是：读者需要什么，而我能给出什么。

为此，她做足准备功课，比如把同类型的书籍，在电商平台上几万甚至数十万条的留言，查阅并归纳。觉得心累或身累，就去睡觉休息；事情做完，从奖金中抽出一定比例，大大方方地奖励自己。

这番话给了我很大触动，我最佩服她这一点：赚钱时不矫情，避免自我怜悯；花钱时，避免花了不舍、不花又不甘的磨叽。

我觉得，很多人生问题，其实都是在赚钱时埋下的，到花钱时才发现。

比如平时买个东西，货比30家，精挑细选，等店家打折下单后，买来不满意，又花了很长时间折腾换货退货。旅游住个酒店，觉得酒店差、房间小，想加钱住得更舒服又不舍得，的确很郁闷。

据我观察，赚钱时矫情的人，和花钱时磨叽的人，很可能是同一个；工作时喊累怕苦的人，和生活中哭穷的人，很可能也是同一个。而很多把自己活得很精彩的人，无非就是做到赚钱时尽了力，花钱时尽了兴。

记得我刚工作时，也掉进过"赚钱矫情，花钱磨叽"的恶性循环。

有次去广州见了两个高中同学，吃饭时我说起自己工作多忙多累，他俩笑而不语。那意思就是告诉我，他们的工作强度比我强得多，与其抱怨，不如吃顿好的，睡个好觉。

那个时候我意识到工作中的矫情，不仅没用，还让人劳累和懦弱。很多时候，越矫情，工作越做不好。矫情久了，别说别人反感，连自己都不待见自己。

想过怎样的生活，就要付出相应等级的辛苦。

就像主持人马东说的，心情好的时候，手上能剩多少钱，才是你真正的薪水。如果你总觉得客户难缠，事情繁杂，心情不好就找人喝顿酒，唱个K，才能消解负面情绪，那你的薪水其实比你拿到的低多了。

前段时间，看到一个采访说"90后"逐渐成为社会消费主力军，社会上常对年轻人有不节俭、爱乱花钱的印象，但有个"95后"男孩表示，自己能多赚钱，就不算乱花钱。

知乎上有个问题是：不矫情的人生是什么样的？

网友"YannF"说：问题来了就解决问题，问题没来不自寻烦恼。犯错误后就修正，暂时顺利就感恩。不担忧，不恐惧，不躲闪，不抱怨。有事说事，没事不话多。

在我身边的那些挣钱高手，能和工作中的"不顺"和谐相处，接受工作就是由很多麻烦事组成的。他们都比较乐观，不因悲伤而自怜自哀，不因空虚而惺惺作态，能从苦累中挖掘并放大喜乐感和成就感。

把自己的神经直径调粗吧，在人生变难以前，你要先变强，变得不矫情。

感悟手札

第二世界

草予

每个人都应当拥有一个"第二世界":或笔走乾坤,或茶消日月,或卷收晴雨,或墨行龙蛇,或琴动山川,抑或只是闲对晨昏。给自己一个自由广袤、丰盈跌宕的时空,半为驰骋,半为停靠。

不论生活此刻,是许你得意潇洒,免你半生流离,还是降以荆棘载道,委以前路未卜,都不过是一时之境。无常为常,命运的晴雨,多半是出其不意地来去匆匆。不变为变,当自己的"第二世界"万籁俱纳、万象俱容,人生处处便是刚刚好的此时此地。

究其成长的本质,在于训练出一套专属、独家的"判断"法则,既非众云而云,也非众默而默。为此,一开始,我们学着有判有断,是非分明,对错有别,尊重真实的意义;继而,有判无断,保持清明之心,守住缄默之口,还原生命中的良善;最后,我们发现那些高贵的灵魂,却是无判又无断,既不妄判亦不妄断,严己宽人,慈怀万物。

灵魂高贵的人,正是"第二世界"丰富而自由的人。一叶可障目,群山却如夷,世界可以大到万马齐喑,也可以小至一井作天,但只要是你的,便是任谁也毋庸置疑的全世界,无关丰与荒。人要对之负责的,正是这样的世界。

向内深掘自身的不完满,远比攀缘外境的富足,更易安顿此心。渡己,这一渡,纵是江流百川,客舟的人,是你;行舟的人,也只有你。

人很多时候并不愿如实启齿:害怕自己,更害怕别人,与众不同。前者害怕的是孤独,而后者害怕的则是落差,既不想孤军深入,更不想错过比肩万马奔腾。认为与众而同,方才安全。

众生便有百态,尊重并接纳这样的繁世喧尘,不过求于人,也不懈怠于己,不与大千世界失之交臂,也不任内心世界荒芜混沌。如果没有对大千世界的体察,就不会做到置身事外的冷静;如果没有对内心世界的郑重,就不会在观察之后继而思考。世界与人最好的关系正是这样:不置身事外,旁观辜负,也不随波逐流，浮光掠影，而是参与、观察、思考、汲取。

一个强大的小宇宙，首先，拥有这样一个别开天地的"第二世界"，自暖自宠，抑或自疗自愈；其次，这样的小宇宙需是足够"膨胀"的，内心世界千峰万仞的人，也定会是生活中的勇者。

没有任何一种热情可以抵挡来日方长的洗礼，工作、生活，并不在于与生俱来的天分，而在与时日共长的持久力与成长力。一个人的"第二世界"，经纬纵横，百川磅礴，定是自我的溯源浚流。不曾自行疏浚与清扫，生活终会面临泛流成灾。

这样的疏浚、清扫，便是修行。可修可为之时，当尽势，尽力，尽缘，不困不惑；不可修不可为之时，当随势，随力，随缘，不偏不执。

感悟手札

何必与人比

星云大师

"人比人，气死人！"——人不必和人比！

有一个人骑自行车，看到别人骑摩托车，他生气、自卑，自己也去买了一部动力更大的摩托车。但是，别人又买了小汽车，他不服气，自己再买一辆进口的汽车。不久，别人又买了劳斯莱斯。

这时，他才慨叹：比来比去，只是增加无限的欲望，对自己毫无益处。

有人居住草屋，看到别人建了瓦房，自己也建瓦房；别人建了高楼，自己也建高楼。房子建多了，住不了，每天还要忙着打扫、清理，因此做了房子的奴隶。

文学家，见了哲学家，自己相形见绌，认为哲学的义理高深，比起文学的文字之美,更有内涵,更为高贵。

哲学家,看到现在的科技发达,认为自己只是空谈理论,比不上科学家对现代的文明适用。

科学家,每天埋首在实验室里,却一心羡慕着一个乡村的农夫,渴望自己也能过一过那种悠闲自在的生活。

钻石,不要跟石头比大;花草,不要与松树比高;溪流,不要跟海洋争大;平民,不要跟政治人物比权力。

因为钻石的精美、花草的芬芳、溪流的奔放、平民的潇洒,都不是大石、高松、海洋、权力所能比的,因为各有所得,各有所失。

人不要比人,她虽然比我美丽,但是"红颜多薄命";他虽然比我有钱,但是"人为财死";他的名气虽然比我大,但是"树大招风",登得高,跌得也重;他的儿孙比我多、事业比我大,但是他的烦恼也会比我多。

所谓"他人骑马我骑驴,看看眼前我不如;回头一看推车汉,比上不足下有余"。

我们不要比世间外相的拥有,我们要比慈悲、比道德、比心量、比人缘,这才值得我们一比。

感悟手札

你终将与自己握手言和

范俊强

在填表,或别人问起爱好这一项时,我一般都如实回答:篮球和书法。这一动一静的爱好,是我闲暇时放松心情的方式,但是,因为缺少天赋和悟性,也不够努力，自己的水平并不高。只是没想到，这小小的爱好也会给自己带来烦恼和困扰。

某个"十一"长假的一个下午，我和几个球友在隔壁小区的篮球场打球。当我汗如雨下地运着球时，看门的老大爷刚好从场边路过，他面带嘲笑地看着我，不疾不徐地说："你经常来打球，可是说实话，你打得并不好！"我愣了一下，表情很不自然地朝他笑了笑，自我解嘲地回答："打球主要是闲着没事儿找个乐吧，水平业余得很！"他不置可否地摇摇头，兀自走开，忙他自己的事了。

不得不承认，我被这句不疼不痒的话"刺激"到了，以至于每次去那里打球一想起这件事来就有些不悦，继而反思：是不是自己因为经常来这儿打球，影响了他的休息或工作，要不他为什么这样当着这么多人的面儿否定我呢？还是他年轻时甚至现在，球技都卓尔不群，只是不想一显身手，让我等自惭形秽罢了？

这让我想起来，十年前，我刚到郑州遇到的一个女房东。

那时，我刚大学毕业，和一个关系要好的同学合租，住在离单位不远的一个城中村。一天，女房东来收房租，见我蹲在地上练字，便饶有兴趣地看了一会儿，说："你的字写得不好，布局太小气，而且运笔轻，缺少力度——还没有我老公写得好！"因为平时和她聊得不多，也没什么交情，但这番"大实话"却让我尴尬到无地自容，只好讪讪地附和着："刚开始练，是自娱自乐，自娱自乐啊！"看着她离去的背影，我有点不好意思也没心情继续写下去，恨不能像一滴墨一样，躲进瓶子里，被人拧紧瓶盖，然后狠狠地扔到荒无人烟的十万八千里之外。

我不记得，当时的房租多少钱，但清晰地记得这句话，它时常萦绕于耳畔。

渐渐地，我开始自我安慰，为自己松绑——

我想，人这一辈子，除了学习、工作、赚钱，担当起自己应有的家庭和社会责任之外，有一份自己的爱好，有个放飞心灵的地方，有一种对抗无聊、孤独的方式，总是好的。哪怕这个爱好，并不能给你带来鲜花与掌声、赞誉与利益，仅仅只是因为你"好这一口儿"。

人生心境辽阔，不要为一个人、一件事、一句话，而停驻或被左右太久；不要为一段情、一顿饭、一部戏，而忘记自己的角色或内心追求。年轻时的物欲与情感，多是成长途中的一道道坎吧，心容易被一叶障目，假以时日，逾越了它们才豁然开朗。那些引人注目的成就与名利，也多是健康和遗憾换来的吧，奋不顾身地实现了，才扬眉吐气，才在不及自己的人面前，以过来人的口气指点江山。

生活中，一个人的能力是有限的，能力之外的不会、不济、不甘和不堪，都是认清自我的过程中所需经历的常态，而批评、难堪、疼痛和泪水，甚至血汗，都是成长、成熟的必经之路。

人生，除了要有一种为梦想而奋斗不息、死磕到底的勇气和决心，还要有一份接受努力之后没有如愿以偿的结果的雅量，和与并不成功的自己握手言和的胸襟。而那些在别人眼中没用的、不被认可的付出，在你的经营下，也并没有被琐碎的日子和来来往往的物情所淹没，依旧如划过青春岁月的一颗流星，历历在目，依旧如穿喉而过的一杯烈酒，壮怀慰心。

时光荏苒，人世如水聚散，丰富的经历会让你内心变得越发柔软，也终将使你如放下曾经的遗憾一样，悦纳并不完美的自己。目光澄澈，目标简净，欲望删繁就简，让你身心从容坦然，也终将使你与自己握手言和，不再希求别人的认可，不再被别人的标准左右，轻装上路，开始一段新的探索之旅。于是，此后的每一个日子，都是你自己想过的、要过的、精心用力美化的。

感悟手札

内向的人，青春期总是难过一点

闫晗

内向的人，青春期总是难过一点。还好，之后的我慢慢接受了自己的内向和不自如。长大后才发现，那些光芒和晦暗，可能只是我臆想出来的，在他人的记忆中，我可能也有自己的光彩。

一

常常想起初中开学的时候，推着自行车在校门外等开学的情形。那会儿我刚转了校，和新同学都不怎么熟。有个穿短裤的长腿女生倚在自行车上，和其他姑娘们聊天。我对未来一无所知，感到一片空茫和略微的紧张。初中的前两年，我一直在这种紧张中度过。

初二那一年，我13岁，刚刚进入青春期。胸部的发育让我羞于穿紧身的衣服，跑操后脱下校服总是不由自主地把胳膊肘挡在胸前。我个子还是不太高，排队的时候总在队尾，这让坚信我只是晚长的我妈多少有点泄气。她很高，年轻时跑过长跑，打过篮球，可我一点也不像她。

周围已经不乏亭亭玉立的少女，长长的头发散发着年轻的光泽，眉眼间透着娇俏，走起路来也婷婷袅袅的。校服很土，但穿在她们身上还是很熨帖好看。

我悄悄羡慕着那些身姿窈窕的少女，比如班里那个前额的发辫编得很精致、别着一个发卡的笑眯眯的女孩，比如那个大眼睛扎着粗马尾说话摇头晃脑的自信女孩，比如隔壁班那个常穿着牛仔衬衫酷酷的高个子女孩，她们都很好看。更重要的是，她们似乎都有自己的小圈子，常常一群人在一起叽叽喳喳聊天，聊什么并不重要，重要的是那种自如的姿态就足以让我羡慕不已。

二

学校里流传着我们这一级"四大美女"的传说，也不知是谁评的，来自哪里的榜单，不过所有人对长得好看的女孩都会留意，她们永远都有传说，是话题的中心。坐在我后桌的姑娘似乎精通这些故事，走在校园里去上厕所的路上，她会突然用胳膊肘捅捅我，甩来一个眼神，迅速而含混地说："看，这就是那个谁谁谁，你看漂亮吧！"

这谁谁谁里有老爸是市电视台节目主持人的，也有常常被外校男生堵在校门口等待追逐的，也有跟某高年级风云男生"要好"的。回头想来，她们也许只是很普通的女孩，以后也过着普通的人生。可在13岁的夏天，我怀着深深的自卑感，觉得自己被一种光芒灼伤了。世界在我面前慢慢展开，未知的东西有太多太多。为什么我这么普通、渺小呢？

三

这种自卑感还来自一些旁的东西。那时的班主任不太喜欢我，虽然我的成绩很好。班主任创造性地发明了一种"连坐"的方法，座位相邻的四人为单位结成小组，若小组有一人不交作业或者上课回答不出问题，全组放学留下来，罚做值日。

我的同桌是班里倒数第二名的学生，沉默寡言，很少听见他说话，从不回答问题。每当他上课被老师点名，我的心便"咯噔"一下子，低下头等待那令人尴尬的沉默，以及老师那句"行了，你坐下吧"。于是，我连着扫了两个月的地。不出意外的话，这一年的教室都归我们四个打扫。那会儿是放学后扫地，把大家的凳子放到桌子上，拿起笤帚挥舞，教室里弥漫着呛人的烟尘。我不记得跟我一起打扫的那几个人了，只记得灰蒙蒙的天和尘土飞扬的教室。大部分人离开后的教室，有一种恐怖片的感觉。

我妈妈忍无可忍，开家长会时跟班主任提了意见，抱怨我每天晚回家，而且头发里都是灰尘，灰头土脸的"像个灰老鼠一样"，这种"连坐"制度才结束，恢复了正常的排班值日。班主任那会儿就觉得我很"多事"了吧，大家都是逆来顺受的。

四

还有一件事，班主任每天都布置家长检查作业、背诵课文还要签字。我妈不胜其烦，她觉得学习是自我管理，完全不需要监督，同时也讨厌把名字写在当天作废的作业纸上。于是，我有点为难，不敢公然不交，有一阵只好自己每天试着练字，用另一种看上去成熟些的字迹写上"能背下来"。其实班里好多同学都是这么干的，练一笔好字可以当许多人的家长。然而有一天，我妈觉得这件事很可笑，就抄起我的作业本，写上"天天签字太麻烦了，希望老师不要再让家长签字了"。

第二天上课，老师挨个检查签名时，我犹豫了一下，忐忑地递过去，果不其然收到了一声冷笑和一个白眼，以及在班会上对我妈和我的抨击。她义愤填膺地说：没想到竟有这样的家长，不配合老师的工作，也不重视孩子的学习，那你自己别签字好了。我觉得特别尴尬，但也只能装作若无其事。

其实跟老师"唱反调"总是危险的，谁都不希望自己的权威受到挑战。那个时候，家长找老师提意见，对学生来说是件冒险的事情。需要极高的智商和情商，才能处理好这种"公共关系"。善于沟通的人很少，往往彼此想象出了很多敌意，合作是很难的。表面上解决了问题，底下暗流涌动。

从此，我妈清静了，我也有另一种清静。老师不怎么搭理我了。我被调到教室南边第一排的角落里，上课时常常看看窗外的柳树和树下啄食的麻雀，下课时偶尔有坐在后排的高个男生过来打趣我。

我一句话也不说，因为不知该怎么应对。那时的我，在别人眼里或许是很高冷、很难相处的样子吧。

幸好我那年成绩还不错，整个初中时代，都还不错。这是那些年唯一对自己满意的地方。并不觉得自己聪明，也远远算不上努力，学习也并无心得，模糊觉得运气不错罢了，考试都考我会的题。后来我看一些学霸写的书，总结出的种种方法，觉得跟人家差距太大了。也许就像郭德纲说的"全靠同行的衬托"，有的时候成绩好，大约是因为其他同学没好好学吧。

五

班主任觉得自己是个开明的老师，她对班里那几个常闯祸的大男孩有无限包容，会以朋友的姿态给他们讲道理，然后被自己狠狠感动，在班里慷慨陈词，觉得自己一视同仁，是《春风化雨》里那样的好老师。我莫名觉得她也有点怕他们，那些四肢发达的半大小子，做事冲动，破坏力从来都是惊人的。

女生里，她最喜欢的是班长，常让班长在自习课带她从幼儿园放学回来的女儿在校园里玩。班长会用自己的零花钱给那个小姑娘买各种零食，班主任和她女儿都愉快地接受了。班长是个清秀恬淡的姑娘，成绩好，话很少，很会来事儿，大约和我一样盼望着这一年早一点结束。

六

夏天到来的时候，学年到了尾声。这一年，我们市有一件四年一度的盛事，要举办一个大型国际民俗节，需要各中小学校出团体节目。落实到我们学校，是由音乐老师训练女生们跳彩绸舞，每天下午的课外活动时间和周末都要到操场集体练习。人海战术的活动都是很麻烦的。班长不用参加，不知是为了管纪律还是被班主任扣下继续带她的孩子，班里跟我要好的女生请病假不参加，我熟识的几个朋友都不在，于是我在那知道名字却说不上话的女生堆里感到前所未有的孤寂。

女生们并没有为参与了这次盛事而感到骄傲，只觉得耽误了学习的时间，男同学在教室里恐怕已经把作业做完，把课文背下来了吧。好羡慕不用参加的女生啊！

排练时，女生们大都没精打采地站在指定位置上，听音乐老师责骂"你们一个个都七老八十了吗,有没有一点活力啊"。学生时代是特别"弱小"的时光,随时接受批评指正安排,没有权利说不。

对我而言,更难熬的是休息的时间,女孩子们开始扎堆说话、打闹的时刻,便现出我的孤寂来。我曾试着去跟一个有大姐大气场的女生表示友好,便提醒她:"唉,包燕燕,你的头发上粘了个草叶儿,我帮你拿下来吧。"包燕燕瞪了我一眼,没吭声。这时另一个女生过来扯她的头发,大喊:"小包子,你这个坏蛋!"她就喜笑颜开地和对方打闹成一团。我便缩回我试探的触角,默默地僵在那里。

七

有一个周六的早晨,我起晚了,慌慌张张赶到了训练的体育场——早就点过名了吧,音乐老师记下我的名字交到班里,班主任又该刻薄我了。我找到自己的站位,小声问旁边的女孩:"点名了吗?"她摇摇头。那一次,居然是在训练结束后点名!胆小的我长舒一口气,感到非常幸运。

音乐老师站在中心舞台上,一再拿着扩音器强调说,参加这样的大型活动,对我们的气质培养以及整个人生都有很大的意义,但活动结束后我感到上当了——什么收获也没有,除了脸晒黑了。可即便如此,当时我也没有拒绝的权利。当时我相信他们讲的很多道理,天真地认为,那特别的意义或许以后会领悟到。

所有的经历都有其意义吧。比如现在的我,还能记起这件事,就是它的意义。

八

不过,我不擅长说话,也很难在陌生的人群中找到自如感,有轻微的社交恐惧症,觉得自己不太会被人喜欢,或许就是从那个夏天的操场上开始的吧。

13岁那一年我迫切希望快点长大,想知道长大后的世界是怎么样的,想要主宰自己的生活。内向的人,青春期总是难过一点。还好,之后的我慢慢接受了自己的内向和不自如。长大后才发现,那些光芒和晦暗,可能只是我臆想出来的,在他人的记忆中,我可能也有自己的光彩。

前几年,一个初中女同学联系到我,说看到我发在杂志上的某篇文章。我们聊了几句,我知道她现在是一位中学老师。我有些诧异,难以想象她现在的模样,因为印象中她还是邻班那个一脸桀骜不驯的酷酷姑娘,在我心目中高不可攀。我们长成了面貌不同的大人。我没有跟她说初中时我对她的印象,怕吓着她。每个人眼中的世界都不一样,我的内心戏,就自己保留着吧。

那一年的不被赏识、孤独和忧伤,羡慕与小确幸,以后也都经常遇到。不过幸运的是,我没有那么不快乐了。

感悟手札

心情就是生活的质量

马德

你觉得开心就好。不要在意自己挣多少钱,在什么位置上,跟谁在一起。

你若是在乎这些,肯定就不开心了。在乎得越多,就越不开心。或者说,不开心的日子就会越多。

在乎就能得到吗?在乎未必能得到。也就是说,你用不开心换来的依然是不开心。在过程和结果上,都让心情输得一塌糊涂。心情没有质量,生活就不会有质量。

有没有两全其美的办法呢?既快乐,又把该得的都得到了。答案是没有。在欲望的路上,你总得烧蚀一头,去换取另一头。甚至有时候,追逐得过了头,非但其美达不到,两全也会成了两空。

人只有在两种情况下,会活得简单:一是年老病重,一是深陷囹圄。前者是生命到了尽头,后者是自由到了尽头。从本质上看,都是回不去了。人往往在没得选择的时候,才懂得了怎么选择;在活得不好的时候,才明白了怎么活最好。

可惜,人世间,能活到淡泊的人太少了。在欲望那里,人们看到了无数的精彩和绮丽,同时,也等到了无数的陷阱和泥坑。

有的人的缺点,就像写了半辈子的错字一样,别人不说,自己是看不出来的。

所以，比自恋更重要的是自知。自恋不过是在自我的世界怡情和陶醉，而不自知却会在他人的世界造成尴尬和痛苦。皇帝的新装，赖于一个小孩说破。但成人世界，会世故地捂住许多东西。也因此，有的人，一个缺点可能会在身上待一辈子。

在熟人的世界，缺点都被掩盖了。在上下级分明的社会里，缺点都被供奉了。只有在陌生人那里，缺点才会被计较，才会被指斥，才会被憎恶。也就是说，没有一个陌生人肯买你缺点的账，或者为你睁一只眼闭一只眼。

从这个层面上讲，缺点和毛病都是被惯出来的。你纵容他一尺，就会有一丈的不堪等在前方。

与人性的缺点相比，生活习惯上的毛病似乎更缠人。因为人性丑陋，你可以远离他，而生活习惯邋遢的人，往往是身边人，可能要与他们厮守一辈子。所以，有些毛病是躲不开的，他人的缺点需要你来遭罪。

你是天罡，他就是地煞，就像是一个惩罚，一个人成了另一个人的宿命。

这个世界没有完美的人，谁都会有一些缺点。即便这样，我们依然会看到另一种完美的人：这些人，非但能看见自己的缺点，还能对曾经包容过自己的人，始终怀着深沉的感恩。

这么说来，有些缺点并不可怕。因为任何缺陷，都可以在一颗真挚的心那里，得以弥补和升华。

有的人在善良那里要得太多。譬如心眼好，脾气也要好；不爱计较，还要吃亏是福；要有羊的绵软，最好再能有鼠的怯懦。

这已然不是要得太多了，而是欺负得太狠。人善被人欺，说的就是当你心地好的时候，有人还想把你更大幅度地撕扯开，拿捏你，践踏你。

但还有另外一种人，非但在善良的人身上要得少，有时候，还要给得很多。这一定是善良的人遇上了更为善良的人，彼此的惺惺相惜，源于各自心底的慈悲相接。

善良的人是好人，但不是完人。他们也会有自己的脾气，也会有各自的私心。把好人架到道德的高处，他们就容易被道德绑架。这时候，一个真实的好人消失了，取而代之的是一个被"劫持"的完人。

一个虚假的完人，比不上一个有缺点的好人。完人一旦被供奉在神坛，上去就不容易下来了。因为，被他人神化久了，自己也就相信了自己的神话。

这也说明了一个事实：吹捧多了容易沉醉，抬举日久极易上瘾。

感悟手札

没有观点的人能不能好好生活

MENG

我从小是一个不太有自己观点的人。我觉得似乎每个人说的话都有道理，我不想辩驳，只会在心里琢磨回味。即便到了大学读哲学系，又看了一堆杂书，这时候觉得自己慢慢被充实了，似乎对一些事情可以形成某种观点了。但是这些观点也立不住脚，在毕业之后很长一段时间，我都觉得无法适应社会。但回过头想想，我是否期望那时候有人给我一些明确的指导，是否希望自己形成某些厉害的观点，那样我就能过得更好呢？答案是否。

我承认，我经历了一个很长的摸索过程，我也仍然在摸索之中，但相比之下，给我一个观点，告诉我这很酷，这就是人生真理，这就是前进方向，我更愿意我不需要这些观点，卸掉所谓"个性"。

这是一个"金句"盛行的年代，每个人都可以制造一些闪闪发光的句子，都可以有自己的观点。但是我不得不说，许多观点都是非常浅薄和片面的。比如有一个朋友说：最爽的拥有，就是觉得自己不配拥有！这句话乍听很有道理吧，但是其实里面包含着两种互相矛盾的信念：一、我想拥有（很好的人事物）；二、我觉得我不配。因此，问题是在于"我不够好"，是不是？又要保持"我不够好"的状态，又想要拥有超过自己所应得的部分，这种观点不就是——癞蛤蟆想吃天鹅肉吗？说"最爽的拥有，就是癞蛤蟆吃到了天鹅肉"，就一点也不酷，因为没有人想承认自己是癞蛤蟆。发现没有,一种很 low 的观点也是可以被美化的。我们身边可能充斥着许多这样的观点,它们乍听之下都很有道理,但是仔细分析就会觉得毫无道理。如果检查我们自己拥有的观点,说不定会发现有很多这样自相矛盾的成分,此其一。

其二,观点当然有低级高级之分,那么高级的观点是否就能让我们过得更好呢?答案是未必。所谓"高级"的观点,如果你不能经过大量试错、反复打磨,逐渐将它内化为自己的一部分,它也很难让你成长。就比如《老子》,够高级了吧?可是谁能读完《老子》就立刻得道呢?

为什么不能直接接受别人的高级观点,直接拿来使用呢?理由很简单:我们不是别人。很多人一辈子的心力、一辈子的经验可以浓缩为短短的一句话,这句话一定很有分量,很有道理。但是对我们而言,它可能毫无价值。

所以说,有观点并不酷,酷的是你能够同时拥有各种不同的观点,并且让它们融合,让它们和平相处。而当你能够同时接受正反双方的观点,不再有辩论之心的时候,你其实就是一个没有观点的人了。当然,我说的这个境界,对于一般人来说要求太高了。这只是一个特例。事实上,我想说的是,我们应当勇于承认自己没有观点。

我有一个好朋友是一个策展人,她最近做了一个挺红的敦煌乐舞展,于是被邀请去参加一个讲坛。和她一起演讲的有音乐学院的教授,有著名主持人曹启泰。她事后对我说,当她听两位前辈在发言的时候,她由衷觉得他们是很厉害的,他们有几十年的工作经历和人生经历,他们的观点很独到、很有力量。但她在台上一点也不紧张,因为她的资历还很浅,她说不出什么厉害的观点——这不是再正常不过了吗?她非常平静地接受了自己就是一个没有什么观点的人。这反而带给她力量,让她十分从容地做完了自己的演讲。其实她平时在做导览的时候,也总是对观众表示:我已经把我知道的全都告诉你们了,我并没有很厉害,我只是对这件事很熟而已。

我这位朋友就是一个没有什么观点的人,但是她依然可以做自己想做的事,并且将它做到很好。因此我想说:观点不重要,重要的是你在做什么,你怎么去做它。

接受一种观点是很容易的,但做到是很难的,而真正的领悟只会发生在后者之上。如果你是一个没有观点的人，那就没有好了。你依然可以找到你想做，你喜欢的事情，并通过实践来让自己进步，如果在实践的过程中，你忽然有了灵光一现，有了某种领悟，那时候你会知道，把它说出来的快乐，远远比不上你获得它的快乐。

感悟手札

心大了，大事就小了

宋宋

朋友跟我聊起丰子恺，说他诗情画意。我却想起他清新柔软的笔触，丰富细腻的内心，字字珠玑，耐人寻味。我喜欢丰子恺先生的漫画，也喜欢丰子恺先生的小诗，更喜欢丰子恺先生为人处世的魅力。

丰子恺先生被称为"现代中国最像艺术家的艺术家"。他的慈悲之心，他的不凡才情，他的朴素情怀，常人难及，堪称一代大师。丰子恺先生曾说："我的心为四事所占据了：天上的神明与星辰，人间的艺术与儿童。"

一个人的心中装有"天上的神明与星辰"，这无疑是持有一颗敬畏之心。心有所惧，行有所止。常怀一颗敬畏之心，行事才不会肆无忌惮，为所欲为，偏离轨道。敬畏天地，敬畏神明，敬畏自然，敬畏万物。懂得敬畏的人，行事有自己的底线，最可爱，最值得信任，最值得尊重。

"人间的艺术"是对生活之外一种更高层次的精神追求和享受。丰子恺在《护生画集》中，倡导爱惜一切禽、兽、鱼、虫，他用简单的线条，勾勒出深远的思想，圈养出一颗慈悲之心，弘一大师的配文更是让人拍案叫绝。

把"儿童"与神明、星辰、艺术等同，古今中外恐怕也只有丰子恺先生一人吧？先生是一个内心世界干净、温暖、纯粹的人，他敬畏神明，热爱美好，爱艺术，爱孩子。他的笔下，有很多儿童的艺术形象，那些小燕子似的儿女，在他心目中，和神明、星辰、艺术有同等的地位。爱，是他的生活符号，是他艺术创作的活水源头，滋养着生命的丰饶。能爱人，灵感不会枯竭。

丰子恺先生的一生，有童心，有诗意，有情趣；爱画画，爱孩子。他追求朴实平凡有人情味的生活，始终与现实保持着若即若离的距离。无论什么情形之下，他都坚守自己对人生的理解。用他的话说，"他是一个像人的人"，这也是他对恩师弘一大师的最高赞美。

做"一个像人的人"是非常有难度的一件事情，也是丰子恺先生毕生追求的理想。许多人在人生的路上狂奔，走着走着就忘记了初衷，走着走着就忘记了本意，活着活着，就变成了一个自己不认识的人。认妄为真，被欲望驱使左右，被贪婪奴役自苦，以至于离自己越来越远。午夜梦回，邂逅一个模糊不清的人，会惊讶地与之对视：这个人是谁呢？这个人是我吗？这个人怎么会是我呢？细瞅瞅，有点儿熟悉，可是为什么又很陌生呢？

大多数人的初衷与本意都是美好的，可是活着活着就背离了初衷和本意。有时候，并非是我们想要的太多，而是我们太容易被外界所左右。别人都出国了，我们也要出国；别人都买豪宅了，我们也要住大房子；别人家的孩子都考上国外名校了，我们的孩子也要留学去。那个"别人"真是不容易，总是被当成参考系数。那个"别人"又太多，左也别人，右也别人，左顾右盼，最后我们把自己累死在不断扭头看"别人"的路上。

心变得越来越小，事情变得越来越大。生活中的任何事情仿佛都是一座山，都是一道坎，于是纠结了，焦虑了，别说大事拿不起，就连小事也放不下，活得越来越不自在。

有人说，心有多大，世界就有多大。丰子恺先生说："心小了，所有的小事就大了；心大了，所有的大事都小了。"

一个人的心量大小跟什么有关？自然是跟眼界、气度、学识、修养有关，跟一个人的阅历有关。心量大小，决定了人生苦乐。心量越大，快乐越多；心量越小，烦恼越重。心就像一个容器，盛载着很多东西，有的人能装下慈、悲、喜、舍，装得下宇宙万物；有的人却只能装得小我、自己，小如微尘。

　　不如把心量变大，好好生活，让心的光芒不仅仅照射到自己，也照射到别人。走好人生每一步路，吃好生活中的每一顿饭，说好每一句话，踏踏实实过好每一天。

感悟手札

第四辑 安放在抽屉里的青春

夏天悄悄过去，那一刻，感受到河岸的风带来的凉意，年少爱慕的心绪不了了之；没牵到的手、未表达的情意，已经永远没有机会。我们，来不及挥手告别，眨眼间落入平凡之海。

我的伊甸园

肖思远

在我的记忆深处，有一片小小的樱花园。樱花园离教室很近，抬头随意一瞥，湛蓝的天空下便是一树一树的樱花。樱花的花期很短，在悄无声息中来来去去，恰如温柔的女子，礼节性地出场入场。

我常觉得樱花园是深沉的。她数年沉默地立在那儿，像是早熟的孩子，目光中透出几许威严与哲思，以大气凛然之势等着你去读她，可是她终究是读不完的。人这一辈子，太短、太空虚，你不知道它从何时开始，也永远猜不透离开的时刻。偶尔，虚空中掉下一缕鸽血红的残阳，打在书页上，映得天地都苍凉。坐在最寂静、最无声的角落里，捧着纸笔，那便是全世界。

有时樱花园无人，我就慢慢地走进去，立于一棵树前，抬头顾盼。风会从园子的这头踱步到那头，做最后的转身。脚踩在泥土上，心里就会很踏实，像是遇见了老熟人。在这个偌大的世界，有这样一个小小的樱花园，对我来说是一个小小的依靠与慰藉。你有你的地坛，我有我的樱花园。

人总是需要一个地方承载情感。在外漂泊的游子牵挂着故乡，奔波劳碌的人牵挂着为他亮着灯的家。我对樱花园的牵挂，来得没有理由。它并不是很美，但从不自卑，从不因此耽误开放的时节，尽管那一树树樱花绿肥红瘦，与其说是叶衬花，倒不如说是花衬叶。可是，它开得无悔，开得从容，从不在意外界的评论。或许是这样一种面对现实与生活的态度打动了我。

樱花园虽然小，但正是因为这样的"小"让人的孤独有了一个彼岸。

独自一人漫步在园中，虚度时光，会想很多。有些事似乎想明白了，有些事却是怎么也找不到答案。我在这儿哭过、笑过、沉默过，亦嬉闹过。开始是一群人，后来成了两个，最后就只剩下我一个人，坐着看日落。看多了煽情的电影，听多了海誓山盟，读多了儿女情长，就会明白，有些事只能一个人扛，有些关只能一个人过。没有人会一直陪着你，人活着，就是在慢慢等着缘尽，看着对方渐行渐远，最后离开。缘分是短暂的，回忆却是永恒的。所以，我学会了放手。我会永远记住那些已经离开的人,因为他们值得被铭记,他们给我带来的快乐,足以泯灭所有的怨恨。我学会了回到自己的生活,开始新的故事。无论来的还是去的,都显得弥足珍贵,即使再无勇气说"嗨,你好"。佛说,前世五百次的回眸,才能换来今生的一次擦肩而过。我突然懂得,装聋作哑只是逃避而非解决问题,珍惜所拥有的才是正道。孤独本身就是成长,是一个人毕生无法脱离的影子。正是失去,衬托了拥有的可贵。

樱花园就是我的伊甸园,我在这儿学会了太多太多,这是我一辈子的收获。我是幸运的,因为我醒在一树树的花开中,灿烂如一颗丹魄。再回樱花园,已物是人非。我早已长成一个驻足于15岁界点上的青年,望着这似金流年,执笔为刀,又总忘却出刀之际的那份情结。面对世俗,唯以微笑面对,不愠不恼。只是那立于樱花树下的女孩,早已不是我了。

但又像是……

我仅仅能明白,那段阴阴晴晴的时光,被郑重地埋在了记忆深处,再回不去。我怀念它给我带来的种种启迪,却又有些不堪回首。

可终将面对……

不知是谁说的,抑或是你说的:"你若不伤,岁月无恙。"

感悟手札

魏 升

DESERTCHEN

认识魏升,是在高二文理分科后。

那时我与他分到了同一个班级,他走进教室时,手里提着黑色的书包,正在与我们后来的班长说话。班长搂着他的肩,不知说了句什么,他的眉眼弯了弯,露出洁白的牙齿，一个浅浅的笑挂在了脸上。

木村拓哉，我脑海里顿时冒出我偶像的笑脸来。魏升笑起来的模样与他有几分相似，尤其是眼睛，明亮清澈，开朗且少年气十足，总之他们都是笑起来很好看的人。我是因为看了这一眼，便从此关注他。

后来，他与班长成了同桌，坐在我前座。我发现，他并不是一个爱笑的人。不笑的他，看起来冷冷的，也是由于这个原因，每次请教问题，我都会找与他同桌的班长。但面对我的问题，有时班长也苦恼起来，于是他推一推魏升的手肘，我便被安排得明明白白，只好等着魏升转过身来给我讲题。

魏升思考问题时微微皱着眉，拇指和食指会习惯性地将扣在黑色签字笔上的笔帽分开又合上，嗒嗒作响。

起初，面对这样的魏升，我小心翼翼，显得拘谨，听着他低沉冷静的声音，还没来得及在脑袋里消化掉解题的思路与过程，就看见他已经在草稿纸上流利地写出一长串公式，并且圈出了最终的结果。

"懂了吗？"他问。

我愣愣地，也不知该点头还是摇头。于是，他耐着性子再讲一遍。

后来在高三的元旦晚会上，我才知道魏升会吹口琴。他的节目被安排在开场，起先也没人剧透过，因此一报幕，班里的同学都惊呼起来，我自然也是其中之一。但他在众人的惊呼声里淡定极了，神情专注地擦了擦口琴，吹了两声试试音，口琴声便婉转地响起来，他吹奏的是《送别》。

音调舒缓而悠扬，教室里霎时静下来了，一些人安静地听着，一些人悄悄地说着话。教室里挂着一串串小彩灯，不算明亮。我坐在最后一排，望着他低垂眉眼吹奏的模样。少年的轮廓已长得分明，五颜六色的微光在他脸上停了又停，我一下撞进他的视线，不由得冲他笑了笑，他看着我，不一会儿又移开了视线。

晚会后，大家陆陆续续地都散了。我走出教室，忽然被人拉住了书包，回头一看，发现是魏升。

校园里的路灯暗暗的，天上飘着细细的雪，他站在路灯下笑了笑，递给我一杯奶茶。

"你刚才在笑什么？"他问。

"我觉得你吹口琴的样子很好看。"我很诚实地说。

他又笑了笑，说："所以你就傻笑啊？"

"不是傻笑，是欣赏地笑。"我反驳。

路上的积雪不厚不薄，踩上去吱吱作响，魏升与我并肩走着，我脑袋里想起一些老套的话。比如"我喜欢你"这样极其俗气，但又让心像只蝴蝶翩翩起舞的话。

高三那年的夏天来得快，进入六月，一些人选择回家备考，一些人将复习阵地搬到了图书馆。

图书馆里冷气开得很足，外面蝉鸣喧嚣，香樟树在闷热的夏天一动不动地立着，时不时响起的翻书声使人生出倦意来，眼皮也适时地耷拉下来。我一手撑着脑袋，就要这么睡过去的时候，忽然感觉手肘被什么冰凉的东西碰到了。

我不禁抖了抖，眼睛清明起来，扭头发现是一瓶冰镇矿泉水。再看看身旁的人，是魏升。

"晚上没睡好？"他拧开瓶盖将水递给我。

"嗯，可能太紧张了。"冰凉的水下肚，我找回了些精神，精力又投入到试题上。

这样的状态一直持续到高考前一天，晚上我躺在床上，翻来覆去睡不着，想着第二天的高考，心里怎么也静不下来。

结果就接到了魏升的电话。

"还是睡不着？"魏升问。

"嗯。"

魏升那边塞塞窣窣地响了一会儿后，我就听见了吹口琴的声音，还是那首《送别》。

我在电话这头安静地听着，又想起元旦晚会那个时候的他。

"这样是不是放松下来了？"吹完，他问。

"没有啊，我更睡不着了。"

他顿住，半晌才说了句："这样啊。"

我笑了笑，在他的语气里竟听出了一丝不知如何是好的笨拙。

"骗你的，我好多了，能睡好的。"

他笑了笑，说："那么，晚安。"

"晚安。"

挂了电话，我才想起忘了问他是不是只会吹这一首曲子。

后来，分开比相聚的日子长，我再没听过他吹口琴，想问的话终究也只是留在了心底。

高考后，魏升报了外省的一所大学并顺利被录取，我则留在了本地。说是旧识，但终究也只做了三年的同学，进了大学后，我与他的联络渐渐少了。后来，QQ换成了微信，又经过手机号的更迭，最后连他的联系方式也弄丢了。

大一那年冬天，我们班组织同学聚会，那时大家尚有热情在，彼此见了面也有心思聊天。那会儿我与他见过一面，在饭桌上，言语里还存着些熟稔。聚会后，大家三三两两地散了，我和魏升不约而同地往公交站走着。

热闹的氛围一下子消失，我们走过一盏又一盏路灯，在光影间穿梭，看着他的侧脸，我恍惚觉得自己回到了高中时代，那个他朝我笑一笑，我就心动到不行、胸口那只蝴蝶翩翩起舞的时代——我的暗恋时代。

"说起来，我那时候好像喜欢过你哎！"等车时，我忍不住说。

"嗯，我知道啊！"魏升回答。

我笑了笑，心里竟生出一些欢喜。

"那你会不会忘记我啊？"他问。

"不会啊，我一定会记住你的。"

距离那样的日子，已经过了多少年呢？当时我是笑着说的，但心里的认真和坚定一分也不少。而如今，再想起那时候，连记忆也像泛了黄似的。

后来，别人问起我的初恋，我回答时总是要犹疑一会儿，心里头闪过那些恋爱的日子，觉得魏升才是我的初恋。

但魏升他啊，分明只是我的同学而已。

感悟手札

杏 树 下

路遥

四月，白粉粉的杏花已经谢了。躲藏在绿叶间的毛茸茸的青杏，羞怯地望着这个似曾相识的中年人。

他站在这杏树下，静静地垂着两条胳膊，满含深情地看着这株粗壮的果树。故乡山野的风夹带着春天的温暖，轻轻抚摩着他夹杂着几根银丝的乱发，抚摩着他的脸颊，抚摩着他的心。

"杏树，你应该认识我。尽管我们分别了许多年，但我从来没有忘记你。当我在别处看到杨树、柳树、松树……的时候，我就想起了你，杏树；想起了她，小萍；想起了我们小时候。不过，那时你很小，我们也很小……"

是的，他那时才十一岁，在村里的小学上三年级。她也只有十四岁，因为上学晚，念四年级。

本来他们并不相识——一家在村东，一家在村西，村子太大，平时谁也见不着谁。虽说同住一村，可孩子们的世界总是那么小。就是上了学，分处两个年级不说，她比他大，还是个女生，他们从来没说过一句话。在这个年龄，男孩子和女孩子之间界限分明，他们都生活在各自的天地里，互不交往，互不侵犯。

但是，可以肯定地说，他和小萍这样生疏，不仅仅是出于这些原因。那时，学校也有全体一起进行的活动和游戏，不分年级，不分大小，不分男女……他和她的这种生疏还是由两个家庭的生活状况决定的。那时他家五六口人，就父亲一个人劳动，日子过得紧巴巴的。不用说，他是学校里穿戴最破烂的学生。可小萍呢，虽说她母亲也在农村，可她父亲是县城里的医生，家里就她一个宝贝疙瘩。她经常穿戴得像一个小公主，无疑是全校看起来最高贵的学生。

他们是两个极端。他当时虽然只有十一岁，但已经懂得为自己的寒酸而害臊了。因此他总刻意躲避那些穿戴体面的同学，尤其是躲避小萍。在他看来，她大概时刻都在笑话他。其他人也躲着他，就是那些家境不怎么好的同学也尽量不与他为伍，以便证明自己高他一等。他总是孤孤单单一个人……世界上最可怕的是孤独，特别是孩子的孤独。孤独的大人可以在自己的内心创造一个世界，以寻求安慰；而一个孤独的孩子，当外界和他之间有隔膜的时候，心灵中就只有一片又苦又咸的碱水了。

可是，就在那天，就在这棵杏树下，发生了那样的事……他清楚地记得，那同样是四月的一天，春风就像今天一样抚摸着他粗糙的小脸蛋，抚摸着他忧伤的心。他靠在这棵杏树的树干上，看同学们玩"找朋友"的游戏。这就算乡下学校一年一度的春游吧，老师带着全校学生，来到山野里，尽情地玩呀，唱呀，跳呀，喊呀……同学们玩得多快乐呀，可是他脊背靠在这树干上一下也不敢动。谁也不知道他为什么不去玩。他也无法说出自己不去玩的原因。

老师走过来，惊讶地问他："你为什么不去玩呢？"

"我……肚子疼。"

"疼得厉害吗？"

"不，不厉害……"

"那你现在回家去吧。"

"不，不，等一会儿再回……"

他此刻不能离开，只能脊背紧贴树干站着。这棵杏树对他来说像救命恩人。一直到大家要回学校的时候，他还是那样站着。

集合的哨声响了，同学们排成四路纵队。他仍然没动。

老师又走过来，有点生气地说："你走不走？"

"我……"

老师发火了："你为什么还站着？"

他无话可答。

同学们都将目光投向他，叽叽喳喳地议论着。

"你回不回？"老师生气地问。

"我现在不回……"

"为什么？"

他"哇"的一声哭了。

老师无奈地对队伍中的王小萍说："王小萍，你留下，一会儿把他带回来……"

小萍是高年级学生，又很体面，也懂事，老师常派她做一些在学生看来很重要的"工作"。

此刻，杏树下，只剩下他和她。

"你怎么啦？"她问。

他不敢看她，也不回答。

她走近他，大胆地用手在他汗淋淋的额头上摸了摸，看是不是发烧了。

他感到额头像被烧红的烙铁烫了一下，扭过头，不看她，说："我没病。"

"你不是说肚子疼？"

"不疼。"

"那怎么啦？有什么你给我说，好吗？"她的口气像一个大姐姐。

他犹豫了一下，说："那你不能给别人说。"

"我肯定不说。"

"要是说了呢？"

"那我就是小狗。"

"我的裤子……破了。"

"哪儿破了？"

"在后边……"

"唉，我说你怎么不玩呢！让我看看。"

"不。"

"怕什么哩！我带了针线，我给你缝。"

"不。"

她不管他同意不同意，已经从口袋里掏出一个小小的荷包，开始笨拙地往针眼里穿线。他立刻紧张得像医生要给他打针一样。

"转过来！"她命令道。

他不动。她走过来，用手使劲把他掀转身。他一下子伏在杏树上哭了。

小萍一句话也不说，开始给他缝破了的裤子。针时不时扎在他的屁股蛋上，他疼得喊叫起来，她却在后面咯咯地笑着，说："快好了……"

鼓捣了很长时间，她终于缝完了。她抬头望了望树上的青杏，说："毛杏子最好吃了，酸酸的……现在咱们回学校吧？"

"我先不回去,你先走吧……"

她冲他笑了笑,就走了。走出不远,她又回过头叮咛:"你快点回来!"

她走了,消失在山下的小土路上。

他抬起头,望了望绿叶间那一颗颗毛茸茸的青杏子。尽管不太会爬树,他还是挣扎着往这棵杏树上爬去。他勉强爬上去,刚摘了一颗杏子,就因没站稳,一下子从树上摔了下来。

他跌坐在地上,听见屁股后面"哧"的一声。天啊,刚刚缝好的裤子又一次破了!泪水再一次盈满他的双眼。这次使他伤心的是,他无法把手中的这颗杏子送到小萍手里了。正是为了报答她,他才冒险上树的。现在总算摘到一颗杏子,但付出了裤子再一次被扯破的代价……他在地上呆呆地坐了一会儿,决定非把这颗杏子送给她不可。于是他硬着头皮从山上下来,来到学校门前的小河边。他看见同学们正在院子里大扫除,不敢走上前去。

这时,小萍走出教室倒垃圾。她看见了他,喊:"你快回来!"

他没动。

她站了一会儿,看他这样子,就从校门口的小路上走了下来。

她站在他面前,问:"你怎么不回去?"

"给!"他把那颗杏子递到她面前。尽管这杏子已被他的汗手弄得又脏又黑,小萍还是惊喜地一把夺过去,扔进自己的嘴巴里。她一边吃,一边说:"真好吃,酸酸的……咱们回……"

"我要回家啦……"

"现在还没放学呢!"

"我的裤子又破了……"他说完,掉转头就跑,并且没忘记用一只手遮住他不幸的屁股蛋……

从那以后,他和小萍之间就渐渐产生了一种"不协调"的友谊——一个富足人家的女儿和一个穷苦人家孩子之间的友谊。

一年以后,小萍突然离开了村子。不是她一个人,而是全家都搬走了。听说她父亲报名去支援西藏,到一个叫日喀则的地方去工作了。

从此,他再也没有见过她。

多少年过去,如今他站在这杏树下,望着绿叶间那毛茸茸的青杏,两颗泪珠不知不觉从眼角滑了出来——为了那逝去的愉快和忧伤，为了那又酸又甜的回忆，他微笑着哭了。此刻，他似乎又听见了那欢乐的、稚气的歌唱：找呀，找呀，找朋友。

他用手绢擦了擦眼泪，然后像小时候一样，笨拙地攀上这棵杏树。

他摘了一颗青杏，又从树上跳下来。他把这杏子扔进嘴里，细细地品尝那股酸酸的滋味，然后便告别了杏树，走下山去。

四月的风轻轻抚摸着他夹杂着几根银丝的乱发，抚摸着他留有泪痕的脸颊，抚摸着他那颗孩子一样的心……

感悟手札

每个人都是青少年

肖遥

记得我到了青春期，经常为给我买什么衣服和我妈吵起来。我妈看上的衣服我看不上，我能看上的几乎没有，儿童时代，还会承欢膝下，打扮得粉嫩可爱，可进入了某个阶段，即便跟着家长出门，再也不会像个小宠物样，乖乖地做成年人的装饰品了。青春期最先的叛逆就是针对商场的，觉得那里根本没有我能穿的衣服，虽然整整一层楼的淑女装、少女装，可看上去咋那么"装"，那不是少女装，是在"装少女"。

结果，要么是在商场里不欢而散，要么是草草买身没有体型的运动装了事。那时候会想，商场这个"势利眼"，根本没给青少年准备合心思的衣服，甚至根本没揣摩过一个少年或少女的心思。即便是大商场，分区一般是女装二层，男装一层，最顶上那层，一半是童装和宠物区，一半是户外和运动区。青少年的服装，几乎没有。也许商场早就算计过了，即便给青少年准备消费品，你也没合适的场合消费。你没有晚宴、Party，也不需要去谈生意或上班，休闲装也算了，你有休闲时间吗？青春期的主要任务是学习和考试，现在的努力决定了成年后参加什么档次的Party，消费什么档次的商品，臭美都是浪费时间。

有趣的是，商场里的东西，虽然风格各异，有一个主旨却是永恒的，就是要把人保养、打扮、化妆得"显年轻"。这年头，很多男人玩命跑步健身练腹肌，很多女人以打扮得"萌萌哒"为荣。似乎在成人世界，成功的一个标准是看你有没有实力留住青春。

更有趣的是，真正的、现实的青春，就像泰国电影《恋爱那件小事》里的少女小水，眼镜、牙套、宽大的校服，一脸的懵懂和不忿。不仅商场不待见，整个世界都不待见。也许怨不得世界，是青春先不待见整个世界的。青春本身就是资本，不会也不想迎合、取悦任何人。于是，连这种"不待见"的姿态，也显得叛逆和新潮，为了证明自己很酷、很青春，许多成年人也在悄悄地模仿，微信朋友圈里的文图、表情、回应，每个人的语气表情都恍若一个臭拽的少年。

《追忆逝水年华》里说，在显露年龄的元素里，皮肤、面貌和表情都很难保持不变，所以人们只好保持身材，以为可以留住年轻。可是，胖有胖的难看，瘦有瘦的难看。至于真实的青春，如同PS照片后面的真实人生一样不可见人。终于，青春这个字眼，就像圣诞节、情人节一样，被商业时代玩坏了。这个时代，就像流行青年杂志《面孔》的撰稿人罗伯特·埃尔姆斯的话："再没有青少年了，因为每个人都是青少年。"

感悟手札

弹一首阳光明媚的歌给你

甜茶

我没有很刻意地去怀念你,只是在很多很多的小瞬间,想起你。比如看一部电影,听一首歌,哼一句歌词,过一条马路和无数个闭上眼睛的瞬间……

我是从初中毕业的那个暑假开始学弹吉他的。

漫长又没有作业的假期,我出去旅游了一圈回来,还剩近两个月的时间。偏巧在旅游的过程中看见街头艺人在弹吉他,我觉得酷得不行,回家第一件事就是去艺术学校报了名,买了一把吉他,打算发展一门特长。

第一天去艺术学校上课,我背着吉他在长长的走廊里找教室。路过钢琴教室时,探头打量,透过门上的玻璃看见有个男生正在练习。他的腰板挺得直直的,手在黑白键上有些生疏地弹着。阳光透过窗户洒在钢琴上,男生的手出奇的好看。

我停下来在门口听了一会儿,男生在练习《天空之城》,恍惚间,好感就像龙卷风一般,来得太快。于是乎,我敲了敲门就走了进去:"哇,你弹得真棒,这首歌我好喜欢。"

男生腼腆又高冷地说:"谢谢,你是来练琴的吗?我这里还要练一会儿,你可以去看看隔壁琴房。"

其实我只是想单纯地打声招呼,没想到就这样认识了 M。

高冷的他,没聊几句就开始轰人:"现在是我的练习时间,请问你还有什么事吗?"

"有啊,我第一次来上课,请问吉他教室在哪儿?"

"这是二楼钢琴教室,吉他教室在三楼。"

初学吉他自然先从简单的乐理知识开始,这就少不了打拍子,练习拍子的同时还要爬格子。我的手指在琴弦上起起落落,不一会儿就痛起来。在来到学校前,我没有想到练琴是这么苦的事。后来,我体会到练琴还是一件枯燥的事,但我还是坚持了下来,这其中的一部分原因是 M。

第一天上完课,我下课时,刚巧 M 的钢琴课也结束了,我背着吉他碰见了正在下楼的他，我迎上去："M，一起走呗。"

M尽显绅士风度地对我说："吉他我帮你背一会儿。"就这么一句话，让我到现在都觉得学钢琴的男孩子很绅士。

有一次，我说起初弹吉他手指头还是有点儿痛，M说了一句："加紧练上一个星期，长茧就好了。"看吧，M不仅"高冷"而且"直男"。每天我和M的上课时间差不多，一来二去就熟悉起来，而且我们考上的还是同一所高中，只不过我在普通班，他在精英班。M对学钢琴很认真，我原本以为他学乐器是为了高考加分，但他学得那么认真，只是因为单纯的热爱，这让我觉得自己不努力都不好意思，好像对不起"因为热爱"这几个字。

假期里的最后一节课结束后，我跑去钢琴教室找M，拍拍钢琴，煽情地说："M同学，以后咱们可能就见不上面了哦，我心情不怎么美丽了。"

M微微一笑："那我弹一首阳光明媚的曲子给你听？"说着手指在钢琴上流畅地游走起来。一首曲子结束，我正在感动的时候，他说："我们不是在同一所高中吗？"

除了初中的同班同学，M无疑算是新学校里我最熟悉的朋友了。每天晚自习结束得很晚，没有公交车，大家如果没有父母接就都得打车回家。我家和M家离得不远，拼车的话刚好顺路，所以我会等M一起走。

元旦，学校举行晚会，对活动向来缺乏热情的我，因为先前填特长时写了吉他，被文娱委员勒令报了吉他指弹：《未闻花名》。

照旧是晚自习下课，我们一起出校门，路过门口的精品店时，我看到橱窗里摆上了圣诞节礼品。我扯了扯M的衣角，指向橱窗："哇，那个圣诞树发夹好可爱！"

M看了看："是很可爱，要买吗？"

"算了算了，发夹可爱，我又不可爱。"

"是不可爱。"

"喂，我是自谦，自谦！"

"算有自知之明，不算自谦。"

好在这样的对白，我已经习以为常，只是踩了他一脚以示警告，M痛得嗷嗷叫。

元旦假期前，晚会如期进行。

快要登场时，我突然紧张得不行，从座位上离开，准备出去平复一下情绪。我正在过道上踱着步子时，M走了过来："偷偷告诉你，我……挺怕当众表演的。"

"那上次你还参加演讲比赛？还讲得抑扬顿挫、铿锵有力？"

"那是班主任非让我上，我紧张得全程腿都在抖，还好前面有桌子挡住了我的腿。"

我哈哈笑起来，拍拍M的肩膀："放心，我会替你保守秘密的。"

这时我突然不紧张了。

我毫不意外地拿了参与奖，颁奖时，坐在前排的M同学拍手的声音盖过了大半个会场。

晚会结束后，我照旧等M。M走过来自然地卸下我肩上的吉他，自己背上。

"有没有觉得我超厉害？"我冲他眨眨眼问道。

"嗯，重在参与。"

"你认真听了吗？"

"嗯。"

我努努嘴："哦！"

又一次我先下车，我接过吉他，挥挥手跟他道别。M也跟着下了车，突然在我后背戳了两下，说："葵花点穴手！"一样"中二"的我很配合地定住不动了。

M从口袋里掏出圣诞树发夹，就是那天一起走过精品店时我看到的那个。他用发夹把我额前的碎发别在耳后，又顺了顺我后面的头发，最后在我的后背戳了两下："解开！"然后挥挥手，飞快地跑远了。

我取下发夹，傻愣愣地笑了，原地跳起："M，谢谢你！"

高一下学期开始，M的妈妈为了方便照顾他，在学校旁边租了房子陪读，而我索性骑自行车上下学。

高三那年的平安夜晚上，M提了盏孔明灯来我们班的教室门口叫我。那一年不知怎么回事，中西文化交流擦出了火花，平安夜足球场上聚集起放孔明灯的大军，其中就有我和M。但遗憾的是，我们俩写着"高考大捷、梦想成真、平安喜乐"的孔明灯因为操作失误没有飞起来。我们俩失意地蹲在操场边看着别人的孔明灯徐徐升起，彼此交换了嫌弃的眼神，最后来到跑道上散步。

望着被孔明灯的微光点缀着的夜空，M说赶紧许愿，让别人的孔明灯也搭上我们的愿望腾飞。他又问我冷不冷，我说不冷。他碰了一下我的手，冰凉冰凉的。他说，我帮你暖暖手吧！我以为他会握住我的手，没想到，他只是把我的双手夹在他的胳肢窝下，我们面对面地立在那儿。我分明听到自己扑通扑通的心跳声，那种心如鹿撞的忐忑感觉，够我回忆好多年。

M上大学后，他们家搬去了北京。而我依旧留在这座小城，读着不好不坏的大学，过着马马虎虎的生活。我们如今已很少联络，高中毕业后也再没有见过面。

后来我看到这样一段话："我没有很刻意地去怀念你，只是在很多很多的小瞬间，想起你。比如看一部电影，听一首歌，哼一句歌词，过一条马路和无数个闭上眼睛的瞬间……"

那种思念，很温暖，也很美好。

年少时被人温柔相待，是一件多么幸运的事，而我也一直热爱着吉他。

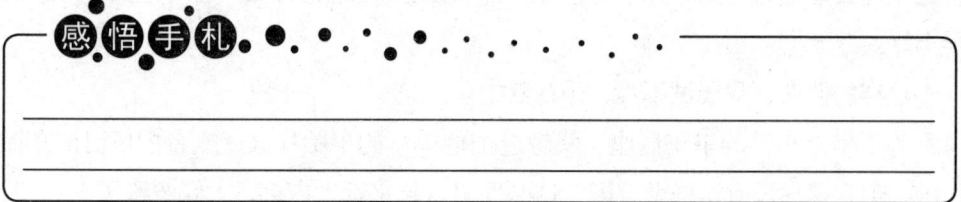

陌上谁家年少

星一

宫崎骏的电影《侧耳倾听》里，我最爱的一个场景是圣司骑单车载着阿雯去看日出，在上坡时，圣司骑得很费劲，却仍在坚持，对阿雯说："我早就决定要这样载着你翻山越岭。"然后阿雯跳了下来，说："我不要变成你的包袱，我也早就想好了，要在背后支持你。"

看完后，我的少女心"咻"地一下飞起。

十七岁的我留着如阿雯一般利落的短发，也想要写本故事书；十七岁的我骑着单车上下学，清晨的风把校服吹得鼓起，头发吹进嘴里，戴着耳机听着音乐，冲进学校高大的铁门；十七岁的我也想遇到一个如圣司一般的人。

十七岁时我喜欢的少年，长相普通，并不帅气，个头也不高，但加上"喜欢"这一层美颜滤镜后，就够得上陌上谁家年少，足风流。他骑一辆拉风的单车，单车的轮子会发光，仿佛他整个人都会发光。这个少年是我的同学，是我们学习小组的组长，在这里叫他小帅好了。

小帅平日里是个安安静静的好学生，骑上单车后的他却很潇洒动感，和教室里举止温雅的他完全不一样。

小帅说，他的单车是他的爱驹宝马，骑上单车他就会觉得轻松自在。

我经常看见他骑着单车，兜着风，校服在风中飞扬的身影，他的单车轻巧地冲出车流，迎风疾驰。

一个骑单车猎猎而过的少年，这大概就是年少时的心动。

我们俩的家在不同的方向，离开校门后，一个向左，一个往右。所以，每天早上我都会拿捏好时间，刚好和他在校门口遇见，打起精神微笑着对他说："组长，早上好。"

这样的偶遇，我屡试不爽，乐在其中。

为了坐上小帅的单车后座，我想过把他单车的车胎扎破，或者把自己的车胎扎破，但我最后没有这样做，因为这两件事做起来都太白痴，太偶像剧了。

还好，上帝是眷顾我的。

高三上学期期末考试前，教室要清空来安排考场，晚自习下课后，我得把一摞厚厚的书抱回家。出了校门，我正在犹豫要不要让我爸来接我，小帅碰巧骑着单车从我身边经过，两个车轮依旧闪着光。他骑到我前面，单脚立地，刹住车子，冲我说："上来，我送你。"

说完，小帅停好单车，直接过来接过我的书，说道："同学之间，相互帮助嘛！"

我坐上了小帅的单车。后座上的我第一次离他那么近，都能感受到他的呼吸。

我抱着书躲在他背后，虽有他替我挡着风，可还是觉得冷。

车停到我家楼下时，我把书递给他，冷得直搓手，脑袋也有点儿迷糊。

"你会不会是发烧了？"小帅说完后抽出手，将手背盖在我额头上。抽手时太急，书全掉落砸在他的脚上。

他忙不迭蹲下捡书，我杵在那儿，脸有点儿烧，满脑子绕的都是——他的手好暖和。

"你自己搬上去呗！"看我吃力的双手托着一沓书，小帅笑了笑，转身准备走。

路灯下的他蒙着一层薄雾，却明晃晃地发着光。

我喊了他一声，他转过头，我咧嘴笑着，道了一声："晚安。"

小帅摆了摆手，骑车猛地蹬出去很远。

这种欲说还休，实在是青葱年华里最美好的时刻。

按理来说，我和小帅应该有进一步的发展。但，没有。小帅依旧只是我的同学，我的组长。

就这样，我们走到了青春的尾巴。

高考前一天，我和朋友一起去考点探路，刚巧遇到小帅，打过招呼后，他骑着车离开。

我看着他的白衬衫飘远，关于十七岁的我，关于单车，关于少年，都画上了句点。

感悟手札

青春何时结了痂

张悦然

我有很长一段时间疯狂地喜欢吃核桃。那段无聊的光阴里，我常常一个人搬个小凳子坐在可以被太阳晒到的阳台上，用小锤子砸新鲜的核桃。一边砸一边吃，放点音乐，锤子的节奏和着音乐的节拍，我感到很幸福。

我小时候是由保姆照顾的。那个眼睛大大的小瑛阿姨对我很好，她和我并排坐在小板凳上，一边给我砸核桃吃，一边给我讲神话故事。我觉得她真好，将来也要砸核桃给她吃，可惜还没有等到我实现这个愿望，她就嫁人了。那家人住在很偏僻的山坡上，可是她说很好。她说那家有好几棵核桃树。

以后的十几年里，小瑛阿姨每年都要进一次城来我们家，给我带来新鲜的核桃。她有了自己的孩子，是个很淘气的男孩，我很失望。我本希望是个女孩的，安安静静地坐在小板凳上听她讲故事，张开小嘴巴吃核桃仁。我想那样的小女孩该多么幸福。

核桃在我的字典里原本只代指简单的快乐，后来，它却复杂了。

高中时，一个胡姓的男孩被我叫作胡桃。在我的心里胡桃像我心爱的核桃们一样可爱。我问他，你见过刚刚成熟的核桃果实吗？你就像它一样。

他说，是什么样子？我说是青绿色的柔软的，有一点孱弱，有一点苦涩，然后在周围的空气和风里渐渐变得坚硬起来。

男孩胡桃是个样子好看、傲慢任性的小孩，坐在最后一排，不乱讲话，也不听课。我的位子离他很远，我们好像从来不认识一样。然而事实上我们每天打电话，讲很多的话。

那时他有一个瘦弱的女朋友，我有一个高高大大的男朋友。他厌倦了女友的小脾气和眼泪，我厌倦了男友的喋喋不休和软弱。我和男孩在电话里大声发着牢骚，彼此嘲笑。他问我为什么不离开他。我反问，那么你呢？

我觉得我一直在怂恿他。男孩胡桃开始躲避他的女朋友，他终于和她分开。那是冬天的故事，所有的事情都像寒冷的季节一样进展得很慢。我和我高大的男友在一种缓慢的挣扎中度日。我觉得日子慢得让我快要睡去了。

突然间我要去上海参加作文比赛的复赛，终于有机会抽身离开。我跟男友道了别，可是我回来的时候没有告诉他。我觉得那样的道别很圆满了，就当我不会再回来一样。

我下了飞机。在机场，要过年了，我很想很想见见男孩胡桃。我就去他家做客了。他家是我喜欢的样子，他的房间被他粉刷成了我喜欢的蓝色。我们坐在木地板上看蹩脚的影碟，音乐很嘈杂。可是我觉得冬天围绕我的一颗一颗的尘埃渐渐散去，我看得很清晰。我觉得日子终于开始流动。就这样吧，在一个温暖的房间里和一个关系暧昧的人一直坐下去。

我们都是自由的了。可是自由可贵，所以我们不能彼此走近，我们只能这样暧昧地坐着了。他坐过来，给我暖一暖手。我觉得我们都很狼狈，因为我们很孤独，可是力气耗尽了没有能力相爱了。

我说，你干吗刷这墙壁，太冷了。

他抱住我。

我们毕业了。在很远的地方，我去了一个公园，我看到一树青色的胡桃。我看到它们的最初姿态，柔软的、没有受到伤害的。我想我要是在最开始遇到男孩胡桃，他应该是个温润得没有伤痕和痂的男孩。多么好。

我把一枚青色核桃寄给他，突然很难过。我再也不想吃核桃了，男孩毁了我对核桃的热爱。我难过的是，我觉得我对不起我大眼睛的小瑛阿姨。她给我塑造了一个和幸福相关的核桃形象，可是我把它给毁了。核桃不再是我小时候憧憬的幸福的象征，它是什么时候变成了坚硬的痂？

感悟手札

那个坚持要拯救我的老师

杨照

我想我应该感谢她，感谢她那么固执、坚持地把我丢进一个寂寞却光明的世界里。

那一年，她刚从师大毕业，念的是化学系。她是一个在屏东客家村长大的女生，被分配到我们学校，一个复杂都会环境里的国民中学，而且一来就被派任为我们班的导师。

连我们这些只有十三四岁的学生都知道,她被安排了一份没有人愿意做的工作。

学校里有男生班和女生班,当然,女生班比男生班好带。学校里有三个年级,一年级的学生刚入学最听话,其次是三年级的升学班,最麻烦的是二年级。学校里有科任老师、级任老师,当然,科任老师上课来下课走,不必管秩序和学生生活,工作要轻松很多。

偏偏她当老师的第一年,就担任了二年级男生班的导师,不只这样,她负责的还是被学校公认的最坏、最顽皮的一班。

我们一大早偷偷溜进教师休息室,撬开她的办公桌抽屉,看到了她男朋友寄来的信。上课时,她背过身在黑板上写字,后面几个同学就一起捏着鼻子念信中的句子。她刹那间白着脸猛回头,颤着声问:"谁?"没有人承认,也没有人敢出卖我们班上这几个最坏的学生。问不出结果,她叫全班同学站起来,从第一排第一个开始问,不说就用藤条抽手心。

才打到第三个,豆大的泪珠便从她眼眶里流出来,她扶着墙壁哭了一阵,突然拎起藤条走了,留下一教室的错愕。

导师要批改每周交的生活周记。我的周记内容都是抄来的,一周国内外大事抄报纸,读书心得抄课本,生活感想则抄我当时热衷的现代诗。诗的字数少,容易填满页面,余光中的一首长诗《火浴》,就够我抄好几个礼拜的了。

抄了一阵子后的一个周末,我去了台北近郊的沙仑海边听海风,看海潮,回来后一时兴起,便不抄了,自己写了一首标题叫"潮"的诗在周记上。

第二天,她上完化学课,就走出去了,突然她又从教室后门进来问我:"周记里的那首诗是你自己写的吗?"我完全没料到她会这么问,便愣愣地点了头。

一个多月后,救国团编印、规定每个台北市中学生都要订阅的《北市青年》送到班上,引起了一阵骚动,我写的那首《潮》化成了铅字印在上面。我和班上的同学一样惊讶,不,我比同学们更惊讶。

放学打扫卫生时,我被叫到教师休息室。她郑重其事地跟我说:"我早知道你不是个坏孩子,你看,你会写诗,你是我们学校第一个在《北市青年》上发表文章的学生,连校长都很高兴。别再参加足球队了,也别再跟那些人混了。"

说着说着，她的眼眶红了，原来她要拯救我。这是我无论如何也没想到的。我更没料到的是，她要拯救我的决心如此强烈。她去找了和我比较亲近、从一年级就教我们语文的老师一起来劝我。然后她还把班上平常跟我一起踢足球的几个同学都找去，足球队里有一个本来就和我不是很对眼的，被老师约谈后，在教室里对着我嚷嚷："你是好学生，离我们远一点！不小心被你沾了变好，我们就完蛋了！"另外一个平常和我并肩守最后场的同学，则无奈地拍拍我的肩膀，什么话都说不出来。

我度过了这一生中最寂寞的一段日子。没有朋友，不知道要干什么，觉得每天都在晃，晃进教室觉得教室不是我的；晃到足球场，发现足球场也不属于我。难道一个人会写诗，就证明他不能当坏学生了？然而很怪，越是寂寞，我就愈想将自己投入诗中，也越离不开诗。

虽然我和原来的那些朋友越走越远了，但是我的成绩变好了，三年级时还被编进了升学班里。我想我应该感谢她，感谢她那么固执、坚持地把我丢进一个寂寞却光明的世界里。

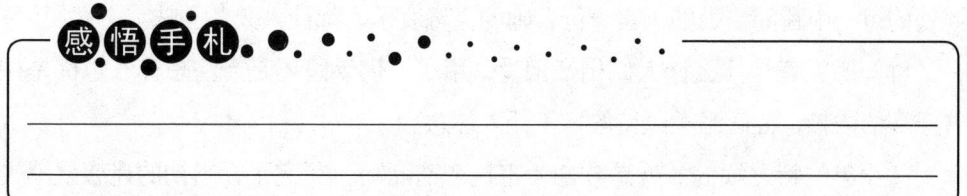

安放在抽屉里的青春

李岩

"我在给您写信，还要怎样呢？我还能说什么？"

这是普希金的诗体小说《叶普根尼·奥涅金》里达吉雅娜写给奥涅金情书里的第一句话。情书的最后一句是："写完之后，我不敢再看一眼，羞愧和恐惧使我手足无措。"

达吉雅娜充满羞涩的情书寄出去了，而我年轻时所写的情书通通留在了抽屉里。因为那时的我竟然相信，相爱的人能从风里听到爱的信息。

青春期到来，情窦初开带给无数年轻人难以抗拒的激动。有时候这突然勃发的情绪无处安放，用文字表达出来便是情书。

无法统计有多少恋人是靠情书终成眷属的，有人说初期的爱情只需要极少的养料。情书无疑是最便宜的养料。

随着关系一步步地发展，喝风饮露的神仙日子怕是过不下去的。生活中最冷酷的现实是爱情最终都会具体到柴米油盐，一旦爱情中的现实感浮出，无论多感人的情书也留不住恋人，因为长久的爱情需要携手共筑现实生活。

爱情或是给人希望的药剂，即使是没有结果的爱情，至少可以给生活带来温暖和对美好的留恋。就算时光变迁、岁月苍老，每次想起两个人相爱的那个时刻，都是静谧的时光。

人生中难免会遇到匆匆碰到，又急忙离开的恋人，留下种种遗憾和不舍。把爱恋之情变成文字就是情书了吧，书写文字可以任思绪蜿蜒，反复追忆，缱绻在爱的白日梦里。在梦里相融在一起，沉浸在每个白天与夜晚中。那些文字记录着共处的每一个瞬间，她的一言一行，她的喜怒哀乐，都让人久久回味。

谁知道究竟是什么让人们相亲相爱，用尽一切手段还是无法忘怀？也许是往昔深深的依赖，彼此温柔以待的日子让人怀念。

《少年维特之烦恼》就是歌德为寄托恋情而写，写完了，当初的迷惑就消失了。不仅如此，这本书还成了畅销书，给歌德带来不小的名和利。

遗憾的是我的情书却换不来名或利，几封未发出去的情书仅是自己生活的记录而已。重读存放在抽屉里的情书，年轻时的青涩在文字中隐约浮现。其实暗恋也不是什么都不做，似看非看着暗恋的人，保持距离可以产生完美，闭上眼睛反而容易浮想联翩。如果没有用文字记录下来，则意味着没有人知道那段遐想留下了什么样的满足和惆怅。

青春仿佛一转眼便过去了，短暂的初恋却令人念念不忘。要是飞逝的时光能失而复得，在我们所获得的喜悦里会不会有初恋存在？须知那会儿我们曾经相爱。

时光一去不复返，我们只能将爱恋安放在记忆里，因为我们已经无法改变。有些人注定只能住在我们的心里，然后在我们的生活中消失。

感悟手札

鱼丸归你，你归我

邢襄小七

一

人体内细胞有 40 万亿～60 万亿个，如果每个细胞都有自己的想法，那它们吵架的时候，我们应该听谁的？这是 18 岁少女陆川在日记本上写下的话，一个人类星球上永远不可能发生的问题，成了她踏入成人世界的第一个疑惑。

她想不明白，为什么一个人可以同时做到既害怕又期待见到另外一个人，也想不明白为什么自己会突然开始讨厌陈乐。尤其是当她看到陈乐站在人群中挥舞着双手喊自己"小绵羊"的时候，陆川恨不能像个女侠一样，一展披风，高高举起手中的利剑对他说："你，要么闭嘴，要么灭口。"但这样的场景一次都没有发生过，现实中的她只会低头转身，假装自己什么都没听见。

陆川生来自带"闭嘴"属性，当她的情绪累积到一定程度时，就会自动切换沉默模式，像金鱼一样藏进水底，安慰自己快快冷静。"逃避虽然可耻，但是保命有用"是她一向贯彻落实的人生格言。

只不过万物相生相克，有冰就有火。缘分这门玄学，最擅长的就是将两个不同磁场的人吸引到一起。那么大的一个操场，陈乐投空的篮球偏偏就砸在了陆川的脑袋上。对此，两人一个认定是飞来横祸，一个说是喜从天降——一只绵羊自己闯进了虎口。陆川从不承认自己是绵羊，陈乐倒是一点儿都没有掩饰他略带侵略的本性。

他开始频繁地出现在陆川的视线中，上下学的校门口，人来人往的楼梯间，就连年级月考这种随机安排考场座位的事情，两个人都能巧合到命中注定一般坐在一起。

陈乐追着她说："同学，这就是缘，妙不可言，不如放学一起去吃关东煮？"开始陆川还有一些不习惯，毕竟她这个转校生在学校也没什么朋友，身边突然多了一道身影，多少需要点儿时间适应。更何况她和陈乐看上去是那么不相搭的两个人，一高一矮，一动一静，同时出现在一个画面里，时常让人产生次元错乱的感觉。

"我们连自己存在的是三维空间还是四维时空都没搞明白呢，现在还要再钻研一下感情这门瞬息万变的课程？"陈乐咬下大口鱼丸，吃得津津有味。也对，很多美好瞬间不都发生在意料之外吗？宇宙迷人的地方就在于它永远有未知的事情在发生。那个偏离轨迹的篮球本来只是彼此生活中的一点意外，但往往正因为这一点，就延伸出无数故事画面来。

二

日子久了，陆川发现陈乐这个人除了嘴巴贫一点，臭美一点，自恋一点，其他地方基本完全符合社会主义接班人的条件。他有自己坚持的善良，哪怕这种善良在很多人眼中是傻里傻气。他会从口袋里掏出一张干净的纸币认认真真地递到偶遇的乞讨者手中，也会笑着接过每一张塞来的传单。陆川问他，你知道社会上有一种工作是职业乞丐吗？他们就像上下班一样，白天换上可怜人的装束，晚上就是躺在家里数钱的富人。

陈乐耸耸肩回答，你怎么知道遇到的一定都是假的，万一是真的呢？当我还不能够完全判断一件事的真假时，我希望自己能够听从内心的声音，不后悔就好。

不后悔就好，多简单的人生信条。陆川每每回忆起那天傍晚的阳光时，空气里都会晕染上一层蜂蜜的味道。淡淡的幸福与香甜，是那年冬天最好看的夕阳与少年。可是后来，陆川为什么开始讨厌陈乐呢？好像是一句话，一句大家无意说起随口就忘的玩笑话，落在陆川耳朵里，心中却开始泛起一层层涟漪。

这天陈乐来找陆川还作业，并附上一排酸奶以表对陆川愿意时常提供作业帮助自己进步的感谢。陈乐刚走,陆川便被几个平时都没怎么说过话的同学围住。

"喂,陈乐是不是喜欢你呀,或者你是不是喜欢他啊?"这份关心突然到陆川不知道该如何回答。有些人总是喜欢围在一起把别人的事情撕开来看,以八卦为己任,真是天真单纯得可笑。

陆川嘴上说着没有,但事实是她开始有意无意地躲着陈乐。人类真是种复杂的生物,发现自己喜欢上别人的第一反应就是一定不能被对方发现。好像实际行动和内心期待反着来,就能够获得演技爆棚的快感一样。

有时候她会站在楼道里左顾右盼,期待看到陈乐像往常一样朝自己挥舞双手,但当陈乐真的活蹦乱跳出现在自己眼前时,她又很想躲。这种感觉太糟糕了,陆川觉得自己体内的每一个细胞都在挣扎咆哮,不知道该听谁的好。她说自己讨厌陈乐,其实她知道,自己讨厌的是这拧不明白的拧巴。

更要命的是,陈乐好像一点也没有察觉到她的不自然。一样在门口等她放学,一样孩子气地抢她关东煮里最后一颗鱼丸。他的身体里就像装着一个24小时不打烊的加油站,无论陆川怎么躲闪,他的脸上永远是阳光灿烂。或许生性明朗的人就是这样,像个小太阳,由内而外地生产能量,直到用温暖彻底攻陷对方。

三

两人这种敌退我进,敌跑我追的相处模式一直持续到高考结束,整栋高三教学楼都沉浸在战役结束的欢声笑语中。

陆川则在努力把眼前的画面一帧帧地刻录在脑海里,这是仅属于他们的年少时光。如果唯一有遗憾的话,就是最后一门学业试卷她上交了,但日记本上的疑惑她还没有找到答案。

"他是不是喜欢自己"这个问题要不要去找陈乐要个答案。快刀斩乱麻,无论结果是什么,都好过现在这样胡思乱想,以前她坚持的逃避法则在感情问题上失效了。

不过最后还是陈乐先开口的。回家路上,他把一本翻到泛黄的《西游记》塞到陆川手里,然后问她:"你说《西游记》九九八十一难中,哪一关最难?"陆川想了想说:"三打白骨精,真假美猴王,被真心对待着的人冤枉误会,最信任亲近的人分不清哪个才是真正的自己,这种委屈消化起来最难。"

陈乐点头:"难是难,但这只是一个人的难,还有一关是两个人的难,难上加难。"陆川问哪一关,陈乐看着她说:"女儿国,所有妖魔鬼怪加在一起都难不过情关。更何况,还有一个人总是在闪躲。"

即便陆川是个傻瓜,此时也能听懂陈乐的意思了,只是难为他这么直性子的人为了试探对方的心思要绕这么大一个弯子。这么一想,陆川竟忍不住想笑,原来所有人在感情面前都会变得谨慎胆怯,好在喜欢足够强大。逃避没用,越逃追得越紧,越躲越会露出小马脚。于是林荫路上的她,笑着露出两颗小虎牙。

来生太远,不如现在就去来碗关东煮,鱼丸给你,我也给你。

尖叫豆片与过往的囚徒

小熊洛拉

小吧台前坐着的几个女孩看上去至多十八岁的样子,她们兴致昂扬地同京屿聊起小岛上的见闻。自从误打误撞进了京屿的店后,她们每天都会过来吃晚饭。这是她们第一次结伴远行,因而都显得有些兴奋,除了坐在最右侧的短发女孩。

这天是她们在岛上的最后一天,她们跟京屿认真地介绍了自己和自己喜欢做的事。

轮到那个短发女孩时,坐在她身边的红裙子女孩揽过她的肩,笑眯眯地对京屿说:"盛溪最喜欢做的事情就是看美食节目!那种很老派的《厨房十分钟》……有个厨师站在屏幕前教你做菜。"

"盛溪今天要不要给大家露一手?"另一个女孩倾身过去看向盛溪。

她轻轻点了点头,站起身来。

那天厨房的小竹篮里刚好放着柚木下午买回来的豆片,盛溪巡视了一圈,问京屿有没有青辣椒。

"有，我拿给你。"

盛溪切菜的动作不太像是会做菜的人，京屿在一旁看着，担心她会突然切到自己的手。盛溪把青辣椒切成一段一段的，又把豆片切成长三角，温吞地放到京屿给她备好的碟子里。

等待油锅热起来时，盛溪耐心地切好葱蒜，丢进油锅里，噼啪声响起，干红辣椒接着被丢进锅里。辣椒的香气飘出来，然后放入青辣椒和豆片。有些手忙脚乱的盛溪这时才再次稳定下来，倒了一点清水在锅里，然后放入生抽、蚝油、一点糖、一点盐，京屿看到她轻轻呼出一口气。

然后她声音很轻地说道："那个美食节目里教人做菜的人是我妈妈。"

京屿微怔一下才回过味来。

"你爱看的那个节目吗？"

她还不满六岁父母就离婚了，之后她便再没有见过妈妈。

爸爸跟她说妈妈遭遇意外不在了，年幼的她便相信了。长大一点，她才意识到爸爸是在撒谎。因为他有时说妈妈是遭遇了车祸，有时又说她是遇上飞机失事，每次都不尽相同。后来，她便不再问起。

那时她不知道妈妈在哪里，只知道爸爸很讨厌妈妈，把家里所有妈妈的东西都丢掉或毁掉了。谁若在他面前不经意地提起妈妈，他瞬间便会沉下脸来。

长大以后她才知道，是因为妈妈爱上了别人。

京屿沉默着听她讲完这一段，豆片已经炒好了。盛溪关了火，有点笨拙地将锅里的菜盛好，端出去放在小吧台前，一群女孩迫不及待地尝起来。

她们把豆片夹进嘴里："好吃，好辣！"

"这是尖叫豆片。"盛溪说。

关于妈妈做给她的菜，她记忆里早已模糊不清，但唯独记得这一道。因为放了太多辣椒，妈妈本来是不准她吃的，但她坚持要尝一尝，结果就被辣到尖叫。

"所以我们叫它尖叫豆片吧！"妈妈笑着说。

其实，妈妈从来没有忘记过她。

而她之所以从来没有来看过盛溪，是因为爸爸威胁她说，如果她出现在他们的世界里，他就把盛溪带到她永远都找不到的地方去。这是爸爸报复她的方式。

跟女孩们一起筹划远行还是高考刚结束的夏天，盛溪很想借此机会顺路去看看妈妈。她在爸爸书架的夹层找到了很多妈妈写给她的信,每个月都有。

但就在她将要启程的前三个月,妈妈遭遇了意外事故。

没想到爸爸一语成谶。

爸爸同她一起去参加了妈妈的葬礼,那天,他哭得比谁都惨。

她是有一点恨爸爸的,可那一瞬间她只觉得他可怜。他还爱着她,以那种愚蠢的方式,只是她早已不爱他了。

至于自己呢,盛溪说不清。

"不过没关系,起码我还有尖叫豆片。"她的长睫抖啊抖,泪水便在上面颤啊颤。

感悟手札

那些梦想的花儿

唐小为

我妈小时候做过画家梦。证据是她小学同学照片背面的"临别赠言",不少都写着"给我们班的小画家""祝福将来的大画家"……

"后来怎么没成呢?"

"考美院附中时画石膏像,先画脸,开头还觉着不错,画着画着发现,后脑勺没地儿画了……"

"那就放弃了?"

"要不然呢?"

我遗传了我妈的画家梦,从小爱胡涂乱抹,但不乐意照着画,喜欢大开"脑洞"，想到什么画什么。比如画"秋天"，就画小蚂蚁往洞里运粮食，麦子、豆子、小果子被运往不同的洞；蚂蚁呢，有在一旁偷懒的，有光顾着吃的，也有碰触角聊天的，还有撑着树叶船到河对岸摘果子的。前阵子挑绘本看到一本《蚂蚁和西瓜》，里边的"蚂蚁家示意图"神似我当年的构思。

小学时的美术老师姓章，每次作业都给我"优"，总夸我"很有想象力"。她的鼓励可能有点儿用力过猛，于是有一天我在家放出豪言："我以后要当画家！"

"不行！"

这是我头一回有个像样的梦想（之前的梦想是当"国宝"和驯海豚），也是头一回遇到妈妈反对我干一件我有兴趣的事儿。

"为什么？"

"画画儿——是艺术，艺术是讲天分的。爱画画的人有多少？学画画的人有多少？最后有出息的有几个？那些拔不了尖儿的，养活自己可能都够呛。你是普通人家的小孩，咱冒不起那个险！"

"你怎么知道我没天分？章老师都夸我呢！"

"就你，还没我小时候画得好呢！连我都没那个天分。你知道天分长什么样吗？"

她找出一本《初升的太阳》，是苏联天才少年画家柯里亚的传记。柯里亚出身艺术世家，六岁半自己悟出远景透视法；三年级在学校出黑板报，辅导员还以为是老师画的；15岁时的作品已显出"伟大的俄罗斯画家们的优秀传统"。他的作品《前奏曲》，选中大幕将开未开，音乐厅灯光将暗未暗的一刹那，以观众们的后脑勺为近景，用远景中指挥的背影唤出即将响起的音符，省事儿又巧妙！这本书看得我满脸鼻涕眼泪，一小半是为天才画家走得那么早而难过，一多半是因为初次认识到自己的渺小和平庸，同时明白了这个世界上就是有那么一些人，他们拥有的才华别人根本无法想象。

那年我九岁，第一次尝到"失落"的滋味。记得当晚躺在床上胡思乱想：我要能有柯里亚那样的天分，只活15岁也可以啊，可我要走了妈妈该多难过。不行不行。要是有帮小人鱼长出脚的那个老巫婆在就好了，可以牺牲点什么去交换天分。牺牲——眼睛？不行，没眼睛咋画画儿呀；牺牲——声音？就我这五音不全的嗓子，老巫婆肯定不收……

　　妈妈打消了我以画画为生的念头，但作为兴趣爱好她还是支持的。暑假里她让我每天画一小幅水彩，她来点评；她教我捡石子在白瓷盘上做贴画；一次我写了一首小诗，她又请章老师辅导我做布贴画，还拿了市里的奖。

　　上中学以后，精力得投入到不那么靠天分的学业上，美术课也转向了无生趣的石膏像和静物（这也证明妈妈确实看得准，真要学画我可能连基本功训练都熬不过去），渐渐地我就画得少了。但养成一个毛病，听课时手中的笔总闲不下来，教科书空白的地方填满小狗、小猫、小兔子。因为上课涂鸦的名声，博士临毕业时还被众同窗委以重任，给两位即将赴他校任教的恩师画漫画像，集体签名后作为谢师礼。这可算我最为郑重其事的一次创作了。研究化学教育、身材健硕的"铲屎官"迈克教授被塑造成抱着狗狗的超人，胸前的 S 标志换成五碳糖结构式。爱喝啤酒、喜欢用"框架理论"解释各种问题的戴维教授，画起来要多费一番心思。画面主体是一个画框前放了一杯扎啤，啤酒上的泡沫同时也是画框里的云彩，而戴维正躺在云端扭头微笑——或者你也可以说他泡在啤酒杯里。

　　在我的人生中，"天分不足"的体验简直如影随形。我爱看小说，还想过写一个长篇，但只写了两章就搁了笔，怎么也编不出不落俗套又足够丰富有趣的细节；觉得基因工程有趣，念了生物，结果动物学实验要用引颈法处死小白鼠，我下不去手；逃到植物学又发现成天憋在实验室里提取 DNA、跑电泳、过柱子的生活实在难以忍受；转入处于《围城》大学专业鄙视链底端的教育学，写论文还是我的痛点，一到理论框架就打怵，那种充满哲学思辨的论证风格始终修炼不得。

　　这些未竟的梦想，让我逐渐了解和接受了自己：我的兴趣太广泛，天分太分散，注定杂而不精。但这也不见得是坏事。借用"田忌赛马"的思路：写作、科学或者教育都成不了"家"，但科学素养不错，对教育有一定的理解，文笔还过得去，分析分析课堂中的科学该长什么样这类"不上不下"的事倒还得心应手；在这个跑道上，纯粹的文学家、科学家和教育学家，未必跑得赢我。

　　给儿子读绘本的时候我发现，招孩子喜欢的绘本，固然有安东尼·布朗那样的大师级艺术作品，但也有马场登的《11只猫》系列、克罗克特·约翰逊的《阿罗和紫色蜡笔》系列，画风淳朴，人物简单，以故事见长。悄悄地，梦想又开始冒泡：说不定哪天灵感来袭，我这画画和写故事的两杯"半瓶子水"，也能共振出点儿什么……

悄悄给自己定了一个小目标：有生之年，要认真画一回绘本。

要带孩子、忙工作的日子，显然还顾不上这个。有什么关系呢？李欧·李奥尼不是到带孙子的时候，才开始绘本创作的吗？

那些梦想的花儿，在你生命中某个角落静静为你开着，即便它们"已经被风吹走，散落在天涯"，又怎知不会有哪阵风吹过，再把它的种子送回来呢？

感悟手札

那些藏在抽屉里的爱与惊喜

文珍

一

儿时总是很喜欢去妈妈办公室，因为翻检她的抽屉时总会有意想不到的收获。一进门我就直奔主题，一层一层地仔细翻检。妈妈偶尔试图阻拦，但更多时候为避免我影响她工作，只好舍卒保车。而掠者如我，只觉常翻常新，永远都有彩头：没用过几次的三色圆珠笔；同事送她的旅游纪念钥匙扣；一个和小学生作业簿气质完全不同的牛皮纸笔记本，上面写着"工作手册"……再不济，也能找到几颗快融化的大白兔奶糖。最幸运的一次，是找到一支英雄牌钢笔，还是最新款的。这支笔我后来用了好久，几乎一直用到小学毕业。

从抽屉中缴获这些让人兴奋的、似乎带着妈妈熟悉气息的战利品，是我童年时十分愉快的经历之一。长大后，妈妈才告诉我，其中有些本来就是给我的礼物，她怕直接给了我不以为意,便故意藏在抽屉里让我自己去发现,那样我会更高兴,到手后也会更加珍惜。

她实在是儿童心理学的高手。还有几桩小事,想来都颇令人钦佩。幼年的我一旦不肯早睡,她便把我骗进房间,飞快地把客厅墙上的挂钟取下拨快一个钟头,过一会儿再走进房间告诉我过了睡觉时间。我不信,她便让我出去自己看——一看居然已比该睡的时间晚了半个钟头,顿觉已占尽便宜,困意便当真无可遏制地袭来。待我乖乖睡下,她再把时间调回去。

另一个谎言同样收到了奇效。从小到大,每次开家长会,基本都是妈妈去,而无论成绩好坏,回家我都鲜受惩罚。甚至成绩不太好的学期也是如此。实在忍不住问她老师有没有告状,妈妈总说:"没有——啊,某老师好像还夸你聪明。"我无功受禄,简直不能置信,说这科明明考得不好啊。妈妈若无其事道:"人家老师当然分得出谁是真聪明,只是不用功。"惭愧而备受鼓舞(其实只是虚荣)的我下学期分外用功,该科成绩也就真的上去了。也是成年之后的某天,我才突然福至心灵:"初中那个化学老师是不是从来就没夸过我?"妈妈笑道:"你猜。"

然而最好的母女情也必然在时光流逝中经受考验。上了大学之后,我和她的分歧日渐增多,记得大二有一次和她在电话里大吵,挂断后异常难过,立刻坐下写了一封道歉信,并在没来得及反悔前一鼓作气寄了出去。放假回到家里,我无意间拉开她梳妆台的抽屉,突然看到那信封,顿时如遭雷击,满面通红,飞快地合上了抽屉。

今年回家过年,我竟又在自己房间的抽屉里看到了它。这一次我终于鼓足勇气打开了,开头就是:"我预感自己可能永远都不好意思再看这封信。妈妈你不要笑我。但我实在是很爱你,才会和你如此较真儿……"

时隔十几年,我还是脸红得读不下去。

以上是关于妈妈的抽屉的故事。

二

爸爸在我的故事中,向来缺席,上学时甚至还有同学以为我来自单亲家庭。但是爸爸其实一直都在,只是存在感稀薄——我嫌他当了一辈子顽童,从不像"别人家的爸爸"那么懂事。上小学三年级前我还肯和他一起玩,到三年级后老师开始布置作文,我一动笔他就在一旁跃跃欲试:"要不要我帮你写,写完带你去玩?"

我白了他一眼:"你上次帮我写的那篇,老师说是我所有作文里写得最差的一篇。"

每次我自己写的都是全班的范文,必被当众读之。我每次都得意得要死,又假装鸵鸟把头藏进课桌抽屉里,其实虚荣心早已爆棚。大概也就是从这时候起,我惊觉自己已长大,而爸爸并没有,此后只好和他分道扬镳。

爸爸和外婆这两个斗了一辈子嘴的对头,现在有时会平静地并排坐在沙发上看电视。外婆再也不说他了。妈妈和我看到,总是会含笑对视一眼,什么话都不说。

爸爸同样也有关于抽屉的故事。

故事同样要追溯到小学高年级,我和他已经快不做朋友了的年代——有一次,学校布置课外作业,要求每个人做一个手工模型,并参加全校比赛。众所周知,本人动手能力极差,因此只得放下身段重新向旧玩伴求助。"老顽童"不计前嫌,一口应允。那晚我被早早打发上床,却一直睡不着,我发现他书房的灯一直亮到半夜。

我明明告诉他随便做个什么只要能交差就行的。

不料到了第二天早上,他给我变出了一个奇迹:49个火柴盒粘在一起做成的抽屉柜!整体刷上了漂亮的红橡木色,每个火柴盒上还贴了一个用金色香烟纸箔做成的拉手!它就那样端正堂皇地立在桌子上,就像真正的抽屉柜,或者一个梦境。现在想来,大概最像的,还是一个迷你中药柜——这大概就是我一直迷恋药柜的起因。

我在那里呆立许久,脱口而出的却是怪他花这么多时间和精力,做了一个不能再拿回来的东西。

最后得没得奖,我早已不记得了,能确定的是,抽屉柜最终果然没有回到我手中。而我至今仍然不知,爸爸是如何在一夜之间,找到了49个空火柴盒和红橡木色的木器漆。

长大后,我偶尔还会梦见那个柜子。在梦里,我又变成了那个九十岁且心高气傲的小女孩,皱着眉看着抽屉柜,陷入交与不交的两难之中。

说起来,我和爸爸不再一起游戏也已经二十几年了。去年他来北京看我,我毫不犹豫地把他带到了中国科技馆。

老顽童果然在里面兴高采烈地玩了一整天，连吃饭都舍不得离馆，就在馆内买了个盒饭凑合。回家后还和我显摆，那里面除他之外，其他成年人就只有带学生来参观的小学女老师们。他带那些小孩尽情体验各种项目，自己也趁机坐了无数次模拟火箭、航天飞船和汽车……还说那些漂亮的女老师都喜欢他。"我帮她们省了多少心！"而他最高兴的，则是可以趁机捏那些小孩子肥嘟嘟的脸，"随便捏，他们都无所谓！"这自然也是恶趣味之一。然而这次我笑嘻嘻地听他说完，没有抢白，没有嘲讽，也没有不耐烦。

　　童年的遗憾之一，大概就是把那个用火柴盒做成的柜子听话地交给了学校。如果再给我一次机会重新选择，一切真的会不同吗？

　　那样，我希望和爸爸的关系比现在更好一点，当玩伴的时间也更久一点。

　　至少，不必那么着急地长成一个正确而无趣的大人。

感悟手札

关于睡觉这件小事

杜笑颖

　　我是一名学生，我的睡眠不太好，属于两个"凡是"的典型代表：凡是到了晚上都睡不着，凡是到了早上都起不来。

　　平时我在学校住宿，我睡不着的主要原因是室友太吵。俗话说"三个女人一台戏"，我们宿舍常常两台大戏同时开锣，如果将这台唱念做打俱全的比作京剧，那另一台高亢嘹亮贯穿始终的好比秦腔。哪怕在熄灯之后，她们还在四海八荒地聊，不同的是音量压低了，低到宿管老师听不到，可我听得真真切切。套用一下雨果的名言："世界上最广阔的是大海，比大海更广阔的是天空，比天空更广阔的是她们的'脑洞'。"室友的话题从班主任的新套裙是哪个牌子的，到政治老师生完二胎三个月了怎么还没回来；从隔壁16班篮球队里谁最帅，到预测班级的期中测试能不能进年级前列；从肯德基新推出的草莓派没有菠萝派好吃，到二楼小饭堂的炸鸡翅今天不够脆……在这些八竿子打不着的事情上，她们的"脑洞"常常突破天际，我想一个人静悄悄地入睡绝无可能。

周末回到家，我妈坚定地认为使我睡不好的罪魁祸首是手机，手机如果会说话，应该会说"冤枉啊"！根据我家的家规第一章第二十二条：手机必须在夜里11点前放回书架上。不是我房间的书架，而是妈妈房里一个秀气的楠竹书架。将厚厚的遮光窗帘拉上，熄了灯，戴上眼罩，裹紧被子，闭上眼睛，即使这样，我仍然睡不着，清醒得犹如一台只关掉显示器、CPU还在高速运转的台式机。那些刷过的微信、微博在我的脑海里万马奔腾，我能清晰地听见嘚嘚的马蹄声，马鬃飞扬拂过眼前，还有一种怪怪的味道在空气中纷纷扬扬，不是脏，也不是臊，就是马身上那种特有的气息。我曾经将这个想法告诉过妈妈，她看我的眼神仿佛在说："你编瞎话能不能编个靠谱点的？"她不懂我，我不怪她，她不懂我睡不着的痛苦，就像我不懂她无厘头的想象。

妈妈特意在我床头放了一瓶香薰，佛手柑味的。

她让我闭上眼睛深呼吸，假装自己置身于一个果园中。

"我假装不了，谁家的果园里面到处都是书呢？"我搞不懂她是怎么想的。

"嗯，那你就假装自己在图书馆吧。"妈妈无奈地说。她拿我没办法的时候说话就喜欢带个"吧"，或者"好吧"，这是我跟她一起生活了十几年发现的一个规律。

"那我更假装不了，你上图书馆打瞌睡？"我反驳她。她进了图书馆就像我去了篮球场，两眼锃锃放光。

"你为什么睡不着？"这句话她已经问过我很多次了。

"我就是睡不着，可能是害怕，也不一定。"我觉得她像个爱提问的小孩子。

"你在怕什么？"她明明知道答案，还一直问，这让我很烦。

"我就是不知道怕什么才怕，要知道怕的是什么说不定我就不怕了。"这句话我自己说着都绕，不知道她能否理解，毕竟她平时做我的阅读理解都时常丢分。

具体是什么令我害怕的，大概只有天知道。

也许是窗外的未知。黑暗中，我总觉得有些东西藏在窗帘后，要不躲在窗户外，或者不远处的山里。我家窗外青山如黛，周末白天写作业的间隙抬起头，我们两两相望，很多次我想问青山何时老，而青山仿佛在嘲笑我："小样儿，你怎么总是睡不着？"到了夜里，好像只要我有丝毫松懈，未知的怪物就会成群结队地闯进来。我的作文写得不好，语文老师说我："缺乏想象力，过于平铺直叙，整体不够动人。"唉，老师不知道临睡前我的想象力有多丰富，一片落叶凋零在我脑海里会掀起一场惊涛骇浪，一点点风吹书动会被放大成极地风暴，远处传来的不知道谁家的狗吠被我"脑补"成恶龙咆哮。把这些放在白天，不是我吹牛，写一部《东莞折叠》根本不是问题。可惜白天的我，想象力贫瘠得像某些"流量小鲜肉"的演技，作文簿上充斥着"太阳像个火球""月亮像把镰刀""放学了我很开心"这一类干巴巴的句子。

白天我并不是一个胆小鬼，跟男生争篮板球的事我从小到大都没少干。

使我恐惧的或许就是恐惧本身。在夜里，这种恐惧呈几何倍数递增，我躺在我的卧室小床上睡不着，像个还没烙熟的鸡蛋饼翻来覆去。妈妈靠在床上看书，窸窸窣窣的翻书声在夜里犹如一只出洞觅食的小老鼠；妈妈起床去刷牙，我甚至能听到她拧开牙膏又放回盥洗杯的声音。

"要不你睡前喝一杯温牛奶试试？"妈妈吐掉嘴里的泡沫，小心翼翼地提议。

"试过了，没用。"我试过，凉的、温的、热的牛奶都喝过，早餐奶、果粒奶、加钙奶通通不管用。

妈妈来我房间看着我，摸摸我的头，张了张嘴没再说什么。

她还教过我数羊法，有一天晚上我数了整整500只羊，将它们剪毛、处理、烘干、打包，找了一个货柜车送到工厂，做成羊毛衫，平针桃心领口，袖子上的花我都想好了，四叶草状的，然而这并没有什么用，我该睡不着还是睡不着。

睡眠是个好东西，要不老天爷怎么给每个人都分配一些，时间还不短。我想会不会分到我面前的时候，老天爷的手像食堂大妈掌勺一样，一不小心抖了一下。

世界上的人分为两种，一种失眠，另一种不失眠，后者真幸福。我属于前者，晚上失眠直接导致我白天精神萎靡不振，上午第二节课铃声一响就想打瞌睡，哪怕那堂课是班主任的。不得已我带了一大包速溶咖啡去学校喝，开始还行，一杯热气腾腾的咖啡入肚能把要合上的眼皮强行撑开，喝了半个月后，咖啡灌下去，睡意马上到。有一句著名的"鸡汤文"是这么说的:"凡是打不死你的,必使你强大。"我的经验是:凡是能提高你成绩的书,必使你打瞌睡。巧妙运用物理、数学、生物等课本,我偶尔能睡一个好觉。

从前慢,一天能睡两次觉,睡一次是一次,结结实实,规规矩矩,一挨着枕头我就立刻进入黑甜乡。

十岁那年,一个春意盎然的下午,爸妈在家里大吵一架,砸了花瓶和碗碟,客厅里陶瓷、玻璃碎片满地都是,连扫三天。爸爸搬出去之后,就再也没有回来。我从那个时候开始失眠,时断时续,时好时坏,转眼我就16岁了。

感悟手札

靠近云朵的少年

落安

一

今天是C大的百年校庆,顾南延是被室友拖着来C大凑热闹的。而在C大的礼堂里重逢洛云轻,于他而言是意料之外的场面。

如果不是看到对方右眼角下标志性的心形胎记,顾南延几乎不可能认出洛云轻来。

她的个子高了不少,整个人瘦了一大圈,脸上的婴儿肥尽数褪去,露出精致的五官。他一时间无法将此刻光芒万丈的她与曾经穿着加肥校服、圆润笨拙的她相重叠。

似乎感受到他的目光,舞台边上正在翻看主持稿的她停下手上的工作,抬起头朝他这边看来。四目相对，是故人的久别重逢，她却没什么反应，目光在他身上停顿几秒后又重新放回主持稿上。

他心中一顿，如遭重击。

她以前看向他的目光里，分明是融着暖意的。

二

在高中三年的时间里，顾南延一直和洛云轻保持着微妙的关系。

高中的洛云轻并没有什么存在感，顾南延是怎么注意到她的呢？大概要归功于她隐藏在骨子里的不安分。在高一的某次班会上，她突然站起来反驳班主任对衣着暴露又喜欢在夜间出门的女性的刺耳言论。

"老师，我觉得有些人的选择是情有可原的。我希望老师能稍微改变一下自己的观点。"正在偷看武侠小说的顾南延循声望去，正巧碰上她坚定的双眼。

班主任拉下脸不满地看着她，一时间她显得孤立无援，但仍旧咬着下唇坚持自己的观点："我希望老师能稍微改变一下自己的观点。"

结果，班会上的这个小插曲以洛云轻被恼羞成怒的老师喊出去罚站而告终。走出教室的时候，洛云轻慌乱下撞在了顾南延的书桌上，戏剧性地撞出了他藏在课本里的手机。他叹了口气，在同学们的哄笑声和班主任凌厉的目光下，自觉地出门罚站。此时正值深秋，走廊上过于凉爽，他深吸一口气，就听到洛云轻低声道："对不起啊，同学。"

顾南延本想像武侠小说里的主人公那样大义凛然地说句"小问题"，又觉得不捉弄一下罪魁祸首会显得有些吃亏。于是他佯装生气，瞪着眼睛转过头去看她："哼。"

这一瞪就瞪出了新大陆，他将目光紧紧地锁定在她的右眼角下，惊奇道："你这胎记居然是心形的，我以为只有小说里才有这种形状的胎记。难怪你敢和班主任顶嘴呢，原来是个侠女。"

话一出口他就意识到了自己的不礼貌，正纠结着要不要道歉，就瞧见她朝自己露出一个了然的微笑，"小问题。咱们这是扯平了。"

居然盗用了我的台词。顾南延再一次瞪着眼睛，却是因为她唇边若隐若现的梨涡。

被罚站了还笑得这么坦然，这姑娘搞不好真是个侠女。

室友被C大的熟人邀请参加校庆工作人员的庆功聚会，他脑子一热，问了句："那天那个女主持会去聚餐吗？""不好说，据说那个妹子很高冷，约十次能拒绝九次。"

他抓起床上的外套走出宿舍，道："我和你一起去。"

三

顾南延没想到会和洛云轻成为同桌。照惯例，每次月考后都会根据成绩来排位置，那次他发挥失常，十分不情愿地坐到倒数第二排。挨着他坐下的洛云轻安慰他道："你往好处想想，至少这里空气不错。"

他没忍住好奇，问道："我记得你考得没这么惨吧。""这里挨着图书角。"她指了指贴墙放置的书架，笑得十分得意，"我在里面藏了漫画。"她的笑似乎有种魔力，连带着原本阴郁的他一起明媚起来。

那天班会上，他不出意料地被班主任点名批评。"顾南延，你的政治又考得一塌糊涂！"班主任将他的试卷拍在讲台上，显得十分气愤。

他们班的政治老师惯常用多媒体上课，讲课的内容和课件一字不差，顾南延早就看不惯政治老师的讲课方式，随便答题是他无声的反抗。

"老师，您应该听听政治老师的课，再决定要不要批评顾南延。"声音从耳边传来，他一侧脸就看见她眼角的心形胎记。

班主任翻出洛云轻的试卷，指着她刚过及格线的分数，不屑道："我看你的政治分数也不高，自己不认真学还要怪老师吗？"之后的班会班主任没有再提他考砸的事情，一直在数落洛云轻。

放学时，顾南延装作不经意地问道："你也不满意政治老师的讲课方式？"

"那倒没有，"洛云轻语气十分诚恳，"我只是觉得那个时候你需要有人帮你分担一下班主任的'超级冲击波'。"

如春风吹过冰原，融化了他心里某处角落，他忍不住想要朝她靠近……

顾南延一进餐厅就看到了坐在角落的洛云轻。与周围聊得火热的校友相比，翻着书的她显得十分突兀。

"好久不见。"他一开口才意识到自己的声音微微有些发颤。

她抬起淡漠的眼，看清来人后重新将视线放回书上，似乎并不想与他有过多的交流。"我想说……"

"没什么好说的,"对方开口,语气一半熟悉一半冷漠,"叙旧不在我的计划之列。"

"不要这么严肃嘛",他试图缓解气氛,"笑起来多好看。"

"啪",她突然合上书,道:"我先走了,你玩得开心。"

国庆小长假一回来,他就看见伏在位置上奋笔疾书的洛云轻,他忍不住调侃:"你这胆子挺大啊,政史地你都敢留着早自习补。"洛云轻哀怨地扯着历史卷子:"放假一开心作业忘记带回去了,我这是有心无力好吗?"

他慷慨地把自己的作业递到洛云轻面前:"还有四十分钟,自己做肯定来不及了,你先拿去抄,发下来后我再给你讲这些题。"洛云轻笑着接了过去。他轻而易举地溺进她的笑容里,完全没意识到对方补起作业来有多不靠谱。所以当地理老师在讲台上拿出两份写着自己名字的作业质问时,顾南延只想把洛云轻拎出去扔了。

走廊上的冷风十分喧嚣,顾南延恨铁不成钢道:"我两次罚站都跟你脱不了干系。"

洛云轻望了望天,惆怅道:"缘分啊……"

他却蓦地红了脸。

四

"你现在很漂亮。""谢谢。"

"我送你回去吧,太晚了不安全。""谢谢。"

"我只是想让你开心点……""谢谢。"

洛云轻刻意与他保持着距离,她站在路灯与树的光影交界处,他瞧不真切她面上的表情,他想要的也不是她的"谢谢"。

他握紧拳头转身离去,将她一个人留在原地。

高二的洛云轻突然开始发胖,短短一个寒假内壮实了一圈。好在她心态不错,并没有因为自己的圆润而苦恼。

顾南延忍住捏她脸的冲动,问起文理分班的事情:"你想好选文还是选理了吗?"

他是打定主意要选理科的,洛云轻不太偏科,文理分数不相上下,他拿不准她会选择文科还是理科。

"选你吧,"她往嘴里塞了一把薯片,含糊不清道,"我觉得你挺好的。"

他反应了半天才意识到,洛云轻说的是"理"不是"你",他有些窃喜,又有些失落。

"洛云轻!"他匆匆跑回来,叫住正准备坐上出租车的她,"我有话要对你说。"

对方没什么反应,但也没有立刻走开。

"对不起,"他将积压在心底的歉意道出,"我从来都不觉得你丑,重力只会增加你在我心里的分量。"

不等对方回应,他拿出刚才在商场门口借来的充气相扑手服装,钻进去后笨重地靠近她。他笑得有些无奈,"这句'对不起',早该在办公室门口就说给你。"

两人因为成绩相当,意料之中地被分在一个班,默契地继续当同桌。高三每个人的压力都不小,洛云轻选择了暴饮暴食缓解压力,成功地又把自己养肥了一圈。

"顾南延,你来一下办公室!"班主任的声音从后门传来。顾南延见她脸色不好,想着八成是因为这次月考排名下滑的事。

"你这次月考怎么回事?"果然一进办公室,班主任就沉着脸发出警告,"我看你和洛云轻关系不一般。你们现在正处于人生的关键期,可别把心思放在学习以外的东西上。"

"老师,我们就是单纯的同桌关系。"害怕班主任回头找洛云轻的麻烦,顾南延一个劲地做自我检讨。

班主任表示怀疑:"可我怎么看到你上课会盯着她发呆?"为了避免班主任把他和洛云轻调开,他慌乱道:"我是在看怎么会有人能吃得圆成那样,我怎么可能把心思放在一个胖子身上?"

情急之下说出的话虽然可能出于无心,但依旧伤害了不知情的人。班主任的表情突然有些尴尬,顾南延顺着她的视线望去,就看见了因为担心他而躲在门口等他的洛云轻。

他看见她有些茫然地绞着手指,他的心瞬间提到了嗓子眼儿。"对不起"三个字卡在了喉咙里,一时间他觉得进退两难,而门外的她猛地跑开了。

从办公室回到教室的时候,洛云轻已经把自己的桌子搬到了离他最远的角落。

在高三最后冲刺的这段时间，藏在图书角里的漫画被她扔进了垃圾篓，她将整个人埋在模拟卷里，拒绝和任何人交流，顾南延一有机会就去她的位置上，她却总找各种理由跑开。

一直到高考结束，她推掉了同学聚会，甚至缺席了拍毕业照。她退出了班级群，拉黑了顾南延的所有联系方式。怎么会有女孩子不在意自己的外表，如果有，也可能是假装的。

"你这是干什么？"洛云轻不解他突然把自己弄得圆滚滚的目的。

"对不起，我曾经让你很难堪，"顾南延垂下眼睛，"我把自己弄成这样，是想告诉你我可以对你的经历感同身受。

"洛云轻，我想一直陪着你，你也需要有人帮你分担一下不知道会从哪里冒出来的'超级冲击波'。我高中就想这么说了。

"我知道你不会轻易原谅我，但我就想试试你能不能在某个时刻想起咱们这一起罚站的革命友谊，觉得我还能抢救一下。

"洛云轻，求你别用那种眼神看着我了……你笑一笑吧，我给你表演一个胸口碎大石？憋笑憋得挺辛苦的，就别为难自己了……实在不行，你踹我两脚吧。

"唉，你到底是经历了什么瘦成这样，揍人都没高中下手重了。"

顾南延捂住发红的耳朵，疼得龇牙咧嘴。

"原来你死缠烂打是为了减肥秘诀啊。"对面姑娘的眼里终于有了暖意，她"扑哧"一声笑出来，"得交钱。"

一时间，他仿佛听到积雪融化的声音。四目相对，她咧开嘴角，梨涡浅笑一如当年。

好学生的中学爱情

赵嗷嗷

我不曾早恋过,这是我 26 年的人生中最大的遗憾之一。于是,那些豆蔻年华相互做伴的少男少女,总能让我瞬间变身为一个"变态"老阿姨,在羡慕嫉妒之下爆发暗黑心理。

10 年前,我是一个规规矩矩的好学生。从同学偷偷买回的郭敬明出品的《最小说》杂志里读完《悲伤逆流成河》的连载之后,我心里产生了一个疑问:主人公们怎么可以那么闲?

在我的现实中,高中"火箭班"的压力让原本活蹦乱跳的我奄奄一息。我们班的学生来自全年级 1800 多人里的前 30 名,我的化学一不小心考了 90 分,就滑到了全班倒数第一。

初中的时候,我每天放学还会留在学校打篮球。我妈觉得我是为了锻炼身体,其实我的目标是篮球场挥洒汗水的全年级最帅的男生。可是到了高中,我每天早起晚睡,功课还是多得做不完,除了被补习班占据的周末,就只有在晚自习前有少许的空闲时间。

除了缺乏恋爱所需的时间,作为一个"乖孩子",让我很尴尬的一点就是,家里管得严。

我的学校离家不远,我几乎是在父母的视野范围内活动。我没有手机,向我借书的男生在我家楼下等我,打电话到我家,是我爸接的。难得周六放学后拜托很帅的学长教我打篮球,投中之后他宠溺地摸摸我的头,我羞涩的笑容还没来得及完全绽开,就在看到我妈站在球场对面的那一刻冻结。

真是一场灾难。

但即便如此,花季少女的春心还是在夹缝里顽强地生长着。

初中三年,我悄悄有过两场无疾而终的暗恋。第一个是隔壁班的男生,瘦瘦高高,皮肤白净,戴着斯文的眼镜,面容俊秀,而且成绩极好。他性格安静,从不喧哗,却吸引了我全部的注意力。

我从未设想过与他拥有恋爱关系。他就像是校园小说里必备的那一种"级草",穿着白色衬衫,在人群里闪闪发光,是所有女生安置心意的对象。我默默地喜欢着他、关注着他,在走廊偶遇时我会不自然地放大我的声音,希望他注意到我。

我们学校每个月要进行月考,每次考试的座位会按照上一次考试的成绩排名。有一次他考了年级第六名,我第九名,座位按照顺序蛇形拐弯,到下一次考试时,我正好与他同排相邻。

那是我离他最近的几天。考试的间隙,我向他要答案,搭话闲聊,表面大方淡定,内心却陷入狂喜。从那以后,靠近他的名次就成了我的学习目标。

这就是我13岁时的感情,因为暗恋了一个优秀的人,我想让自己变得更好。只可惜,《初恋那件小事》里的剧情不会在每一个人身上上演。我只是仰慕他的众多女孩子之一,何况他还有一个温柔美丽的同桌,他们俨然一对才子佳人,他的目光也许从未落在我身上。

到了初三,我又喜欢上了一个"差生"。我埋头苦读时他在泡网吧打游戏,我扎起马尾时他违反校规染头发,他那么随性和自由,关键是,背影好帅。我喜欢走在他后面,望着他的背影,望着在乖乖女的世界里不可能的生存方式,望着我叛逆青春期的隐秘向往。

他从补习班的第一排回头给我丢字条,我们在老师的眼皮底下飞鸽传书,让我心惊胆战的同时心跳加速。他把QQ密码交给我,让我帮他挂机升级、打理QQ空间,我把这一点点委托暗自当作一种暧昧,恍惚觉得自己在担负贤内助和女主人的职责。

可我们不是一类人。在他眼里,我或许是老师家长夸奖的学习榜样,是个按部就班、谨小慎微的书呆子,而他需要的女朋友是一个烫头发、化淡妆,随时能出来约会,让他在兄弟们面前长面子的女孩。

上了高中,男孩女孩们拔节生长,我在晚自习之前播放的学校广播里听到别人为我点的歌,也有男孩子在路口等我一起上学。我委婉地拒绝了一些心意,在心里藏起一个秘密。

每周六晚七点到九点,是我在家的固定上网时间。语文老师为我们从家长那里争取来了这个可以理直气壮玩电脑的项目,名目为"收集作文素材"。事实上,我把书房的门一关，在电脑上打开的只有跟一个人的 QQ 聊天页面。

对方是在另一所高中就读的男生，我们有共同的朋友，并未见过面，偶然在 QQ 上相遇了。他比我自由，所以将就我的时间，周六晚上我上线的那两个小时，他会退出游戏，在七点钟准时对我说"晚上好"。

我们坐在网络的两端，敲击键盘，手指飞舞，谈天说地。我们合拍又默契，他学小提琴我弹古筝，他演话剧我练舞蹈，我们聊起天来有时笑到眼泪横飞。我把学校里发生的事情跟他分享，从他那里得到鼓励、安慰或欣赏。除了 QQ 上的陪伴，我们之间还会有共同的朋友帮忙捎的口信、跨越学校的小纸条和辗转到我手中的钢琴曲 CD。

只是，作为一个时间被锁得紧紧的乖学生，我没有办法出现在他身边。当他问我能否去他学校观看他演出的话剧，或者去参加他的生日聚会时，我永远只能选择缺席。有一次，他来到我的学校，我认出了他的笑容，却始终没有勇气走向他。

那个时候，我所面对的学习压力大到"爆表"。而我已然对他产生依赖，常常在自习时想他，回味和他的对话，然后不自觉地傻笑。因他而分心，使得背着沉重学习任务的我站到了悬崖边。

在成绩下滑、老师失望之后，我痛定思痛，认为自己目前爱不起。摩羯座的理智和冷静战胜了青春期的感情萌芽，我做出了一个悲壮的决定。我想，纵容感情发展只会互相耽误，此时应该把全部精力放在学习上，分头努力，等到我们考上了理想的大学，才有资格拥有更多。

那时我天真地以为，我只要按下暂停键，就能把我们之间的小情愫定格下来，以后便可以和他一起走更远的路，奔赴属于我们的更好的未来。

高一下学期末，我不知道该怎么把这个决定告知他，就单方面终止了跟他的联系。为了让自己狠下心，他的留言和询问我也一概不理。

我准备了一个本子写日记，每一篇的开头都是"亲爱的某某"。我原想，写完整本在高考结束之后交给他。可是后来，我忙到忘了写，也忘了他。

两年之后，当我考上理想的大学，回头试图找回被我单方面暂停的一切，却发现，我们没有朝同一个方向走，所以走散了。怀着执念，我与高考失利将要出国读预科的他拉扯了一段时间，最后不得不接受一个现实——那个属于我的 16 岁的少年不见了,我已经错过了他。

后来,我在人生路上遇到了刻骨铭心的爱情,有过朝夕相伴、牵手同行,也有过痛彻心扉、分道扬镳。后来的20多岁的恋爱,独立体面、成熟深刻。

不过,回想起高中时被我硬生生拦下的那一份感情,我仍然觉得那也称得上"爱过"。它虽然青涩、虽然狼狈,但是有陪伴和付出、有守候和责任。而与他曾经相伴的那一年,也给我留下了许多值得怀念的快乐和温暖。

许多年后的一个春节,我们都回到家乡,在朋友的聚会上相遇,他已为人夫,我也有了恋人。时隔多年故友重逢,无关风月,满是亲切。正巧那年情人节赶上年关,晚上已经有人在路边叫卖玫瑰。我与他顺路一起回家,一个卖花的女生向我们凑过来,热情地招揽生意:"先生,给你女朋友买束花吧!"

我们停下脚步,一时有点尴尬。然后他笑了,转头问我:"你要吗?"我也笑了,摇摇头说:"不用。"

或许,这就是时光的玩笑与温柔吧。

一定是16岁那年的我许过什么太真诚的愿望,才能让我的中学爱情,在那么多年之后,还有回响。

感悟手札

无心恋良夜

饺子哥哥

一

我第一次听有关双子座的星座学说,来源是我姐姐游春。

在化妆间里,她一边任化妆师在她脸上涂脂抹粉,一边不安分地指着手机屏幕，将微博看到的双子座特质一条条和季玄对应。

追求完美，季玄无论身高长相，还是漂亮到让人以为是开了外挂的简历，无一不印证了"完美"这两个字；反复无常，这点可以通过他能上一刻还笑着递给我们糖，下一刻就板着脸赶我们去写作业看出来……"最后一条啊……既花心又无情。"游春沉吟片刻，继续点头如捣蒜。我却嗤笑一声转过头去，不以为然。

因为我知道，这么多年里，季玄唯一喜欢，或者说深爱的人，就是游春。

回忆往昔，追溯到我们上小学那会儿，我和游春成绩都不大好，分别霸占两个年级"老师最不想看到的学生"宝座，素质报告册发下来，一对难姐难弟常常被我爸追得满院子乱跑。我爸在我们这所小初高三位一体的学校担任教导主任一职，被学生们敬爱地尊称为"当地一霸"，是抓迟到、旷课、早恋的一把好手。凡他所在之地，必定是一片凄风苦雨。而就在这愁云惨淡万里凝中，他独独看好季玄一个。大约是为报知遇之恩，在他要替我和游春找家教时，季玄主动请缨了。

有句歌词是这么唱的：遇见一个人，世界全改变，原来不是恋爱才有的情节。多年后，游春用它来形容季玄。

二

与季玄的初次会晤，发生在一个春光明媚的下午。小孩子的世界往往没有善恶，最直观的感受就是美丑，因此我们当即就把季玄归入好人那一类，直到后来得知我爸出门就是为了带他回家给我们补习，我幼小的心灵第一次受到了"知人知面不知心"的暴击。

他脸上是温良无害的笑容，左手上却拎了两套《黄冈小状元》，我们见状下意识退后一步，他笑得更加温柔。他一步步逼近，把《黄冈小状元》塞进我们手里，"先好好做卷子，看不懂的地方来问我。"那天我因为画了无数个中箭身亡、名为季玄的火柴人，而导致过了规定时间还没做完，又被加罚三张。游春早早完成任务，虽然正确率惨淡，但还是受到了季玄的表扬。我冲她哼了一声，鄙视她和大魔王同流合污。

游春在我还在反抗挣扎的时候，早早就屈服在季玄的威压之下，声音甜软叫他哥哥。她从每天和我一同上蹿下跳闹腾得整个小区不得安宁的熊孩子，变成了季玄的一条小尾巴。而我在多次被穿了小鞋、具体表现在总是比游春作业多、玩具总是让游春先玩、零食总是让游春先挑之后，终于不得不含泪向恶势力投降。

被季玄"折磨"了三年后，游春升到初中部。十四岁的游春有一双波光潋滟的桃花眼，尽管整张脸还带着呆呆的傻气，扬唇笑起来的时候却不啻阳光，单纯得要命，对身边每个人都掏心掏肺地好。这种好，使得她常常被骗。

最初是被季玄骗。季玄从来不写学校布置的作业。他通常长臂一伸，就把一本空白的、一本做完的作业本摆在游春的书桌前面，让她帮他照抄上去，说出口的理由却很冠冕堂皇——现在多接触一点高中知识，为未来学习奠定基础。身为学渣，却在三年内被季玄激励出学霸心的游春，毫不质疑地相信了他的话。

季玄只不过是让她帮忙抄作业，可她的一些同学就没有这么善良了。

我念初一的时候，终于成功和游春与季玄在中学部汇合。某天初中部放学的时间，季玄毫无征兆地顶着大雨来找我，递给我一件外套、一杯温热的红糖水和一包卫生棉。我第一次看见他向来从容不迫的神情出现裂痕，焦急的模样简直像换了一个人，他说："快拿着去二楼找你姐姐！"

冲到游春的教室，我才从其他人嘈杂的讨论声中得知，她又被人骗去帮忙冒雨在水池里捞东西，导致生理期提前。游春疼得半个身子瘫软在课桌上，脸色惨白，额上不断滚落豆大的汗珠，嘴唇险些被咬出血来。我喂她喝完了红糖水，把那件外套披在她身上，然后背着她一步一步走出教室，出了学校。走到校门口前，我曾无意中回过头，瞥见四楼转角处有一道身影静静伫立，宛如一座雕塑，就这么目送我们离去。

很久后，我才渐渐明白，为什么那时候季玄没有自己去——他见过游春难堪的样子，却不允许自己让她陷入更尴尬的境地，而我是她最亲近信赖的人，所以他选择让我救她于水火。

那也是我第一次发现季玄对游春非同寻常的关注。

游春圣母心爆棚，并不肯说害她的人是谁，季玄却不会轻易就放过。凭着外貌的优势，他很快从游春的同学那里得知了那天的肇事者的身份，并掌握了她们考试作弊的证据。后来我是从游春那里听说，她班上有几个同学因为种种原因要休学一年的消息。

日光悠悠漫过窗台，季玄站在游春身后，微风乍起，他对我做了一个手势，示意我不要对游春说出事情的真相。

季玄高三时，由于数次摘得学科竞赛金牌，以及科技发明获奖的缘故，国外名校的 offer 简直如雪花般向他撒来。最终，季玄却在众人惊异的目光中，选择留在国内读大学。我暗中忖度，觉得大概是因为游春要读高中了。

游春是怎么都背不下化学元素周期表前三行的那种理科渣，文理分科时自然毫不犹豫地选了文科，季玄为此特地抽时间看完了政史地三科的必修及选修书，给游春讲解题目，比答案的解析要详细易懂一万倍。游春高考那一年，季玄已修读完双学位，直到某次他将一封全英文的通知书落在了书桌上，我才知道他正在着手处理出国的相关事宜，只是这件事他一直瞒着游春，担心影响她备战高考的情绪。

游春最终在高考取得了一个相当不错的成绩。在那年长达三个月的暑假中，季玄带她去了一趟黄金海岸。黄金海岸的风景自然应当美不胜收。可是游春最后带回的照片里，每一张的风景都成了陪衬，只为众星捧月烘托出一个她。弯着眼睛在胸前比一个傻乎乎剪刀手的游春，盘着长发提着裙裾赤脚徜徉在沙滩上的游春，夕阳下双手合十半朝天际半朝大海做祷告状的游春……

神经大条如游春，自然不会注意到这些细节。她拉着我翻相册，一边看一边叹气说："智商高就是好，就连照片都能拍得这么好看。"而我想的则是，季玄将所有对游春的感情都融在了里面，又怎么会不好看。照片里的游春，大约就是季玄心里的样子。

同年九月，季玄二十岁，赴美深造。得知季玄要出国的消息后，游春很是难过了一阵子，埋首进他的怀里哭得泪如雨下，叮嘱他一定要常回国看我们。季玄身体僵硬了一瞬间，而后轻轻拍了拍她的背，说："好。"

在临走前，季玄给我留了一封邮件，上面只有简简单单的几个字，一如以往看似漫不经心，中间婉转逶迤的情丝却无人知晓——替我照顾好游春。我敲回一行字：这还用你来说？

可最后照顾游春的人，不是他，也并非我。

三

游春大三上学期，我偶然去她的学校找她，远远望见她和一个男生手牵手从学校旁边的电影院里走出来，才知道原来她已经有了男朋友。深秋狂风呼啸，树枝乱颤，游春长发上缠了片枫叶，那个男生半低下头细心地帮她理掉，又重新给她系好松掉的围巾，和季玄凡事都不动声色大相径庭，他眼底眉间写满炙热的情意。游春难得撒娇，在他怀里蹭了蹭。

这是我和季玄都不曾见过的游春，她不再像个不谙世事的小女孩。看见我时，她先是怔了一下，继而惊喜又激动地朝我挥了挥手，随后拉着身边人的衣袖一路小跑了过来。游春一脸自豪地跟那个男生介绍我："我弟弟，游夏，是不是特别帅特别帅？"又转过头来，深深吸了口气，后知后觉地脸红了一瞬，对我说，"嘿嘿，那个，忘了跟你说，我……我交男朋友了，他叫程子熙。"

我目光和这个叫程子熙的男生有一瞬间的交汇，却让我挫败不已。他对游春的感情根本藏不住，更不需要我检验。当晚我照例给季玄发短信跟他汇报游春的近况，却在这件事情上迟疑了片刻，最终选择隐瞒下来。然而我没想到，他其实早就知道了。

游春上大学的这三年间，季玄去了很多地方，给我们寄过北威尔士雪山的明信片、某座枫叶小镇的特产，还有游春最喜欢的 Maxim's 巧克力。游春最喜欢学文艺青年，于是也常给他写信，但就像小学生记流水账一样，最初是大学的琐碎生活，后来开始出现了另一个男生的名字。聪明如季玄，怎会不了然？

那年冬天，季玄在日本做一个研究项目，其间有一个月的假期，他买了机票，邀请我和游春去小樽看雪。到达小樽的第二天清晨，我尚在睡梦中，就听见一阵轻微的声响，蒙眬中睁开眼睛，发现是季玄带着兴奋了一晚的游春去看雪。因为外面雪还没停，所以他们只就近走到了旅舍的亭子里。我起身穿好外套，刚走出门，就能看见季玄和游春并排坐在石阶上，飞雪如柳絮纷飞，没多久就落了他们满头满身，浩浩荡荡地盖了天地一片莹白。

游春话痨症又犯了，说起这次来小樽的旅游计划，大到要去什么地方，小到三餐要吃什么，事无巨细地一一告知季玄。后者听得没有一丝不耐烦，还时不时地给她提议。雪势渐渐加大，游春沉默了一会儿，忽然开口："之前我和程子熙也说要一起来这儿的。"季玄闭了闭眼睛，又睁开，嘴角微扬，弯出一个笑："是吗？下次来，挑一个天气好一点的时候，可以跟他一起去看看运河。"说话时，黑黢黢的眼眸一直凝望着她，其中有万千星辰，却只印刻她一个人。

要多喜欢一个人，才能在她说起别人时，也永远都有丰沛的耐心和用之不竭的爱意。

大学毕业的第二年，游春和程子熙准备订婚。我爸难得对除了季玄之外，性别为男的生物这么满意,他和程子熙好好喝了一场。最后双双喝趴在酒桌上。

我把我爸扶进卧室里,出来时看见游春正在给程子熙盖毛毯,她转过头朝我比了一个"嘘"的手势,又示意我跟她进书房。等关好书房的门,游春蓦地转身问我:"小夏,你是不是不喜欢程子熙?"我要怎么告诉她,我并不是讨厌程子熙,只是尽管我知道他会对游春很好,但人在情感上总会偏向自己更亲近的人。我从十三岁那一年起,就以为最后游春会和季玄在一起。可别人眼里的适不适合,和游春的幸福比起来,都太微不足道了。季玄想必也是这么想的,才选择将这十多年对游春的感情守口如瓶,不让她知晓半分。

游春没有在意我的沉默,她轻笑一声:"小夏,我知道你觉得他很普通,没有你长得好看,更不用说和季玄比才能。这些年,我被你和季玄保护得太好了,稍大一点的风浪都没见过,上了大学才发现外面的世界很辽阔。程子熙很普通,但他给了我可以与他并肩而行的勇气。就像季玄以后的女朋友,也一定是可以和他保持同频率的人。"

我想要反驳她,却被她一句"无论如何,你和季玄都是我很重要的家人"堵了回去。

程子熙对游春来说,是那个对的时间出现的对的人,而季玄从一开始就被她限定在了家人的范畴,再不能破开桎梏,向她迈进一步。

四

游春是在结婚前夕忙里偷闲去看的星座学,她企图研究我的,被我义正词严地遏制后,抹了一把泪,搜索起了季玄的双子座。季玄正在试证婚人的西装,听闻"花心无情"的评价,凑过身来鸣不平。他很少在我们面前作西装革履的打扮,此刻剑眉星目,英俊得简直在发光,和换好婚纱的游春站在一起,倒像是一对新人。我走到角落,悄悄掏出手机拍了张照。

照片里,季玄目光中的温柔,仿佛穿过那一个春日的初遇,伴随无数时光纷至沓来,模糊了十多年的岁月,于这一刻尘埃落定,深藏在心。

后面的婚礼上,他站在游春和程子熙的身后,流利地念完了证婚词:"人生漫漫,希望你们在今后的道路上,相互扶持,白头到老。"看着新郎亲吻新娘,他脸上笑容那么深,没有人能从中看到一丝难过。

我在游春婚礼后的第二天早晨,将之前拍的照片传给季玄,他当时正在候机室等待飞往马萨诸塞的飞机。半分钟后，我收到的回复还和往常一样，却又有了区别。

这次季玄写：替我让他照顾好游春。

我想到很久很久前的一个夜晚，游春发烧在晚自习时睡着了，季玄背着她走回家，我亦步亦趋地跟着他们。夏夜蝉鸣蛙叫，路灯把他背着游春的身影拉得很长。我忍了忍，终究没忍住，把想了很久的问题问出口："你喜欢我姐吗？"彼时季玄步伐微滞，过了很久，声音才缓缓随风飘了过来："……我在等一朵花开。"

而如今，他终于等到那朵他苦心孤诣栽培已久的花绽开，遗憾的是，她开在了别人的掌心。

从此再非赏花人。

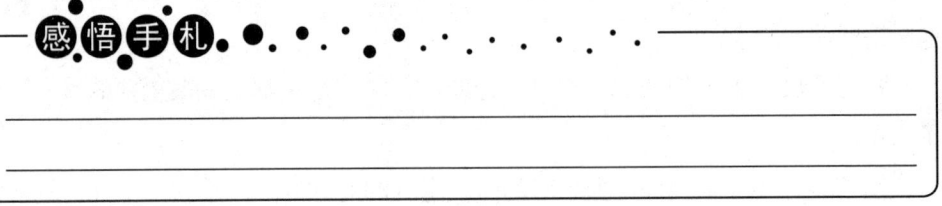

表　　白

另维

再见到他，已经是几年后的初冬了。

大学里组织校际联谊，真心话大冒险的环节里，他被要求站到众人围成的圆圈中央回答问题。被推搡上去之后，他自顾自笑了一会儿，伸手向后挠挠脑袋，看起来有点不好意思。

"咳，那个，我此生做过的最善良的事——"

说话的时候右脸颊有酒窝若隐若现，声音清脆而顽皮，眉目间透了一股浑然天成的坏，我紧紧盯着面前的邻校学长，忽然觉得很熟悉。

久远的记忆在右脑里翻江倒海，可一时间，我怎么也想不起他的名字。

发短信给古小吉："寄给你的热裤收到没？另，你可还记得初中那个足球队长的名字？"

她的回信一如既往地神速："你以为我便携式QQ记录储存器啊，都那么多年了谁记得！我在逛街，看到一条裙子好适合你，改天邮给你啊！"

一

我和古小吉并不是一开始就是好朋友的。她沉默寡言，下课不离座位，怎么看都与整日疯疯闹闹笑嘻嘻小侠女般的我搭不上边儿。所以，除了每天上交数学作业，我从未与她有过任何交集。直到初二某个风和日丽的上午放学后。

我从校门里出来的时候，马路已经被围得水泄不通了。几乎所有人都停下回家的脚步，兴致勃勃围成一圈朝里张望。凭借几手兴趣班里学来的跆拳道，我左挤右钻，挤进中心位置，看热闹：

"……跑到别人单位去含血喷人……教得出你这样恶毒的小孩，真无法想象你妈有多没教养！我算知道她男人为什么着急要跟人跑了——"

女人话音未落，面前的女生已经瞬间化身成一头暴怒的狮子，猛扑上去，咆哮着："臭狐狸精不准说我妈妈！"

我惊讶于平素文静的古小吉竟能如此凶猛，此时女人"啪啪"甩出两耳光，"我打死你个没教养的娃！"又以迅雷不及掩耳之势飞起一脚。

我看不下去了，趁着女人抬腿重心不稳的时刻，一把将她推倒在地，牵起古小吉穿越人群，我们拐过路口。"古小吉，你别害怕……"我张张口，试图说点什么安慰她。话音未启，她已一下子甩开我的手转身跑了。

我成了英雄。人人都夸赞我的英勇果敢和正义，除了古小吉。作为直接受益者，她没有任何表示。

半学期一次的座位大调整。每个人将自己期望同桌的名字写在小纸片上上交，我随便写了个狐朋狗友，然后被班主任叫进了办公室。

"古小吉同学生性内向腼腆，从不表达内心所想——这次她在'期望同桌'里写你的名字，对她来说是莫大的进步。"班主任推推眼镜，"因此老师准备满足她的要求。"

我就这样和古小吉成了同桌。她一天到晚安安静静，把生性话多的我憋得够呛。除此之外，她还在各种时候手捏一张字条，每天都摆出一副试图给我的样子，却每次都在我主动问起"这是给我的吗？"时迅速摇头，同时顺手把字条扔进抽屉。

好奇心战胜了道德感，可当我费了九牛二虎之力偷出字条，竟发现里面只有一句异常平常平凡的"另维，那天谢谢你，我们做好朋友吧，可以吗？"。奇怪的女孩。

奇怪女在某一节课间终于叫住我，满脸通红地"呃""啊"了好一阵，我都想替她脱口而出了，她才终于不搭边儿地冒出一句："我们去上厕所吧。"临到上课时的厕所人很少，古小吉在等我时，突然绷直身子，冲着我声音洪亮地说："另维，我、我想和你做好朋友！"我差点一个没蹲稳掉进茅坑里。

平素活跃的整蛊和恶作剧细胞在看到她认真而紧张的表情的瞬间消失殆尽了，我站起来，回以我最甜最友好的笑靥："好啊，我也正想这么对你说呢！"

古小吉抽了抽肩膀，竟然哭了。我忍不住上前抱住她，这个奇怪的女孩真是又可爱又可怜。

二

13岁少女间的友谊能意味什么呢？意味着下课一起上厕所，互补笔记互讲题，放学等彼此一小会儿，然后一起下楼出校门，一边八卦、闲聊一边不断被路边的小零食玩具摊吸住眼球，拐过许多熟悉的街角，在某一个岔口停下来意犹未尽地再说一会儿，然后挥挥手说一句"下午见"或"明天见"，分道扬镳，回首又聚。这么的美好和简单。但喜欢一个人就复杂得多了。

早晨上学前，我爱在学校对面买一杯奶茶。

早饭点的奶茶店永远人满为患，我因此不得不左挤右钻，挥舞着票子高喊"青苹果加葡萄，一杯奶茶带走！"也不知具体是哪一天起，总之，当我高喊出第一句"一杯奶茶带走"的时候，会有一个男生从距吧台最近的位置转过头来，带着笑说一句"我帮你"。

清晨，太阳刚刚从云卷里探出来，纤细柔和的光打在他右边脸颊若隐若现的酒窝上，他的笑容有股浑然天成的坏。我就忽然变成了腼腆内向的古小吉，抱着奶茶转身就走，心跳声震耳欲聋，我想谢一声都不知该怎么说。

这是我人生的第一个小秘密。我忽然就觉得我长大了。

把秘密写进日记本，没过两天便忍不住拿给古小吉看，古小吉比我还要兴奋和积极,每天都帮我四处收集有关他的信息:校足球队长,初三学长,长年住校训练。

生活在这些小讯息里倏然丰盈充实起来,我的悲喜开始飘忽不定。有一天早晨买奶茶时发现他不在,便闷闷不乐郁郁寡欢,两节课后的升旗仪式,他因为校足球队取得了好成绩而被请上台接受表彰,我在人堆里远远地看到他站在长长一排人里面,顿时激动得不知如何是好。古小吉比我更激动,不顾班主任及全校同学在场,抓住我手臂一阵摇摆:"是他!另维是他!"

像是有仪仗队钻进了胸腔,在我的心上敲锣打鼓吹唢呐,我有点无法呼吸,正在不知所措的时候,旁边忽然有人惊呼:"呀,另维你脸好红!"周围的同学无不纷纷侧目。

"站到这边来。"古小吉从我身后绕到身前,衣服后帽子上的毛触上我的脸,她微微后倾,说:"我帮你挡着!"小骚动平息后,她又侧过面颊,小声却认真地说:"你真的很喜欢他哦!"我窘迫地点了点头。

可是,可是才13岁。对这突如其来、满满膨胀在心里的甜与酸束手无策。整日想方设法,用尽自以为华丽的辞藻把他写进本子里,给闺密看,反复强调千万不能告诉别人,便仿佛与她共守了一个天大的秘密。

"你应该去跟他表白,把这个本子拿给他看!"古小吉的语出惊人发生在一节课间。

我被惊得语无伦次:"我不敢。"

"胆小鬼。"古小吉道,"我替你去。"

敲定了将在中午放学后去初三教室找他,我躲在古小吉身后守到整栋楼都要空了,他才背上他的斜挎书包不急不慢走出来。我的呼吸随他的出现陡然一滞,整个人都在一瞬间僵硬起来,古小吉数落了两句我没出息的样子,连忙叫了声"学长等一下",便在他回身的刹那急急跑过去了。

"学长,这是一个女生写给你的日记,请你看一下!"大约一米的距离之外,古小吉双手托住我的本子递向他,她的神情坚决而勇敢,我躲在拐角里,替她捏一把汗之余,忽然有种"到底谁才是内向腼腆的古小吉"的恍惚。

他淡淡瞟了一眼,说:"对不起,我不想看。"头也不回地下楼去了。

古小吉回头叫我的时候,我的耳郭还在嗡嗡直响,眼前茫茫一片,我满脑子都只有两个词:"丢脸"和"难堪"。古小吉上前拉起我的手,牵着我下楼出校门,一句话也没有说。

三

我连续一个星期都没有再买奶茶。

我太怕见到他,却又比从前更想见到他了。13岁时喜欢人,真是一件奇怪的事情。

其实,也不知道喜欢意味着什么,就是心中被种入了一种强烈的感觉,蔓延疯长,随时随地都可能破土而出。

正因为这样,我才会突然鼓起勇气,不顾古小吉正抄笔记抄得入迷,突兀地拉拉她的胳膊肘,说:"那个,我想直接去跟他表白。"

"啊?"下午的教室闷热而湿润,古小吉眯着眼沉默了一会儿,笑开了,"我帮你。"

暖流在一瞬间灌遍身体,我忽然就充满了力量。

那年的圣诞节刚巧是周五,我和古小吉花了一整个中午,泡在礼品店精心挑选了一个娃娃熊。古小吉演他,我抱着娃娃熊在女厕所里对她演练了几遍,又在她的建议下修改了一些站姿、措辞和表情上的细节,终于整装待发上战场。

古小吉的方案是,八点整我们集合于篮球场,由她溜进男生宿舍楼,找到他并叫他下来,然后由抱着娃娃熊的我开始反复练习了很多遍的表白行动。

古小吉踏夜溜进了男生宿舍楼。我有点打退堂鼓,但又无比地期待他站在我面前接过娃娃熊的样子。正在这个时候,古小吉吧嗒吧嗒跑下来,焦急万分。

"怎么办?——我们扑空了,他去网吧包夜了!"

陡然空白的大脑让我说不出任何话。古小吉轻摇我的手臂,试探地问:"不然,去网吧找他?"

我不知道你有没有过同样的感觉,13岁喜欢一个人,真的很脆弱。又强烈又脆弱,因而经不得一点点不算波折的波折。我想笑笑说不用了我想回家,可话未张口,我便哭了。

"……另维?另维……另维,你、你别难过啊,你还有我呢……"

古小吉的声音柔软地飘上冬天里凛冽的夜空,13岁少女来不及完全蜕变的声线,我多少年之后仍然清晰的记得。

圣诞夜表白的后续故事，是我和古小吉在操场上找到了一个小沙坑，我们借着月光一起挖了一个坑，小心翼翼把娃娃熊埋在了里面。

我一边埋一边想他的脸，他在晨光里冲着我笑时，嘴角看起来有点坏的弧，他右边若隐若现的酒窝，他递来奶茶时那么温柔友好的样子。眼泪落在细软湿润的砂粒里，立刻消失不见，我觉得我一辈子都不会忘记那张脸，那张六年后的如今看起来变化并不是很大的，正站在圆圈中央回答着"真心话"问题的脸。

问题是"你一生做过的最善良的事是什么？"他想了一会儿，笑意盈盈地娓娓道："初中时候吧……"

"初中时候有个女生早晨老是喜欢买奶茶，奶茶店可挤了，她每天在人堆里面，不想挤又不得不挤的样子特可爱。我想认识她，就每天去很早占领最好的位置，她来之后就'顺便'帮她买下奶茶……队友都鼓励我表白，可我们还在策划中的时候，天天跟她在一起的女生居然来找我了。我知道闺密对她们女生有多重要，就决定把这段感情永远埋在心里。

"哦对了，后来跟我表白的那个女生还跑到我寝室来找我，我托室友说我包夜去了，自己躲到厕所里才避过她。你们知道不？我从厕所窗户里看到我喜欢的女生就站在我们楼下，抱了个玩具熊孤零零站在那儿，估计是来陪她闺密表白的……我当时那个心情呀，啧啧啧。

"后来每当我想起这些，都不由感叹，我当时怎么就那么善良，为了人家姐俩感情好，自己隐忍在厕所里一边忧伤，一边闻臭……"

手机又响了，古小吉的短信依旧那么风风火火。

"啊我想起来了，他叫周予波……啥情况？"

"情大大的有，晚上回去语音说。"

初中毕业后，我和古小吉考入同一所高中，我们一起住校，一起吃饭，一起八卦明星校花级草，秘密从不隐瞒，开心难过都一同分享。

高考后，我们终于南北分隔，感情却没有因此疏远，三不五时发个短信寄点小东西，假期一到便兴冲冲杀到对方的领地扫荡。

我想起高考结束的第三天，古小吉写给我的一封信，伤感即将离别之余，她用了几乎所有的篇幅感谢我，她说她曾是多么内向腼腆性格古怪的小孩，是我对她的好和热情将她点点融化。而我想说的是，我才更要感谢她，谢谢她贯穿在我青黄不接的年纪里伴我成长，那些叽叽喳喳说不停的日子里，我所有的喜怒哀乐都不曾孤单。

多年以后，我早已记不清那个少年的任何一种样子，可我记得古小吉听我说我的秘密时认真的表情；记得她拿着我的本子叫住他时勇敢的声线；记得她在女厕所里指点我这里不好那里不美的严肃；记得她气喘吁吁地从男生宿舍跑出来；记得她在冬夜里温暖我的拥抱和帮我挖沙坑埋娃娃熊时体贴的沉默；记得我们一起走过的路，以及她在我面前一天天长大、丰盈起来的脸。

而我的年少时光，正是因为有这样一个女孩子存在，所有的记忆都能用"温暖"和"美好"总结。

感悟手札

第五辑 我最想成为的模样

我们忍受所有的寂寞，忍耐所有的不愉快，在梦与现实交汇的地方寻找出口，那些自卑、沮丧、委屈，如同游泳时呛到的水，最终都被自己以成长的名义统统吞咽下去。为了抵达彼岸，我们挨过最艰难的时刻，奋力向前游过去。

我的"神"一般的学生

姜志华

"漫!"

无人应答

"漫!"

无人应答。

"漫!"我提高嗓门,再次点名。

依然无人应答。与第一次点名不同的是,大家都把头扭过去,目光齐齐投向教室最后一排的那张单人桌。

我走过去,打量着漫。蓬松打卷的乱发,一长绺刘海将眉眼几乎盖住。见我走到身边,她终于从漫画书中"醒"了过来,眯着眼睛瞥了我一眼后又低头看漫画书。

我是新班主任,第一次在教室进行全班点名,她居然头都没抬;我走近她,她也不用正眼瞧我。真是一个神一般的学生!放学后,我和几位班干部聊起了漫。阿雄告诉我,漫从四年级开始变成特殊学生;小文说老师不敢管她,她上课会大喊大叫;睿睿提醒道:"我和她住在同一个小区,她妈妈说她是神经病。"那天中午,我躺在午休房,一闭眼就想到她那飘忽的眼神。这个小学毕业班是最受学校关注的班级。作为班主任,我多么希望班级能正常一点。没办法让每个学生都聪明伶俐,但起码也该冷暖自知吧?

神出鬼没

9月1日,开学第一天,她就让我深深明白了什么叫"神出鬼没"。早读课她没来。我心急火燎地四处找寻仍一无所获,拨打家长电话也无人接听。万般无奈之下,我找原班主任询问。荣老师淡定地告诉我:"不用着急,她这会儿估计在路上晃悠着呢。她会来的,只是通常会迟到10分钟至15分钟。"我松了一口气,小跑回班级,只见空荡的走廊尽头有一个人影,她不紧不慢地从2号楼梯上来了。

开学第一天有升旗仪式。孩子们都穿了礼服,唯独她穿着运动服。我想通知她妈妈将礼服替她送来，一连拨了好几个电话都无人接听。电话好不容易接通后，她说："老师你好，我是漫妈。我正在上班，没空去送礼服。另外，我女儿有点特殊，以后她有什么事情你都不用管。只要不挨批评，她就不会大喊大叫。你每天让她待在教室里随便看看书就行。"

漫妈称女儿有"神经病"，但一周观察下来，我发现漫很有意思。每节课上了五六分钟，她才大摇大摆地拿着一本书进来。通常都是眯瞪着眼睛，走路脚底生风。在多功能教室上美术课、音乐课时，漫则会侧着身子从后门悄悄"撤退"。我跟踪了她几次便掌握了她的行踪。她一般会溜去一楼的图书室、心理咨询室，有时候去女厕所，偶尔会在小桥流水的生物园的树下驻足。

决定家访

一想到这个大块头、爱读书的女孩子居然被亲妈说成"神经病"，我的心里就特别难受。那几天我的睡眠质量明显下降：一来自己当班主任的经验实在匮乏；二来我也有个女儿，如果我的女儿也这样孤独、封闭，那得多可怜。漫才11岁，还是个懵懂的孩子啊。

那几天我想了很多。顺其自然，就让她这样混完小学进初中？抑或，为她做点什么？回顾我的学生时代，我遇到过很多优秀的老师，是他们点亮了我的心灯，让我长大成人。我选择了做老师，学校安排我带这个班级，这是缘分，更是使命。

我决定靠近她，引导她慢慢做出改变。虽然我和漫只有一年的相处时间，我也不奢望在短时间内就把她变成一个正常的孩子，但我想要在她毕业的时候问心无愧地牵着她的手送她离开。

我计划下一周去做一次家访，深入了解漫的家庭。

一地鸡毛

周一上午，我和漫妈通话，告诉她下午我要去做家访。她支支吾吾、百般搪塞。我很真诚地告诉她："我也有个女儿，比漫大几岁。我也是一位母亲，知道做妈妈的不容易。请放心，我是来了解孩子、帮孩子顺利向初中过渡的。"终于，她答应了下午五点半和我见面。那天下着小雨，漫没有带伞，我们俩撑着一把雨伞深一脚浅一脚地走在去她家的路上。

到了楼下，漫按了很久的门铃也无人应答。漫把书包往旁边的石凳上一摔，大喊："死弟弟、死妈妈，快开门！"这一吼还真管用。阳台上出现了一个小男孩的脸，他大喊着："妈妈，姐姐放学了。"弟弟开门后，漫把书包往地上一扔，冲向洗手间。

漫妈拿着锅铲从厨房走了出来，先跟我打了个招呼，然后向女儿怒喝："漫，谁让你乱扔书包的！你给我出来！"一旁的弟弟"投诉"道："妈妈，刚才姐姐又骂我'死弟弟'。"漫妈安抚儿子在客厅坐下后，跑到洗手间拍门："漫，你给我出来！""我不出来。"漫在里面说，"我出来了你又要打我！"

这时，我闻到一股焦煳味，提醒漫妈去厨房。她惊呼着冲向厨房，在一顿乒乒乓乓之后终于消停下来。两个孩子的拌嘴、争吵，母亲的焦虑、易怒，家庭版《一地鸡毛》真实地呈现在我眼前。

幸亏来做了家访。我终于找到了漫神经质的根源。

甜蜜母女

好一阵混乱之后，救星来了——漫的姨妈。她轻言细语地招呼好两个孩子，安顿大家用餐。餐后，我请她带着两个孩子去花园玩一会儿，我想和漫妈聊一聊。

"漫妈，你真不容易。我家就一个孩子，她放学回来我做饭、检查作业就忙得不可开交。你既要上班又要带两个孩子，我很理解你的辛苦。"为了消除漫妈的抵触，我先用同理心争取角色认同。

"姜老师，我真的很忙。我每天上班，从早忙到晚。偏偏这两个孩子又不太听话。漫爸六年前与我离婚了，我们都组建了新的家庭。这个儿子是我与现在的老公生的。我想再辛苦也要带着女儿，漫爸性格暴躁，我怕耽误孩子。我是不好，一焦虑就大声吼，总骂她神经病。可是我真的害怕接到老师的'投诉电话'，我也不想这样……"就这样，漫妈打开了话匣子。等她倾诉完，已经过去了50分钟。

"漫妈，感谢你对我的信任。听了你的故事，我更加能理解你的伟大。过去的就让它过去。接下来我想请你配合我，与漫成为一对'甜蜜母女'，好吗？首先，我们来了解一下音量……"我告诉她，大于70分贝的音量会对神经有所损伤，建议她以后在家里用30分贝左右的音量与孩子交谈。通过控制音量，我暗示漫妈调整自己的情绪。

接着，我送给她《好妈妈胜过好老师》等书，鼓励她利用工作间隙阅读并随时与我交流。最后，我给了漫妈100个班级的"甜蜜币"并告诉她，女儿到家拥抱妈妈奖励两个，按时完成作业奖励五个，协助做家务奖励五个，临睡前亲子共读30分钟奖励十个。每周如果漫通过努力得到100个，漫妈就可以奖励她，带她去书店挑选一本自己喜欢的书。

就这样，我和漫妈结成了"联盟"。我每天都会关注漫妈的微信朋友圈，给予积极的回应，同时也捕捉漫在图书室用心阅读的图片，制作成相册发送给漫妈，让她看到孩子优秀的一面。

一起加油

家访后的第二天恰好有一节阅读课，漫照例一个人溜走了。我利用课前五分钟和孩子们谈起了漫妈的辛苦，请大家留意和关注漫，同时我提议大家课后给漫写悄悄话，把漫的优点写在小纸条上。

课后，我请漫到办公室与我一起读同学们的"悄悄话"："漫，你一年级就和我同班，那时候你很干净，希望你下次绑起头发哦。""漫，你很爱阅读，记得在童话节上你还得过金奖吧？""我们快要毕业了，漫，我们希望你不要独来独往，其实我们会和你一起玩的。"

……

每一张小纸条，我都和她一起念出来。漫的脸蛋越来越红。接着，我看着她的眼睛，郑重地说："漫，我们一起加油。下次不能再嘀咕'死妈妈''死老师''死作业'了。有话你可以找老师说，老师忙的时候你可以给我留小纸条。老师在你的妈妈那里放了100个'甜蜜币'，你在家里努力赚。在学校上课不迟到也能得到奖励哦。"

漫终究还是一个孩子，被开学初我开展的"欢乐抢购""幸福拍卖"等一系列活动吸引，答应了我的要求。随后，我安排乖巧的诗诗和她同桌，每天让大家带着她一起唱"课前一支歌"。同时，漫妈每天用微信语音发送"睡前30分"亲子录音与我分享。就这样，漫讨厌的"死妈妈、死同学、死老师"开始结盟。渐渐地，漫迟到少了，作业能按时交了，也开始与同桌说话了。

成为风景

"漫，你今天真好看。""老师，今天漫不一样了。""老师，她扎了蝴蝶结，还穿了一套小礼裙。真漂亮！"早读铃响，我刚进教室，同学们就七嘴八舌地拥上来。

今天是星期五。学校规定每个周五同学们都可以自由着装。我在班级赋予这项规定一个新名词：幸运星期五（前一周表现突出的孩子可以成为着装"幸运星"，周五其衣服的颜色就是班级的幸运色）。昨天放学，我在班级宣布漫近期没有迟到，作业也都按时上交，不断进步的她成为第四周的班级"幸运星"。

为了让漫讲卫生、爱整洁，前一晚我与漫妈通话确认了第二天她要穿的衣服，并告诉漫妈这是个契机，可以让孩子重拾信心，融入班集体。漫妈看到孩子最近的进步也十分开心，当即带着女儿去商场选了一套漂亮的礼裙。

那天，嘴角上扬的漫与大家有笑有闹，让人完全想不起几周前她孤僻、邋遢的样子。我的漫啊，愿你一生幸运，活成我们心头最美的风景。

感悟手札

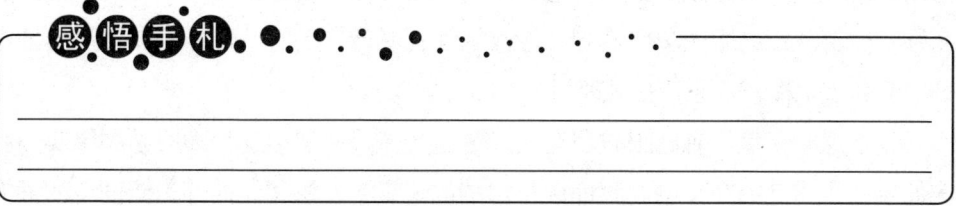

米丽宏

那年，我19岁，穿连衣裙，扎马尾辫，背着简单的行李和一兜子书，到这所乡村中学任教。学校坐北朝南，西倚一座小山，小山就成了天然围墙。山上长着野菊、荆子、酸枣；牛羊和农人常从山腰小道经过，声音悬在我们头顶。

山里学校，不缺野逸之气。推开窗，青山扑来，暮霭相对；出校门不远，是一垄一畦的庄稼地，田间小路上牛羊甩着尾巴慢悠悠地走着。学校的老师们亦教亦农，学生们就像那些野菊花，无须过多照顾，照样蓬勃生长。

学校后面有一片杨树林，春、夏、秋三季，每周二、四、六是语文早读，我喜欢让学生带着课本和板凳去小树林上朗读课。我们一进树林，鸟儿就啾啾叫着避开；但它们也不飞走，而是栖在高枝上静静地听。读书声响起，男孩子声音洪亮，女孩子声音清脆，还有闷声闷气的变声期嗓音。我一边偷笑，一边坐在旁边检查课文背诵情况。有时叶子上的露珠掉落在课本上,"啪"的一声,吓人一跳。小风溜溜穿过树丛,引来煦暖的晨曦;小树林里像花儿一样的人,被笼罩进绯色的暖阳里。

黄昏放学后,我也喜欢到树林里走走。那个年岁上,没有疲倦,全是梦想;梦想倦了,找棵树靠一靠,树便像朋友一样承接住我的肩膀。树林里,有野花,有花香。我从不采花,就让它们自开自谢。我清楚,只需一开窗,漫山绿色和花香就会灌进屋,像我喜欢的散文诗。

我常在树叶的飒飒轻吟里备课、批改试卷,好像村民们在耕耘土地。三年的专业教育和天性里对孩子的热爱,使我拥有激情、耐心和细心。我把文章的脉络理清,就像把板结的泥土翻松;把词句的意思弄透,就像把每一个土坷垃捏碎。多好,一篇文章的版图起伏连绵、徐徐呈现;明天,会有一批种子在这片土地上吸取营养、生根、发芽,长成理想中的模样。

我上课时,每每有朝阳破窗而入,金色光斑投在黑板上,如成熟的果实,我一伸手便可将其握在手中。我诵读朱自清的《春》,讲《红楼梦》诗词,朗诵海子的《面朝大海,春暖花开》。我发现,常有麻雀落在窗台上,歪着头似在倾听,但声音一大,它们便飞走了。

老师,在村民眼中是值得尊敬的人,常有学生家长来学校看看、坐坐,叙叙孩子的事。一个学生的爹来访,说:"孩子交给你了,老师,任凭你处置。不听话,烧火棍揍他小讨饭的!"说得我哈哈直乐!村民朴实豪爽,但我明白好孩子不是揍出来的,我的任务是寻找走向心灵的小道儿。

校园生活总有一些小情节:早晨打开门,石头窗台上一个黄绿花纹的大南瓜赫然入目。谁放这儿的呢?山风吹过,不泄露一点秘密。一个学生的娘用葫芦瓢端来了十几个柴鸡蛋,让我做汤喝。感冒了嗓音沙哑,学生采来一捧青枝绿叶的板蓝根。几个女孩子总会惦记着给我采来野花,插满窗台上的酒瓶子。周末了,跟着老教师去地里刨花生、点豆子。

正月年节味儿浓,村民邀请我到家里吃饺子。吃完饭,边嗑瓜子边喝茶,闲话孩子的学习:在学校里怎样,在家里怎样,以前是如何如何,接下来该如何如何。你说说,我说说,一晚上的时光闲闲散散地就弥散在瓜子的香气和灯光的黄晕之中了。

很多次，当我度假归来，站在山冈高处，遥望鸟巢似的学校，感觉它好像也在呼唤我。我整理一下背包，轻轻走向它。淡蓝色的暮霭升起来，不久又散去；一轮夕阳陷落到鸟巢后，明天还会从东面升起。然而，一茬茬孩子来了，又去了。天南海北的他们，是否记得当年起飞的小校园，记得当年仙气十足、如今已年华老去的语文教师？

感悟手札

一个微不足道的开始

在行一点

你有没有想过，你被流行的"1万小时定律"耽误了？要想成为一个领域的专家，需要1万个小时的练习。这是没错，但你真的有必要成为专家吗？很多时候，你根本不需要登上珠穆朗玛峰，你只要爬爬北京香山，就能看到懒虫们看不到的美丽风景。

美国投资博客Coding VC讲过一个"100小时定律"：要超越80%的纯门外汉，你可能都用不了100个小时，有时候甚至10个小时都用不了。

比如理财投资，可能你花1万个小时，也成不了巴菲特；但花不到10个小时，学学记账、指数、基金、定投，你就能够超越无数"月光族"。比如减肥健身，可能你花1万个小时，也成不了健身教练或运动员；但花不到10个小时，学学各种食物的热量识别、一些简单的锻炼动作，你就能够超越无数还在痛苦节食的减肥者。比如阅读，可能你花1万个小时，也成不了过目不忘的"学神"；但花不到10个小时，学学如何筛掉不值得一读的"水书"，学学如何做笔记和画思维导图，你就能够超越无数"买书如山倒，读书如抽丝"的低效学习者。

再比如绘画，可能你花 1 万个小时，也成不了达·芬奇；但花不到 10 个小时，学会画简单的小人、艺术字，你就能够超越那些画盲，在朋友圈集赞无数。比如摄影，可能你花 1 万个小时，也成不了布列松或森山大道；但花不到 10 个小时，学会一点简单的光影小技巧，就能用手机拍出很有"艺术感"和"高级感"的照片。

从 1 万个小时到 10 个小时，听起来已经很容易了，但为什么上面说到的这些领域，你到现在可能还没入门，还属于被超越的那 80% 呢？因为你定的起点，还不够低，还不够容易。如果你"宅"得太久，爬香山可能对你而言都太远、太累，第一个起点应该是尝试在周末下楼去转转。

这不是在开玩笑，美国作家斯蒂芬·盖斯在畅销书《微习惯》里，介绍了自己的好习惯养成起点：1 天做 1 个俯卧撑，1 天读 1 页书，1 天写 50 个字。两年后，他拥有了梦想中的体格，写的文章是过去的 4 倍，读的书是过去的 10 倍。如果把起点放大，1 天做 10 个俯卧撑、读 10 页书、写 500 个字，看上去"更像样"，也不太难，很多人可能都定过这样的计划，但坚持下来了吗？

我们太容易高估自己的行动力，如果目标定得不够低，为了避免失败，我们很可能就不出发了……这时候小起点的魔力就体现出来了，小到几乎不可能失败、不会有任何负担、快速完成、快速获得成就，继续毫无负担地开始下一步。

就像加缪说的："一切伟大的行动和思想，都有一个微不足道的开始。"在超越 80% 的人之前，你可能先要超越自己，不如先从 20 分钟就能完成的小起点开始，先动起来最重要。

"曲线救国"做编剧

李茜

不知不觉我已经习惯了在填写自己的职业介绍时，在"作家"之后再写上"编剧"。虽然我知道自己其实还只是个初出茅庐的新人，但成为编剧，对我来说算得上是"无心插柳柳成荫"。

我小时候是个梦想很多的人，一会儿想做老师，一会儿想做漫画家，一会儿想去考古，一会儿又想做服装设计师……总之，一会儿一个想法，说得多了，爸妈也就不太当真了。这倒也并非完全因为我三心二意、喜新厌旧，我想大多数人都不是早早就知道自己真正想要做什么，总会有一时的偏好，想去某条路上走一走、试一试，后来发现走不通，或者那条路和自己想象的不一样，或者根本不敢迈出脚步……总之，走不下去，便换一条路接着走。

现在作为我职业的"写作"，最开始完全是出于一种纯粹的爱好。我从中学时开始写小说，后来有一天，大概是初三的时候，我不知怎么的一拍脑袋，跟我妈说将来想去学电影。这在我的"梦想一箩筐"里算是一个挺新颖的职业，可能跟我当时喜欢看电影有关。当然，我妈认为这只是我又一次的心血来潮、异想天开。因为在普通人的观念里，电影是一个离我们特别远的行业，特别是在我们这种地处边陲小城，家中的亲戚朋友往上数三辈都和电影八竿子打不着的普通人家，做电影真的是想都不敢想的事。

不知道是我对这个梦想不够坚定，还是连我自己都觉得太不切实际，总之一段时间之后，我便把这个梦想抛在脑后，投入了新的梦想。

后来，从高中到大学，始终把写小说作为爱好的我，却因为这点小小的坚持而逐渐走上了成为作家的路。发表小说一段时间之后，我开始给漫画写脚本。再后来，我参与了电影的剧本改编，也开始应邀写一些电视剧剧本，甚至电影的剧本。直到有一天，我突然反应过来，原来我竟然已经在"做电影"了！

请原谅我把这个过程讲得三言两语、轻描淡写，因为这确实不是跌宕起伏、百转千回的"追梦记"，我有时候甚至会觉得这是"命"。但别误会，我并不是说这是那种天上掉馅饼式的幸运，而是基于我个人的性格、选择、努力和时机等因素最终汇集而成的命运轨迹。

如果我没有坚持"写作"这个爱好，如果我没有把每一次工作任务都保质保量地完成，如果我没有积极的学习热情和高效的学习能力……我大概都不会有机会实现这个看似虚无缥缈的梦想吧。像我这样"曲线救国"去实现梦想的人，我觉得最重要的一点是要有足够的学习能力和效率。当然，我想每一个梦想的实现，运气也是必不可少的因素。就像人们常说的，努力是1，运气是0，两者组合起来是10，但只有运气而不努力的话，就只是0。

我正在实现梦想的路上，希望你也能找到自己的梦想之路。

感悟手札・・・・・・・・・・・・

我最想成为的模样

琦惠

如果你问我对高中生活有着怎样的记忆，那大概就是这样——季风总会在考试结束后，掠过我身侧的树梢，将倾盆大雨带进我的世界。其实我早就知道会下雨，可偏偏不肯事先准备雨具。通俗一点儿讲：我明明知道自己是"学渣"，每次考试后都要接受老师和父母的轮番教育，承受同学们异样的眼光，却还是不肯好好学习。

我一直自暴自弃，完全放任自己在16岁狭窄的巷底向外探视，也根本看不见所谓的未来之光。尽管我是那么热爱写作，想将自己的名字印在杂志上。可是，又有什么办法呢？

自从课程里多了物理和化学，几乎一夜之间，我"学霸"的标签便不复存在，而伴随它丢掉的，还有我骨子里的那份开朗、自信及乖巧。特别是当父母想让我借"艺考"的东风考上大学，还因此为我办理了转学手续时，我就更加叛逆了。

我开始在数学课上睡觉、在历史课上写短篇小说、在自习课时逃课……还曾离家出走,让父母差点儿报警。总之,我就是那些年老师心目中爱捣乱的"坏学生",父母眼里不学无术的"混世魔王"。如果不是有绘画天赋和一定的文化课基础,我真的不可能考上大学。

我还记得自己16岁后,第一次想要脱下"叛逆少女"的外套,重新披上"女王"的斗篷,是因为学校里的一次模拟采访大赛。

我内心深处其实是长着苔藓的,不想被他人放弃却也不肯自我拯救,很阴暗。我不知未来自己该去哪儿,又能做什么。

我参加了那次比赛后,一切都改变了。在新闻采访的过程中,我结交了各种有趣的朋友。他们有的热爱轮滑,有的擅长吹萨克斯,有的是嘻哈文化爱好者,有的也像我一样在青春里"躁"。每一次,我约他们做专访时,都能感觉到我头顶的乌云在慢慢地散开。

比赛那天,我在朋友的协助下,写下"惨绿少年"四个字作为个人才艺展示。在自由提问环节,评委老师问我:"'惨绿少年'为何意?"

我答:"虽无华服荣身,也可气度不凡,这是我最想成为的模样。"我淡定从容地讲着自己的愿景,在一片欢呼声中,拿到了那次比赛的第二名,还被学校的记者团录取。

随着自己报道的新闻越来越多,我又被空降到了辩论队担任领队,在学生会担任副主席。最后,我还成功策划了毕业晚会。

前不久,一名高中学妹加我的微信,她说:"学姐,我们老师现在把你的故事作为成功的案例讲给我们听,还把你写的文章当成课堂上的作文素材。"

我盯着手机上的这条消息,笑了又哭了,手机里循环播放着一首歌:"我怎么变这样,变得这样倔强,每一步的地方,每一站都不会忘……"这是我很喜欢的一首歌,它总提醒着我,我最想成为的模样,该如何抵达。

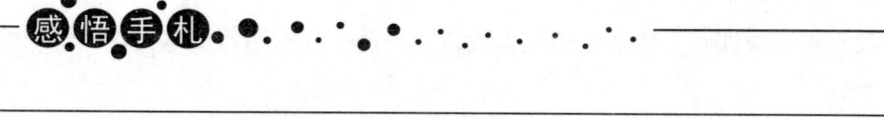

赢不起的战斗

[日] 山本耀司

父亲去世的时候，我才三岁。

在日本社会中，寡妇穿颜色鲜艳的衣服被视为品位粗俗。因此，我的母亲严格依照传统着装。

她教育我要有节制的美德。那时我四五岁，有一天，在幼儿园，老师鼓励我们画画。我画了电线杆，用的是深棕色。老师说："小孩子不应该用这种颜色。"这让我无言以对。让我惊讶的是，老师把浅米色拿给我，建议我把深棕色作为阴影。

小学毕业后，我进入私立的晓星学校，这是一所由法国传教士管理的学校。这对于我母亲来说很不容易，因为学费极为昂贵。我画画很好，数学很差。

从那里毕业后，我进入了庆应义塾大学，这是一所非常有名的私立大学，法学院尤为有名。从那时到现在，所有的父母都对孩子有着共同的期望：上好大学，进入精英阶层。我母亲也是这样期望的。我很听话，顺从了她的期望。

我喜欢学校，但发现自己与同学们格格不入，几乎所有的同学都来自中等偏上的家庭，都是中产阶级出身。这让我看到了出身意味着什么，他们的未来是可以预见的。

完全依赖金钱和社会地位，那种生活不适合我。我开始放慢在学校的学习进度，三年后，我完全停止了学业。第四年，我完成了一次环球旅行。

母亲不反对我去旅行，当时我承诺回来的时候我会"整理好自己"。她给了我一些钱，我卖了旧汽车，打了几份零工，凑齐了路费。我坐了船，去了苏联，去了斯堪的纳维亚半岛，还有法国、意大利、西班牙。游完南欧之后，我乘船回到了祖国。

这次旅行我用了五个月。

我想先谈谈那时是什么在塑造着我，又是什么在塑造着日本文化，想谈谈所谓的主流。

主流体现在我们每个人的父母身上。他们每个人都有自己的社会地位、职业，与其相伴而生的是附于其上的标签，不仅仅是父母本身，还有他们的社交圈。同样一群人在过去、当下和未来都密不可分，沿着同一条预设好的轨迹生活。

这是按部就班的人生的核心，总是重复上一辈人的老路，栖身在家庭的保护下，依赖着传统的价值观。我该做什么？

我，一个从来都处于社会边缘的人，一个置身于富人之中的穷孩子，一个勉强在社会立足的"战争寡妇"的孩子，要怎么融入主流，融入它的代表者之中？

我为母亲所具有的道德力量，为她保护我和承担自己命运的方式感到震惊。她一定是经过了深思熟虑。要融入主流，她不得不做出牺牲，不得不忍受痛苦。

我意识到这一点之后，对充满如此成规的社会感到强烈的厌恶。有一天，我觉得厌烦透顶，决定摆脱这一切的束缚。我告诉母亲，自己绝不想在那些大公司里工作，而希望在她的店里帮忙。

一开始，她并不情愿，可最终还是接受了，但条件是让我去正式的缝纫学校，学习这个行业的真才实学。这很适合我，我很开心。缝纫学校让我解脱。

那时，缝纫学校是为准备嫁人的年轻姑娘开设的，一万名学生里只有不到100个男生。我是其中最年长的一个——23岁。其他男生都不到20岁。尽管有名校的文凭，我还是得从头学起：怎么戴顶针，怎么拿针。过程很痛苦，但最终我还是学到了一些东西。

就是在那里，我发现时尚世界对我充满了吸引力，并看到了自己成为设计师的可能性。

对于我的眼睛来说，一件衣服首先是形态结构。当我分解这些形态的时候，一切自动划分为黑或白，像是在争夺领地，黑色赢得一毫米，白色就失去一毫米。就是这毫厘之间的不平衡吸引了我。

现在，对于我来说依然如此。我仍然对这种能决定最终平衡的领地争夺感兴趣。

时尚转瞬即逝，但服装一定能够长存。

这一点至关重要，正是这一点，创造了时尚潮流的矛盾性。因为一方面，人们要了解一件服装的真实价值；另一方面，人们要展示是什么触及了预言和变化的领域。要解决这个问题，就要将两种需求结合在一起，这也是绘制图纸的设计师最重要的技能。

从文化上看,我认为自己不会在美的历史上留下任何印记,甚至在时尚史上都无法留名。是的,我更倾向于认为只有虚假的东西才能留下痕迹。而何为真实则模糊不清。

对于我本人而言,我和那些希望激起些微逆流的人站在一边。我认为,有些战斗必须输掉。那些最终得出唯一真正意义的战斗,你赢不起。那的的确确是我的挣扎。

我的1000天小树林计划

张萌

一

如果要用好学生或"差生"来定义我的话,我觉得我就是"差生"。不过我作为"差生"的时间,应该回溯到我的初中时代。

我先描述一下我在那个时代的样子吧。我从来不拿书包回家,我是中国第一代的电竞玩家。当年的修改器叫东方不败,我从来不用。每一天晚上我都会通宵沉浸在电脑游戏中。父母拿我没有办法。当然了,他们最害怕的事情就是去开家长会。每一次开家长会他们都要用"剪刀、石头、布"来决定谁去参加,而且每一次都会被老师点名:"谁是张萌的家长?"

这个当"差生"的日子其实伴随了我挺长一段时间,然而我能从游戏当中得到"我是谁"这个问题的答案。我觉得我是一个大侠,因为我特别喜欢在游戏世界中取得胜利后的王者心态,而在真实世界中我往往找不到那种感觉。我上初中的时候特别喜欢打架。因为我的个子很高,和别人打架我总占上风,我们班有好几个男生的头都被我打得缝了针。

北京申奥成功的那天晚上，我的家乡辽宁沈阳全城都沸腾了。第二天，我们的班主任张老师说："你们的人生当中将发生一件大事，等你们上大学的时候，你们可能会成为一名光荣的奥运会志愿者。"说到这里，老师咳了两下，冲我说了句话："张萌，你就别想了。你永远也当不上一名奥运会志愿者。"那个时候我才十几岁，觉得特别受刺激。于是我就问老师："怎么才能成为一名奥运会志愿者？"老师说："很简单，学习成绩好就可以。你得先考上一所好高中，才能考上好大学，好大学的学生才有机会成为奥运会志愿者。"我说："懂了。"

接着，我就"丧心病狂"地开始早起了，每天凌晨两点钟起床，原来我都是睡到自然醒。经过了一段炼狱般的学习生活，最后我考上了沈阳最好的高中。之后我一直都是一名好学生，因为我心里一直装着一件事，那就是当一名奥运会志愿者，为国争光。

赌着一股气去学习，和压根儿没有目标的学习是不一样的。我考入了中国排名前列的学府——浙江大学。我学的专业非常好，是生物医学工程，是一个非常有前景的专业。我跟很多同学不一样。大部分同学在入学时做的第一件事是拎着行李箱去找宿舍，我做的第一件事是问老师："怎样才能当一名奥运会志愿者？"

那是2005年，离2008年还有三年时间，奥运会志愿者报名工作还没有启动。老师说："你再等等。"可是眼瞅着到2005年年末，北京已经开始招募志愿者了，我焦急地问老师："我什么时候有机会去报名并且成为一名志愿者？"直到2006年的时候，老师才跟我说："唉，你别想了。因为我们在浙江杭州，这里不是奥运会主场地，所以你可能没有办法成为志愿者了。"不过老师安慰我说："没关系，只要你心向往之，下一次咱们国家申奥成功的时候，你依然可以成为一名奥运会志愿者。"于是我问老师："什么时候？"老师说："有生之年吧。"

我觉得，不行，我得做点什么。我当时脑中就想到两个字——退学。这个想法就像种子一样开始慢慢长大，变成了参天大树。

一天，我跑到学校的教导处敲老师的门。我说："老师，我是来退学的。"他说："什么理由啊？"我说："我想当一名奥运会志愿者。"老师说："这位同学，我在浙大工作了几十年，你是第一个以这种理由退学的。这样，你明天再来，我们领导明天在。"

第二天一大早，我就等在教导处门口，教导处主任接待了我，他说："张萌，听说你是因为想当奥运会志愿者才退学的？"我说："是的。马上就要高考了，时间紧，任务重，请赶紧放我走。"他对我说了一段话，这么多年过去了我依然记得，他说："你知道吗？你再去参加高考不一定会如愿，很有可能会输。我觉得你一定会后悔的。"说完，他就帮我办了退学手续。

二

2005年，我从浙大退学后，立即去复读。我之前是理科生，但那个时候如果我想去北京读英文专业，必须读文科才行。在距离高考还有两个月时，我以文科生的身份报了名，而那时，我甚至都不知道历史、地理、政治课都学些什么。我就像一列火车，在隧道当中穿行，周围的一切都是黑的，只有一束白色的光点在前方指引着我。那两个月我不停地刷题，经历着备考的煎熬。而且，后面还有一种煎熬等着我："张萌，你一定会后悔的。"这种煎熬一直在我内心深处。

最后，我考入北京师范大学英文系。北师大有一个传统，那就是大一新生一入校便进行综合素质考试。对于英文系的学生而言，就是要考察一下英文水平。英文一直是我几乎不用专门学便可以学得很好的科目。全年级120个人，放榜那天，我找了半天都没找到自己的名字。于是我就问老师："您是不是把我忘了？"老师说："没有啊。你看，你不是第89名吗？"120人，我考了第89名。最近几年我总是在榜单前几名找自己的名字，优秀的我可从来没考出过这种成绩。

那天晚上回到宿舍，我久久难以入眠。我在想我怎么就这么差，好像比周围的人都差了很多。我觉得我得做点儿什么。现在不行，但也只是我的起点不行，我的终点不见得会不行，我有3年的时间可以努力。3年的时间，1000多天，我要跟自己做个约定：别人在睡觉的时候我起床，别人在荒废时间的时候我争分夺秒。我每天早上5点钟起床，从早上5点晨读到8点或10点，一天保证3小时到5小时。如果连续1000多天都能坚持的话，那么3年时间我将获得3000小时到5000小时的学习时间。如果把这些时间用来学习英文的话，我将会是一个英文很厉害的人。然后我就开始这么做了。

刚开始这么做的时候我觉得自己特别孤单。因为我选择一个人在小树林晨读。小树林是情侣谈恋爱的地方，树木特别的茂密，郁郁葱葱，只有我孤零零的。我选择在这里学英语是有原因的，因为我有一口东北口音，我很自卑，不想让别人听到我的英语说得那么难听。就在那儿，我开始苦练英语口语，完成了从0到1的转变。

我仍然记得北京快到三九天的时候，外面的温度已经到-10℃到-20℃了，特别冷。我每天都在小树林里站3小时到5小时。我真的觉得自己快要被冻成冰棍了，而且至今还能想到那种寒冷的感觉。每次当我朗读完走到温暖的教室里时，我的身体要好长时间才能暖和起来。我甚至拿不起笔，全身只有眼珠是能转动的，剩下的都僵住了。这就是那段时间给我留下的冰冷的记忆。

就在我要放弃的时候，第一学期的期末考试成绩出来了。我正在排行榜上找自己的名字时，舍友跟我说："我的天哪！张萌，你怎么跑第一名去了？"那一刻我真的不敢相信自己的眼睛。尽管我知道努力会有回报，但我没想到见效这么快，我居然可以考到第一名。好像"小树林计划"让我的人生"开挂"了。从第一学期以后，连续3年，我拿到了北师大所有的奖学金。

三

考入北京师范大学，我做了我梦寐以求的一件事，就是问老师我有没有机会去报名成为一名奥运会志愿者。老师说："现在马上开始报名程序了，我们很快就会组织第一批志愿者。"后来我如愿以偿地成为中国第一批北京奥运会志愿者，负责国际礼宾陪同工作。那个时候还发生了一件特别的事，那就是我看到奥运火炬手也正在招募中。那时CCTV举办了一档节目，叫作《你就是奥运火炬手》。北京市共有3万多名市民参选，最终选70名奥运火炬手，其中只有一个名额给在校大学生。我记得我一轮一轮参加竞赛，最后非常荣幸地以一首《奥运之歌》成功当选。

我是在内蒙古赤峰传递火炬的，是第93号火炬手。我在拿着火炬的那一刻，不禁回忆起自己的过去：我，一个"差生"，喜欢打架，喜欢打游戏，好像周围所有的老师和同学都不太喜欢我，最后却逆袭成这个样子。其实我走的每一步都是看得见的，每一段道路也都看得见，可能这就是成长吧。

2008年对于我来说真的是神奇的一年。这一年同时发生了两件事情，一件事就是我传递了奥运会的火炬，另一件事是我还参加了APEC的CEO峰会。突然有一天我看到了一则广告，上面是这么写的：你想成为未来的青年领袖吗？你希望成为人群当中被关注的焦点吗？现在来参加我们的英文演讲比赛吧！那场比赛叫APEC"未来之声"英文演讲比赛。奖金倒是没有多少，但是奖励很吸引我，那便是随同当年的国家领导人一起出席 APEC 的 CEO 峰会。

　　为了这个奖励我参赛了。可是在比赛现场看到我的竞争对手时，我就已经开始腿软了。在他们当中有清华大学的，有北京大学的，有北京外国语大学的，还有母语就是英语的。跟他们 PK 英文演讲，想赢简直是天方夜谭。但我没想到自己过五关斩六将，通过了复赛，最后杀入决赛，居然还得了第一名。

　　前四名都有机会去参加 APEC 峰会，我是第一名，于是我便成为媒体关注的焦点。当我走到 APEC 的会场中时，马云先生负责指导我创业成长，他说："张萌啊，你是中国遴选出的最优秀的那一位，你要好好地去做一番事业。"那是一个青年组织。所有的大咖都非常关注中国青年的成长，那也是中国第一次以经济体形式出席青年论坛。

　　回国的第二年，我就成为这个青年组织中国区的秘书长，负责中国青年事务发展。又经过了第三年和第四年，我发现一个问题，就是在这样一个青年组织当中，中国的声音好像并不能被听到。有太多的中国青年需要有责任心的企业家导师帮助他们成长。可能一个大学毕业生，他没有工作技能，也没有相应的方式、方法，但是这些大人物都具备，而且他们也希望有一个平台能够去助力年轻人成长。因此，我在 2013 年创办了"LEAD 立德领导力"，致力于青年发展。

　　《道德经》当中有一句话非常吸引我："天下难事必作于易，天下大事必作于细。"这句话其实就是告诉我们，你如果想坚持把一件事做好，就要把每件小事都做好。把简单的事做好，才能成就伟大的事业。

　　我觉得要真正改变一个人，首先要改变一个人的思想。生活中难免会遇到困难，正如我们在帮助青年就业创业、升职加薪时，遇到太多从 0 到 1 实现梦想的青年人。我们发现，如果你多坚持一点点，相信坚持的力量，你就会有意想不到的收获。

感悟手札

心智上的成年

巫小诗

高考结束的那个暑假,我刚成年不久,骨子里迫切地想要做一些事情证明自己已经是大人了。要知道,一个人在刚要拥抱世界的时候,总会有轰轰烈烈干一番大事的期待。于是,我做了人生的第一份兼职,也经历了状况百出又充满能量的一天。

我去一家小旅行社当助理导游。所谓助理导游,说白了,就是游客的后勤人员。我所在的县城太小,没有全程的导游服务,需要助理导游把游客护送到旅行的城市再交接给当地的旅行社。这项工作没有太高的技术要求,认真细致就好。暑期旅游热,旅行社人手不够用,虽然我年纪小又没经验,也被勉强收下了。

前两次的跟团工作,去的是本省的庐山、井冈山之类的景点,团员都是退休人员,很好说话,整个过程非常顺利。数数人头、收发证件、看看风景、侃侃大山,好不清闲自在,让我一度觉得自己的第一份工作太顺利了,简直是开门红。可在我第三次跟团的时候,发生了旅行社创办以来最大的事故。

那一天,我带领一行19人的旅游团赶赴西安。这是我第一次带出省的长途旅行团,我需要领全团游客先坐汽车去武汉,再坐火车去西安——这是最经济的组合线路。我们只需要准点到达火车站,找一个姓龚的先生拿到我们全团的火车票即可。

可谁也没想到,非节假日的高速公路,那一天却仿佛要堵到地老天荒。时间原本安排得很充裕,可眼看着就完全没有了赶上火车的可能。在得知必将误点后,乘客们开始牢骚满腹,原本亲切的叔叔阿姨围着我喋喋不休:"你们旅行社是干什么吃的?""我们不去了!双倍退钱!"甚至有人爆了粗口。

我慌了,这种情况还是第一次遇到,没有人告诉我接下来应该怎么做。甚至没有一个人把我当小孩,哪怕一点儿体谅我都感受不到。

我问司机师傅应该怎么做,他却尴尬地说,他只负责开车,高速公路堵车是他左右不了的,这种情况,他也是第一次遇到。我的泪水在眼眶里打转,强忍住没有流下来，只是心里告诉自己，不能哭，哭了会很丢脸，我是他们的服务人员，哭不仅解决不了任何问题，还让人笑话，更让旅行社丢脸。我拼命让自己冷静，想着怎样安抚大家的情绪和减少旅行社的损失。

虽然注定赶不上火车，但火车那时还没有开。我打电话给已在车站等候的龚先生，让他看能否改签合适的车票，改签不了就退票，不然火车开出后损失会更大。可是，暑期车票紧俏，别说改签20张当天的卧铺票，20张硬座票都是不可能的事情。滞留武汉？不行，一群人的住宿将是一笔巨大支出。原路返回？当然更不行，旅行社将面临被投诉以及经营诚信受损等问题，在小小的县城里还会因为这事砸了招牌。无路可退了，当晚必须走，只能退了火车票，想别的法子。

旅客们情绪依然很激动，我鼓起勇气，擅自做主，以旅行社的名义掏钱请大家吃晚饭表示歉意。大巴开到高速公路边的一家不错的餐厅，旅客们进去用餐的时候，我开始疯狂地打电话。我决定当晚坐汽车走，联系了几家客运公司，要么没有合适规格的车，要么价钱太贵。一连串的电话打下来，终于，老天都被我感动了，我联系到一辆中型长途客运巴士，价格可以接受，能连夜将旅客送至西安，这车也是卧铺，旅客不会劳累。

但是，这辆巴士只有19个座位，而旅行团成员加上我一共有20个人。高速公路严禁超载，怎么办呢？我决定自己不去了，少我一个的话，座位刚刚够，毕竟对于游客而言，我是个没有存在感的路人，谁跟团都一样。我通过旅行社联系到了一名西安当地的导游，她会在车站接应游客。谢天谢地，一切安排妥当了！我绷紧的神经瞬间松弛，整个人简直要瘫软在地上。

送旅客们上车时，一个阿姨问我："姑娘，你真的刚刚高中毕业吗？"

"是啊。"我不知道她为什么突然问我这个问题。

"我的女儿跟你差不多大，她如果碰到今天这样的情况，绝对会吓傻的，你干得好呀！"

"谢谢！"我笑了笑。

车开远了，我还愣在原地。其实，我早就被吓傻了，只是还没缓过神来。

送游客来的那辆大巴，晚饭前就赶紧走了，误点对于大巴司机而言，也有经济损失，他没有义务陪我一起想办法。当时已经是晚上十点，没有回家的车了，要在武汉滞留一夜吗？付了两桌饭钱，我身上的钱所剩不多了，住宾馆就买不起车票了,而我也不想独自在这座刚发生不愉快的城市住一夜。我放眼看了看,自己站的地方似乎离高速公路不远,于是,我向高速路口走去。是的,我决定搭顺风车,从来没有搭过,不知道会不会像旅游杂志上写的那么简单,也许胜算不大,只能硬着头皮试一试了。我知道,货车司机大致有两种组合,要么是两个人轮班开夜车,要么是一个人开整个晚上,一个人的话,副驾驶座上是空的,我可以坐。

高速路口堵车,我一路走过去,寻找家乡的车牌号,赣G,是的,就是这辆。我太累了,不想把很长的故事复述一遍,我朝驾驶座上的师傅大声说:"我通宵跟您说话,防止您瞌睡,您让我搭车回家好不好?我走不动了,也没有钱。"我很幸运,他爽快地答应了,挥手示意我上车,这一切顺利得跟电影里的故事一样。然后,我拖着疲惫的身子,几乎整宿都没合眼,跟一位素不相识的货车司机师傅唠了一宿的嗑儿,从他小孩的成绩,聊到了国家时事。深夜两点,他还请我吃了碗泡面,那面汤夹杂着泪水,有点儿咸。

我是凌晨五点到家的,旅客几乎在同时抵达了西安。我如释重负,瘫倒在床上,一觉睡到傍晚。回想着前一天发生的一幕幕,我感到不可思议,天哪,那是我吗?我居然独自摆平了那么大的烂摊子,居然敢在高速路口搭顺风车,居然跟一个陌生的货车司机聊了一个通宵。一切想都不敢想的事情发生了,而我挺了过来,我简直要被自己感动了。

凯鲁亚克说:"人在一生当中应该体验一次健康而又不无难耐的绝对孤独,从而发现只能依赖绝对孤身一人的自己,进而知晓自身潜在的真实能量。"这句话,放在那天的我身上,是多么的贴切。18岁生日那天,是我年龄上的成年;而这一天,是我心智上的成年。

感悟手札

浪费的时光未必没有价值

静岛

大四的时候,我第一次明确感受到,自己浪费了四年时光。当时我在一个城乡接合部的高中当了为期一个月的实习老师。要在课堂上吸引学生,除了专业能力和经验,还需要充沛的体力、丰富的情感以及较强的自信心和沟通能力,这些远远超过了我这个书呆子、社交恐惧症患者的能力范围。我非常清楚:我不适合这份工作。

这不是我想要的生活。然而,我不得不承认,是我自己浪费的时间让我遭遇了这样的局面。

如果人生可以重来一次,我想回到大一。那时我刚考进中文系,对文字敏感,对阅读和写作着迷。那年冬天,我去上海戏剧学院找读电视编导系的高中校花,跟她和她的同学玩了两天。他们聊到我没有听说过的艺术家和理论,聊到让当时的我觉得匪夷所思的生活可能,聊到或青涩或宏大的梦想。这些聊天让我忽然意识到,世界上原来有这样的专业,让人这样活着。我想创造一个又一个不仅仅停留在纸面上,还能转化成影像被人观看的世界,这才是我真正想做的事情。

我应该做的是退学,重新参加高考,争取重来一回的可能性,但纠结了一个星期后我放弃了,我实在是太害怕失败了。于是几年后,我去做了实习老师。

我带的这个班,按照历年的数据推算,顶多1/4的学生能考进普通院校。我想这些十七八岁的学生,或许几年后就会和22岁的我一样,发现前途渺茫,感受绵长而绝望的现实。

实习快结束的时候,我请学生写下他们的梦想。他们的答案极其丰富:数学家、宇航员、流行歌手、演员、画家……要做画家的学生,在纸条上写道:我要考进中央美术学院,第一年考不进,就考第二年、第三年。经历过中考,绝非胜利者的他们,面对未来原来有着这样充满元气的斗志。

是他们的答案,让我从沮丧中走了出来。人生的可能性的确远非此时此地而已,我才22岁,一切都还来得及。

我坚持阅读、写作、听讲座，参加编剧比赛。花了很长时间，我做到了，写了一些被读者认可的小说，出了书，卖出若干影视改编权，担任了几部电视剧、网剧的编剧。写出来不过区区几十个字，做的时候却经历了不少坎坷。像我这样半路出家、缺乏专业训练的人，在担任编剧时尤其战战兢兢，别人在大学阶段就已经解决的很多技巧性问题，我是在实践中以最笨的方式慢慢摸索出来的。

如果我上大一的时候就退学去重新参加高考，考编剧专业，是不是会走得更顺利？很难说。本科阶段阅读的大量经典、做过的文学评论训练，让我的剧本写作坚持了从文学出发的原则，这正是我和有些编剧的不同所在。而工作经历也拓展了我的写作范围，在写到校园生活时，我可以很轻易地调动起担任老师的那段回忆。

生活中有太多无法一望便知因果关系的事情，每个人都会浪费时光。让每分每秒都有价值，原本就是不切实际的奢望，就算是机器人也需要充电和系统升级。在人生的旅程中，如果能有敏锐的判断力和高效的执行力，并且能做到两点之间直线最短，当然是好事。但是旁逸斜出的那些岔路，曾经让你迷惘的迷宫，未必没有价值。凡走过必有痕迹，你以为浪费的时间，一样会给你带来经历、感受和人际关系，这些都可能在你意想不到的地方帮助你。

你需要做的，是尽早明白自己究竟想要什么，能够为之付出什么。不是每个人都必须取得可以被量化的成功，但如果你想要的生活需要付出持久的努力，那就要对曾经浪费的时光保持羞耻感，允许自己偶尔软弱，但永远都要记得站起来重新开始。

面对已经无法改变的过去，找找里面有没有什么可以帮助你的，在此基础上，认真去做点什么，去留下点什么；如果没有，叹口气，承认自己浪费了这段时光，告别它们，与自己和解，这是你能给自己的最好的礼物。

感悟手札

迈出这一步

张佳玮

在上幼儿园时的某个春天,我被母亲带到纺织厂,放在宽敞的仓库里。在山一般高的布匹中,母亲给我留下一堆从工厂图书馆里借来、售价三毛八分一本的连环画。在我还只能约略明白一些省份、河流和花朵的含义的年纪,图画拯救了我:它们是连贯的片段,连缀成一个又一个故事,可以与电视屏幕或现实生活交相辉映。

我识字之后,最初与我做伴的是《杨家将》《说唐全传》,还有《三国演义》《东周列国志》。白马银枪、辕门刁斗、沙场尘烟,成了我最初的幻想世界。每次读金戈铁马读得紧张了,我就抬头看看晴朗的天空,便将这种恐慌消解了。就这样,我读了《水浒传》《荡寇志》,然后再读金庸的武侠小说。小学毕业时,我读了李青崖先生译的《三个火枪手》。我本指望从中看到豪侠击剑,却被老版小说中的插图迷住。骑士帽、剑与酒杯、巴黎的旅馆与衬衣。于是,那一个夏天,我如蚕食桑叶,跟着线索读这本书。我也读了巴尔扎克的《高老头》,里面的拉斯蒂涅,年纪轻轻就想在巴黎当野心家⋯⋯于是,我对兵戈剑侠的爱好,被欧洲的街道剪影取代了。

上高二时,我读了张爱玲的短篇小说《等》。这篇小说写在一个推拿医生的候见室里,一群姨太太在聊天。具体的情节我忘了,只记得结尾有一段对上海景色的描写,写一只猫缓缓走过。不知为何,读这篇时,我很想去上海。于是2002年,我去上海读大学。

从大一到大二,除了完成学业,我自己也写东西。那时我没多想什么,只觉得自己喜欢写东西,那就继续写吧。到2004年三月,大二的下半学期,我出了自己的第一本书。到2006年时,我读大四,出到第四本书了。大学毕业时,我不想找工作。等我知道单靠写东西养活自己很艰难时,已经是后来的事了。当时我想得很简单:反正我开支不大,也还写得出来,就继续写呗!

那些年，我在上海住着，房间的墙壁雪白。夏天我挂上莫奈的画作海报，冬天我挂上伦勃朗的画作海报——前者光影多变，后者幽暗深邃，分别适合在夏天与冬天挂。

也是 2007 年夏天，我决定去巴黎。一半原因是我读了海明威的《流动的盛宴》，另一半是因为小时候读大仲马与巴尔扎克的书所受的影响。我爸说："巴黎？我知道，巴黎圣日耳曼足球队嘛！莱昂纳多和拉旻（两位巴西球星）都在那儿踢过球！"本来大学毕业一年后，我一个月写几篇约稿就够我的开支了，但为了攒去巴黎的钱，我开始增加工作量。从 2008 年到 2010 年，我还兼职在上海的一个频道做解说嘉宾。当然，我最初去做解说嘉宾，多少也是为了圆自己中学时给父亲吹的一句牛："将来，我要去解说篮球！"

2012 年秋天，我去法国的领事馆面签。签证官问我："许多人年纪轻轻就出国读书了，你已经 29 岁了，这是为什么呢？"

我回答道："因为到 29 岁，我才攒够了钱，可以学想学的东西。"

签证官继续问："那你最初的动机是什么呢？"

我回答说："我读的第一本外国小说是《三个火枪手》，第二本是《高老头》。我到现在还记得《三个火枪手》里的所有情节，对《高老头》虽然不那么熟悉了，但我记得这两本书的主角，一个是达达尼昂，一个是拉斯蒂涅，都是年纪轻轻，就想去巴黎见识一下世界。然后，我喜欢的作家海明威写过一本书，叫《流动的盛宴》，写他在巴黎的生活。所以，我想去见识一下。"一个人年少读书时立下的愿望，会一直跟着那个人一辈子吧？

2014 年，我去了莫奈与伦勃朗的故乡后，出版了莫奈和伦勃朗的传记：那是我当年在上海时就存着的心思。我跑去巴黎圣日耳曼队的主场看球，拍下拉旻和莱昂纳多的海报，发给我爸爸看。

许多愿望与念头，都是这么循环往复的。

偶尔有人问我，做自由职业者是不是很自在、很开心，是不是特别轻松？并不是。世上的事，苦和累总得占一样。

做自由职业者，到后来大概都有这种感觉：小范围内，享有一定的自由，但也得承担一些风险；大尺度上，并不那么自由。因为自由职业者首先有自己养活自己的压力；即便不必为生活担忧，那么大多数自由职业者也都希望，能在足够短的时间内，更高效地完成工作，并收获快乐，不希望浪费时间。而这种不希望浪费时间的想法，会始终驱动着自己。所以，我知道自己有更多的可能性，知道自己境遇的起伏是和自己的认真程度相关的。甚至你越认真工作，就可能收获越多的自由。所以，自由职业者真正需要说服的，通常不是老板和家里人，而是自己。

回头看看我走的路，如果有什么教训，那就是：当暂时迷惘，不知道该怎么做，或者闲下来又有罪恶感时，那就去干活吧。不一定是写东西，可以是读书，可以是锻炼，总之，做点儿什么。

2014年，我开始跑步。通过跑步，我慢慢学会了许多东西。以前不跑步时，我会相信心情决定一切：心情抑郁了，一下午都不想动弹。跑习惯之后，再遇到这种情况，我会第一时间思考，是不是身体缺水？是不是坐姿不对导致的疲劳？是不是疲劳反过来影响了心情？跑步会让一个人成为唯物主义者。跑习惯了，你很容易就能明白，意志和情绪其实是受身体状况摆布的。

将这种思想应用到写作中，也是如此。

持续地跑步和写作，也让我明白：人的潜力是很大的。比如，我告诉自己：你可能以后每天都得写一两篇稿子。那时的我一定对这种念头瞠目结舌。但当你习惯了这种节奏，就像做力量训练，不断给自己增加难度，你就会发现，还好，还承受得来。

到巴黎的第六年，我还在写东西，顺便翻译了当初让我来巴黎的动力之一——海明威的《流动的盛宴》。现在想想，我人生的大多数转折，都跟所读的书有关系——其实许多人都如此，只是我还记得缘由罢了。读过的书，不一定都记得住，但会存在心里，在不知不觉间就改变了你的人生。

最初的念想在哪里生了根，多年之后，说不定就会在那里发芽。锻炼、读书、写作，包括每个人自己的活儿，只要是朝着那个方向做了，都不会白费。人生在世，非苦即累，一定会占一样。在艰难得不知所措时，踏出第一步，顺着惯性继续走下去，不要多想，走过一段，你多少就会成为一个新的自己。如果一直在原地发呆，那你永远是原来的自己，不能解决任何问题。

无论在任何惶惑的时刻，朝着自己喜欢的方向，迈出一步，试试看。

感悟手札

最好的样子

肖遥

岩井俊二导演的电影《你好，之华》里有句台词："愿你活成最好的样子。"之南的故事其实在有意无意地追问：那些学生时代令人难忘的"女神"，后来有没有活成"最好的样子"？

未必。甚至有可能青春期就已经是她们的人生巅峰期，她们是朴树歌里的"那些花儿"，是贾宝玉眼中大观园里的姐姐妹妹们。在《红楼梦》里，这些美丽又脆弱的生命后来经历的是"一年三百六十日，风刀霜剑严相逼；明媚鲜妍能几时，一朝漂泊难寻觅"。这也是之南的结局：被家暴，得抑郁症，自杀。

这个过程，如同村上春树所说："不管是樱、萤或枫，都会在极短的时间内失去它的美丽。我们为了目击那一瞬的光彩，路途再远也愿意前往。那里存在的不只是纯粹的美丽，人们亲眼确认它们失去小小的光芒，看到鲜艳的色彩在眼前凋零，会不自觉地松一口气。当目睹一场美丽的盛宴消逝时，反而能找到安心感。"

这正是日式审美中所谓的"物哀"，正如随风飘舞的樱花花瓣带给人的感伤和哀愁。一阵清风吹过，花瓣无声飘落，面对这种"霁月难逢，彩云易散"的悲哀，即便内心已经汹涌如海，表面上也只是云淡风轻，将之化成一种对命运的接受乃至品味，哪怕是面对生离死别。

关于分手、离别、失败等生命不可承受之绝望，物哀式的审美提供了一个视角：化悲痛为力量，就是将自己充分地沉浸到人间烟火中去。比如在是枝裕和的电影里，会不厌其烦地出现食物——《步履不停》的家庭聚餐，《海街日记》中奶奶酿的梅子酒。同样受伤，"吃货"更容易恢复元气。就像苏轼被贬到"天涯海角"，惊叹于生蚝"食之甚美，未始有也"，很快忘了自己身陷绝地之苦、政治生命面临终结之痛，并一本正经地修书给儿子，让他千万不要公开生蚝的秘密，担心被朝中士大夫知道了，会跑到海南来跟他抢——真可谓"垂死病中惊坐起，吃喝玩乐又一年"。

除了美食，琐事为何能够治愈我们？当非常投入地准备一份早餐或打扫一间院子，体会每个动作和细节，把其中的感受无限拉长，就像把视频以四分之一的速度播放的时候，给人的感受就完全变了——电影镜头里，伴着音乐和簌簌落下的缓慢的雪花或旋转的落叶，男主和女主说好谁也不回头，各自走向再也没有对方的未来。即便是失恋和分手，因为放慢了节奏，拉长了过程，并不急于奔向一个终点，也会变得浪漫起来。

话说回来，究竟什么是最好的样子？在人群熙攘之处，心中不免寂寥：我们仿佛永远也达不到别人眼里"最好的样子"——不如姐姐美，不如妹妹萌，比不上哥哥一家人和美幸福，也比不上弟弟放浪不羁、活出自我，甚至不如从前的自己无知无畏、精气十足……日式审美告诉我们，"最好的样子"其实就是当下的经历：一箪食、一瓢饮、一种心动、一场付出，和别人无关，只和眼下的选择和承受有关。

哪怕我们终将坠落，像落叶、落花、落雪，在兜兜转转、纷纷扬扬的那一瞬间，也可以是最好的样子。

感悟手札

一个贫困生的十年

黄振乾

昨天,我往中国银行的固定账户存入400元人民币。至此,我还清了本科时期的国家助学贷款,加利息一共2.8万元。就是这些钱,折腾了我这么多年。我想写一点关于贫困生的故事。

我家在云南大山里,在村里也是"中产"。从我出生之后,我家再也没有为温饱问题担心过。但上学依然成了一个大问题,家里能够变现的能力实在有限。我家酿的酒很好,但最多只能卖到隔壁村。我读书需要的钱大部分来自养猪,但猪价行情不稳,再碰上五号病什么的,就会很头疼。我家自有田地不少,但产出有限。所以,我家的资产只能供我读到高中,上大学是完全无能为力的。

我能来读重点大学当然是荣幸的。但上大学不得不申请助学贷款,我父母自然也会尽其所能地给一部分生活费。到上海读书,有一个很小但很重要的原因就是,我相信在上海这种大城市,贫困生会很少,我或许能拿到更多的资助。

我上高中时,班里50多人,一半是贫困生。到上海后,班里贫困生只有五人,我几乎每年都能拿到贫困生专属的国家励志奖学金,而且更容易获得勤工俭学的机会。

那么,当时我借了多少钱?2.4万元,一年6000元,刚好够缴学费,但生活费和住宿费需要自己出。我们住在郊区,不可能有什么谈情说爱的希冀,生活费也没这么高。本科四年的时间可以简单地用几句话总结:晨读、上课、助管、图书馆、跑步、洗冷水澡。

2011年我考上复旦的研究生,终于不用缴学费了!可是,就因为读研究生时换了学校,原校要求我还款。除我之外,我们班借款的另外三个同学都用父母的钱一次还清了(不用还利息)。我不想也不能够折腾父母,决定自己还款。我选了年限最长的,一个月还400元,利息一共4000元。

我没有工作,没有收入来源,所以,只能在读研究生的时候再次申请国家助学贷款1.5万元(一年5000元),刚好填上本科的"大坑"。但是毕业后还得自己还啊。每个月我都会准时去最近的中国银行还款，基本都是拖到最后一天。

贫困对我造成的打击，来自去中国银行还贷的时候。那时候没有自动还款机，我在陌生的银行大厅排队等候，看到前面一个操着上海话的大叔来取款，居然拎着一个黑色麻袋，把钱一捆一捆地往里放——我真没见过（除了在电影里）。我当时异想天开地想：他要是我爸该有多好。当叫到我的号时，我甚至想逃，我用有生以来最没底气的声音告诉她："麻烦您帮我把……400元存进……这个账号。"

为什么有的人这么富有，而有的人这么贫穷？我对这个社会的政治哲学思考，大概就始于这件小事。

其实，我研究生毕业的时候是有机会还清贷款的。我在复旦拿到的奖学金和助学金要比本科时候多得多，但这些奖金全被我用来考托福和GRE了（我一共考了五次托福，五次GRE），直到考到满意的成绩。这是我在最穷的时候干过的最烧钱的事情。

我从复旦毕业的时候，裤兜里几乎连一枚硬币都不剩。

我的十年贫困生经历告诉我，贫困生没有什么不同。贫困不是值得骄傲的事，也不是见不得人的事，更不是值得同情的事，贫困生也有破茧成蝶的机会，前提是你要足够努力，有足够的耐心，内心足够强大。

我读博之前，两次面临回家与留学的选择，我都选择了更难的路。第一次是本科毕业的时候，我可以选择回家，回去就是荣归故里。第二次是读研究生期间，我母亲重病住院，我有过回家守护在她身边的想法。

但我选择留下来。回去的决定是艰难的，但回去能使生活变得容易；留下的决定是容易的，但留下会让生活变得艰难。

大概，我的固执与生俱来：我坚信任何人都能做成他想做成的事，只要全力付出甚至牺牲。

大概，我的努力、卖力和笨拙，有一部分来自天性的倔强，有一部分来自对认可的渴望，有一部分来自对不平等的愤慨，更有一部分来自对未知的探索——这部分从未褪色。

一位作家曾说，出生于贫困的小渔村给了她蔑视权威的勇气。我不是很赞同。面对权威，出身底层的人多少会带着一丝卑微。然而，通过努力、成长和蜕变，我彻底摆脱了狭隘和自卑。

我觉得，虽然我还没做成什么大事，也不是成功人士，但穷人真正的敌人，很多时候是多年后已经逆袭的自己。

从自己的经历来看，在普洱市一中读高中的我，是自卑而敏感的；在华政读本科的我，是渴望被认可却能力不足的；到复旦读研究生时候的我，带着些过度表达的虚假自负；而现在读博的我，或许是变得更好的一个我。我渐渐懂得：没有一个人的成功是理所当然的，比你厉害的人，不一定智商比你高，而是他用正确的方法去做了正确的事情。

我开始欣赏社会的多样性，开始了解、学习、探求一些重要的问题。

我相信制度是脱贫的最大法宝，就像国家助学贷款这样的政策。如果没有国家助学贷款，我现在或许是另外一个人，但恐怕不是我喜欢的那一个。

决定一个人能走多远的，永远是你正在走的路，以及路的方向，而不是出发时的位置。

我相信路不止一条。

借我一束光照亮黯淡

邱思捷

一

我走出北京南站的时候，正值正月十五。第一步迈出车站，便与寒冷的风和暖色的灯打了个照面。我总有些不解，为何学校要在此时开学。春节未竟，脚步已至，心思总还在别处。

月是故乡明。北京的月色氤氲暗淡，幢幢灯影取而代之。栉比高楼，川流车辆，我想，九百年前辛弃疾的"宝马雕车香满路"，吟的定是如我眼前这般的景象。"宝马雕车香满路"写的乃是上元之日，想到此句，"蓦然回首，那人却在灯火阑珊处"早已跟了出来。

我转身回望，出站口已经化在夜色里，搭我来的火车早已远走。我不想再停留，提着大小的行李仓皇地往地下通道跑。隐约听到通道里传来歌声，放在平时，我只会想歌好不好听，偶然路过，至多看几眼便作罢。今时今日，却突然想去见见这个同我一样，独自度过上元佳节的人——循声过去，竟是一个二十出头的姑娘。她在唱《借我》：

借我不惧碾压的鲜活

借我生猛与莽撞不问明天

借我一束光照亮黯淡

借我笑颜灿烂如春天

二

我走得很近，乃至能看到她手指上被吉他弦压出的凹痕，多用的指尖早已泛黄生茧。她的木吉他不怎么新了，漆色暗沉。在有些老旧的地道里，唯有她的嗓音是上扬的。

在她不远处的一个小盒子里只有零星几个硬币——这个时候，齐聚的人们多在极热闹的地方，行经的人稀疏平常。她从未抬头看我，眼睛微闭。我真想趁她一曲间奏时，问问她的故事，但却找不到可以插嘴的机会。

一曲终了，我听到她又唱："她住在七月的洪流上／天台倾倒理想一万丈。"

我突然在想，这些匿于通明灯火之外的人们，他们究竟为何而唱？是为几张揉皱的纸币毛票，为掉到地上叮咚一声的零钱吗？过活的方式有无数种，而在这风寒夜深的一隅之所得，却远不够他们维持生计。

想起半年前，自己慎重地在志愿填报栏里敲下某某大学的那晚。父亲说，现在我可以自己决定要去哪里、想做什么，可他却又突然喟叹一声，对我说："但还是很想让你离家近些。"

三

然而，我最终决定北上求学，离家一千两百多公里。初次离家，由南向北，这里干燥的空气、炽烈的日光和拥堵的交通都让我一时难以适应。我曾害怕过，深夜时分偷偷蒙在被中哭泣，压着嗓子不愿被舍友发觉。游子远行，一人独去，支撑我的只有一心赤诚。但至今我仍然相信,背包中所放的物件,其实并不很重,让你感到重的,是你的梦想,而这也是我选择的动力。

我眼前歌唱的姑娘,是否也一个人偷偷抹过眼泪,却从未后悔?这些在灯火阑珊之处伫立的人们,是否也总是坚信,那些唱过的歌曲,吹过的冷风,不是为了应付生活的苛求,而是为了一席梦想?

我看看天上的月亮,又往她在的方向看看。"蓦然回首,那人却在灯火阑珊处"——那一刻我好像突然明白了自己在找谁:或许是在找她,找像她一样的愿站在黑暗中弹着梦想的人;又或许我是在找自己,那个从家乡出走,背负一身梦想的人,我希望她不在灯红酒绿里迷失,而在灯火阑珊处前行。

感悟手札

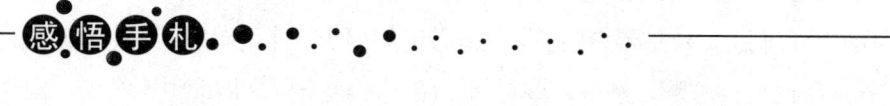

蕊希

我是一个你不认识的人,我要讲一个你不认识的人的故事。

我叫倪安好,一九九三年出生在北方一个有海的城市。独生女,妈妈是教师,爸爸做生意。

十八岁那年考入了广州的一所一本大学,二十二岁本科毕业,准备搬离住了四年的六人宿舍,去北京。

我拔过八颗牙,额头上有一道五岁时从楼梯滚落摔伤留下的疤。我害怕一切昆虫,包括苍蝇、蚂蚁。我曾经半个月没跟任何人说过一句话。我想在三十五岁的时候先去南极,再去北极。我的人生拒绝标签。

我答应自己要永远为自己和值得的人而活。

以前我讨厌吃南瓜和番茄,现在每次逛超市我都先去找它们;以前我喜欢小孩儿，想生一男一女，儿女双全，现在我想当丁克，但我爸我妈拒绝我疯狂的想法。

我的手很好看，但没有脚好看。我的门牙很大，但我的牙齿很齐。

我是倪安好，安宁的安，更好的好。

打包好所有行李的那天，房间里只剩下我一个人。我终于要逃离这个我待了四年却始终喜欢不起来的地方。

我站在门口，一直没关门，钥匙交回给了一楼新来的宿管阿姨，这门只要我关上，就再也打不开了，我就真的不用再回这个朝北的、常年不见阳光的狭小空间了。

我即将离开这座生活了四年的城市，离开曾经精心装扮的居所，我扔掉当初买的时候觉得好看又舒适的一个个小物件，我甚至嫌弃地丢掉那段日子里的自己。我放弃它们了，我不要它们了。我能带走的很少，能记得的感受也寥寥无几。

我跟自己说："嘿，姑娘，该重新上路了。这一程，估计也不好走，但你可得挺住啊。"

我一直觉得搬家这件事，就像"自杀"。每换一个地方，我就死了一次。下次重生，能不能比这次活得更好，没人知道。

我站在那儿，像极了二〇一一年的秋天我刚来到这里打开门那一瞬间的样子。六张床，上下铺，两两一组，对面摆着六张桌子，把房间对折，天花板的中间各有一个风扇，夏天再热也只能靠它们。

这城市一点儿都不美好，气候湿热、蟑螂会飞、食物太甜、粤语难学。这城市，没家人、没爱人，甚至让我过得没自己。

关门，门牌上写着已经快看不清了的"825"。

走了，这个让我安放了四年岁月的地方。

四年间，我无数次地想要尽早逃离这地方，而此刻当我站在真的再也回不去的时间线，竟也有了些想再回到旧时光里多看几眼的冲动。

但，这屋子的使命不就是迎来又送走一张张面孔吗？

我不会再回来了，但我会永远记得：门锁向右旋转一周半就会打开，进门向左前方走五步就能换上拖鞋。

我和所有对北京有执念的年轻人一样，莫名其妙地相信着我能在那儿找到成就和归宿。也不知道自己哪儿来的自信，就认为自己会是能在这城市里大有所为的人之一。尽管那时候，我并不知道自己当时以为的大有所为和后来我真正在做的事情完全不同。

感悟手札

每个牛人，其实都是蜗牛

刘安莉

这世界上的牛人，其实都是蜗牛。这不是一句讽刺之言，而是发自肺腑的认可。

对于任何想要成为某个领域内牛人的人，都没有例外。

马尔科姆·格拉德威尔说："人们眼中的天才之所以卓越非凡，并非天资超人一等，而是付出了持续不断的努力。一万小时的锤炼是任何人从平凡变成超凡的必要条件。"一万个小时是什么样的概念呢？在不吃不喝、24小时学习的情况下，也需要416天。

像蜗牛一样漫长积累的时间，连世人眼中的天才也不例外。

比尔·乔伊，Sun公司的天才创始人。就读密歇根大学安娜堡分校时，该校是世界上第一批实现电脑分时系统的高等学府。而对于这个时期进入密歇根大学的乔伊，这是一个非常难得的机会。

置身于这样的大学中，极大地激发了他对计算机的兴趣，同时也保证了他能有大量时间来进行编程学习。他几乎是没日没夜地编程，而当他进入UNIX项目组时，早已满足了一万小时的练习时长，也早已成为高水准的计算机工程师。

张爱玲，民国时期才情卓绝的作家。12岁那年，张爱玲刊发她的第一篇小说《不幸的她》。1942年夏，张爱玲开始了写作生涯，在《泰晤士报》上写影评和剧评。1943年，张爱玲的《沉香屑·第一炉香》在作家周瘦鹃主编的月刊《紫罗兰》上"烧"了起来。这炉香在上海连"烧"了三月，使得张爱玲声名鹊起。名噪一时的张爱玲，小说集《传奇》几天内迅速售罄，作品多次被搬上话剧舞台。这一年，她24岁。

当代著名作家白先勇曾如此评价："张爱玲当然是不世出的天才……她的中国传统文化造诣其实很深。"这使得我们将目光再次聚焦到这位文学天才的背后：出身书香门第的张爱玲四岁开始接受私塾教育，自小是个"书痴"，精通《三国演义》《西游记》《七侠五义》等古典名著，并跟随父亲学写旧诗。20年所积的跬步，方才成全了她在文学领域"至千里"的梦。

每个人要成为牛人，都必须先成为"蜗牛"，即使是还需要运气和机会加持，才有可能成为万人瞩目的明星。

周星驰借着《新喜剧之王》道出了明星在成名之前所需经过的数十载的努力：一个没有背景以及美貌的普通女青年如梦，在跑龙套的路上坚持了十几年。演过死尸，不得不带着恐怖的妆容给父亲庆生；当过替身，被打到遍体鳞伤；装过雕像；在寻找机会的过程中，不断被嘲笑和讽刺……

龙套之路坎坷不断，然而她依旧珍惜每场龙套的镜头，仔细琢磨每个龙套所需的演技。在朋友背弃、男友欺骗、家人不理解的情况下，挣扎过，但还是坚持了演艺之路，最终，十几年之后，梦想终于成真，龙套蜕变成演技一流的明星。

说到这里，或许我们还是安慰自己"这只是电影，没有足够的说服力"，但艺术来源于生活，回归生活，现实世界里，他们的努力程度，丝毫不比电影反映的少。

2004年，被《滚石》杂志评选为"历史上最伟大的50位流行音乐家"首位的甲壳虫乐队之所以一出道便能包揽和创造众多奖项和纪录，包括发行首张专辑便创下连续30周位居英国流行音乐专辑榜榜首的纪录、1964年4月创下包揽公告牌Hot100单曲榜前五名的纪录、同年凭借歌曲《A Hard Day's Night》获得第7

届格莱美最佳乐队奖等，这些荣誉并不单是运气和机会使然，更是在机会与运气到来之前经过的磨炼使然。

那时候他们还只是支默默无闻的高中生乐队，直到他们受邀参与了一次"汉堡之旅"。在汉堡，他们每天表演八个小时。而在1960年到1962年之间，总共表演了270晚。到他们成名前，甲壳虫乐队其实已经表演了1200场，很多流行乐队穷极整个演艺生涯都无法演出这么多场。

当然，不论是资质卓绝的天才，还是万众瞩目的明星，都是人群中的少数。生活中占多数的是我们这些普通人：既没有出众的天赋，也没有爆棚的运气。然而，拥有一颗想要成为"牛人"的心，愿意做只蜗牛，普通人也一样会成牛人。

感悟手札

我真是一个贪图美好的家伙

蔡皋

要在清早爬起来，六点之前，那时你就可以迎接到太阳。

年深日久，日子都会各有其形式。

形式是好的，好的东西放在好的形式里便会获得一种庄严感。

早晨迎接太阳最有形式感。当你的双臂朝东边的太阳伸出，人看到太阳，看到天空，便有沁凉的信息从手心进入。我最喜欢这种感觉，新的一天从此时流进你的生活。

与此同时，所有有生命感的物事也在迎接太阳。

牵牛花最敏感，要不然它就不会有"朝颜"这样美丽的别名。

与楼顶数百样植物一同迎接太阳无与伦比的美好。

我真是一个贪图美好的家伙。

感悟手札

你是个年轻人，就应该野心勃勃

沈嘉柯

有一位记者朋友，他在深圳打拼，辛苦得不得了，有时候两天才能睡觉四个小时。

我就问他："你到底追求什么？你有什么梦想？"

他的回答是："我想有很多很多的钱，非常有安全感，然后无所事事地生活。"

我当时笑了。因为太巧合了，多年前，我也跟他一样说过这样的话。我确信我的这个朋友，会继续坚持工作赚钱。我不相信，他真的能够忍受无所事事的下半生。

跟那个朋友聊天后的第二天，他就晒了一张五星级高档酒店里的游泳池照片，感叹自己还没学会游泳。

看，人多么有趣，常常是"没事想折腾，累了就哼哼"。

我们的抱怨有时候是对生活撒娇，对自己撒娇。

其实，也真的有一些人，不愿意参与社会的竞争，不喜欢和人打交道，喜欢清清静静自己待着，甚至干脆退出江湖。

我这个人，也想着就写点儿东西发呆，不愁吃喝。

如果你能节制欲望，降低到极为简单的地步，远离精彩人世间，那么你只需要有父母馈赠的丰富财产，或者自己赚到一些生活费，就可以达到理想，过上自己想要的生活。别人怎么说，不去听、不理睬就是了。

可惜，压缩欲望比赚钱还难。

世界上有真的隐士，真的修行之人做到清心寡欲，只做一两件事情就生活着。但难度特别高，高过追逐欲望。这种人，一般年纪都挺大，从肉体上就衰老了，心理更是进入暮年静养的阶段。

梦想可以是房子、车子、喜欢的人，梦想也可以是当医生、警察、外交官……

李连杰主演的那一版《笑傲江湖》里面，他总是念叨退出江湖。可是任我行道破真相："退出江湖？如果你的下一代抵受不住练武的诱惑，再拿起剑闯荡江湖，你能阻止得了他们吗？"

同样，年轻人无法抵抗大城市的繁华诱惑，因为生命的本质就是欲望，人类前行靠的是一代一代年轻人的热血。

体能巅峰，元气旺盛，大脑极其活跃，肌肉强壮，海阔天空，野心勃勃，这一切都是人类进化为闯荡江湖而准备的。

梦想也不是什么遥远的东西。

梦想是欲望的文雅说法，就是我们想要的东西。我们还想折腾，还有梦想，最大的原因，就是身心还年轻，还有欲望。

你是个年轻人，你拿起你的利剑，修炼自己的本事，去大城市闯荡江湖，寻找自己的一席之地。

梦想没有高低之分，只看你是否为它做了什么。

我发现，我越是努力赚钱，获得名利以后，我反而越多自由平静的空隙，得以享受写作发呆，写一写自己喜欢的不换钱的东西。

这就是人生最大的真相。

感悟手札

在一座城堡里，遇见自己

汪微微

一

花了几个午休的时间，我追完了日剧《东京女子图鉴》。

这部曾风靡一时的热播剧，用一句话来介绍就是：一个不甘平庸的小镇女孩在大城市里悲欣交集的成长史。

老实说，整部剧看下来，我并没有那种"10万+"式的感动与共鸣，但在这部剧刚刚开始和一些一闪而过的片段里，我看到了那年冬天单枪匹马闯京城的自己，以及一些自以为早已忘记了的跌跌撞撞的细枝末节，并为此热泪盈眶。

那时，我在一座三线城市上大学，读着自己并不喜欢的专业——国际经济与贸易。很多年后，我对这个专业的理解仍然停留在它的字面意思上：做生意，挣钱。值得庆幸的是，在大学里有许多闲暇时光，让我能挣脱专业的羁绊，去做自己喜欢的事情，诸如看书与写字。我并不知道自己凭借这一腔热爱能走多远，但那份执念，犹如女主角绫对东京的痴迷一样，念念不忘并最终孤注一掷。

大四那年冬天，因为常年给北京一家杂志社写稿，我得到了这家杂志社实习编辑的职位和可以解决北京户口的承诺。

和女主角绫一直以东京为目的地不同，我对大城市的向往一直没有那么强烈。与其说这是"佛系青年"的清心寡欲，不如说是自知没有能力争取，骨子里有一种天生的自卑和自足——起点低，很容易满足，三线的城市便足以敷衍虚荣。当然，如果机会轻松地摆在我面前，我也会忍不住踮起脚尖，伸手够上一把。

进京前，因为不想让人一眼看穿我的底细和来历，我奢侈地做了一次头发。生活在那样封闭的地方，对时尚又缺少关注，预算也少得可怜，所以我的选择并不多。于是在学校南门外的小店里，我做了个离子烫。虽然有些寡淡，但至少会让毛糙的头发平顺光滑，看起来也算清爽干净，符合那个年龄的特质——这就是一个乡下姑娘捧给未来的所有准备。

可悲的是，因为无良店家的劣质药水和不过关的技术，我的头发在遇水之后，直接变成了"方便面"。彼时，车票已在手，行李已打包，我马上就要出发了。于是，我顶着一头"方便面"，欲哭无泪地开始了自己的北京之行。

我一直以为自己没有绫那样征服东京的欲望和进取心，而一个欲望不够强烈的人就像心里没有火种一样，很难燃烧自己。

现在想来，恰恰相反，我不是没有关于大城市的梦想，而是因为没有自信，便把那个梦想压得很低，以至于连自己都没有发现。而那个爆炸的方便面头，几乎让所有的人都看出来了，对未来，我也是野心勃勃的，所以才那样期待用一个焕然一新的自己，领到一把打开那座城市的钥匙。遗憾的是，我用力过猛，以至于一不小心，就把紧绷的自己拉断了。

绫初到东京，最大的打击也不过是来来回回走在街拍的镜头下，却被人选择性地忽视了。影视剧总会客气地抹去一个人在暗夜里的跋涉与挣扎，可生活不会。

那个冬天，二十出头的我初到北京，比欣喜若狂来得更真实和汹涌的是惶恐不安。我害怕自己消化不了一座城市的繁华，也担心融不进群体生活，或者根本就无力打开那个叫未来的东西。

二

初到东京的绫原本想住在靠近时尚街道的南青山，但房屋中介提醒她面对现实，房租最好不超过薪水的 1/3，她最终不得不选择了三茶——一个年轻初级"东漂"选择的地方。北京的三茶，就是五环之外的叫不上名字的地下室。

我选择的那间地下室，说是单间，其实是用板材搭建的不足四平方米的小格子间。在横着放置了一张木板单人床和竖着搁下了一个行李箱后，所剩的空间就只够我一个人侧着身子走动。屋子里没有窗，只有一扇门，而开着门和关着门的效果是一样的，没有阳光进来，也没有风吹过。晚上睡觉时，和我仅有一面木板墙之隔的邻居的鼾声呓语，我都听得清清楚楚。

住在这种地方的人都有一个共同的特征：脚步沉重，面无笑容，好像被命运粗暴地剥夺了快乐。因为看见了繁华，却并不能与之为伍，又不甘退回到原有的贫瘠。在暗夜里，常有低低的饮泣声，从不同的角落传来，哀怨地飘荡着。

这座城市离我最远的时候，就是当我置身其中的时候。本以为到北京之后会有很多选择，可深入腹地之后，我才发现只有一种选择，那就是上班。

我最初的主要工作是写回信，告诉那些尚在做梦同时也是读者的小作者："你被退稿了。"退稿只有一个原因：写得太差。但我被要求不能写得这样赤裸裸，须得先找出并放大文章的优点，再指出文章的不足。信写得再好，也是退稿信，没有人会在收到这样的信后，还能热情地回应。

　　同事之间的关系，大多礼貌热情，却不够紧密，更谈不上亲密。做文字工作的人多少有些清高，加上快节奏的生活，彼此之间很少有耐心停下来认真地相互了解。尤其是对我这样一个内向羞涩的新人，他们更没有多余的热情。那个和我同时进去的实习生在本地上学，不需要再交一个对她的职场生涯看似没有多大用处的朋友。我在一方小小工位上把自己蜷成刺猬、对虾、含羞草，在工作之余与身边的人再无其他交流。

　　有一天，办公室里一个土生土长的北京女孩突然对我那方便面状的头发产生了兴趣。得知这种发型并不是时髦的爆炸头，而只是发质受损后，她很热心地给我推荐了一款物美价廉的护发素。下班后，我迫不及待地赶到超市，站在货架前，平静的表情下埋藏的却是内心的波澜万丈。从此我对她有了一种朋友般的感激和期待。直到圣诞节，北京女孩给办公室的每个同事都准备了一个小小的布娃娃，却唯独将我落下了，我才醒悟。

　　没有同学，没有朋友，也没有绫那样的好运——迷路了还能顺便捡回一个暖心的男朋友。晚上回到房间时，满屋子的冷清漆黑，常常会突然触碰我内心深处名叫"脆弱"的开关。

　　一个并不强大的人，又浸在悲伤里太久，是没有力量前进的。我越来越沉默，越来越胆怯，用领导的话说，他几乎听不到我发出的声音，我似乎是一个没有任何想法的人。领导当面断言："你也许是个好作者，但绝对不是个好编辑。"于是，虽然没有直接勒令开除我，但明眼人都知道，我在这里，走到了尽头。

　　我可以慢慢养护受损的头发，但没有人允许我慢慢成长。最终，我只得做了这座城市的逃兵。临走前，我去了很多地方，心中充满了第一次来也是最后一次来的悲壮。

　　绫在感情不顺时，也选择了从东京回到秋田，她以为自己会留下来，结果却在大哭一场后，再次回到了东京。她的眼泪，不过是向独立的自己和自给自足的生活顽皮地撒个娇而已。而我的悲壮，那不只是和一座城的告别，更是和内心那个希望用努力来改变人生的孩子说再见。

三

随后，我回到了一座三线城市，在一家杂志社觅得了一席之地。那时的QQ签名概括了我所有的生活：看稿谋生，写稿谋爱。

北京之行虽铩羽而归，但它让我遇见了一个真实且立体的自己：一面是一头扎进对未来的憧憬里，想拼尽全力试试自己能够成为谁；一面是来自性格里隐隐的自卑，让我在应该全力以赴的事情上显得力不从心。我彻底地明白，在我对生活提出很多要求前，我得先对自己有要求，因为"一个姑娘，只有努力，手中才握有筹码"。

我首先学会的是清空我多余的情绪，勇敢而自信地表达。每一次会议前，查阅资料、搜集热点、罗列要点……都成了必备的功课。充分的准备让我发言时从容不迫，每一个字，纵然带着初出茅庐的稚气，却也带着掷地有声的底气。

平日里，我还准备了一个资料库，里面收录了各式各样的好文章；还有一个摘抄本，用来记录看到的好标题或走心的句子，以备不时之需。工作之余，每天写1000字，不让心长出苔藓，在一字一句中积累能量；每周读一本书，向内平静地努力，温柔地坚持……

影视剧中省略的一切，我都在现实中一一补上。有时候我也会问自己，如果当初在北京时我能有这样的劲头，后来也不至于是这样的结局吧。城市里什么都有，唯独没有答案。很多事情不能假设，唯有经历。

除了逼迫自己努力成长外，我还能走另一条路吗？像绫那样，通过不同的男子来实现自己的东京梦？比如在同是小镇出身的男友那里，安顿了一颗漂泊的心；在世家出身的"高富帅"男友那里，接触东京的繁华和时尚；在已婚的高级和服店的老板身上，学会了享受生活、提升品位和成长心智。

这也许是某一类女孩向上的途径，但不是所有的女孩都想走的路。茨威格说过："所有命运赠送的礼物，早已在暗中标好了价格。"

剧集最后，绫买了一个小房子，和男闺密在东京开始了一段安稳的生活，有种回归简单、大彻大悟的感觉。

剧情可以随时终结，但生活尚在继续。

我后来有两次机会重返北京：一次是我为之写专栏的杂志社力邀；一次是我所在的杂志社和北京一家期刊社合作，我作为项目负责人进驻北京。但最终我都主动放弃了，终于拥有了选择权，这一点，让我对自己很满意。

　　每个人的归宿都不可能是一座城，而只能是那个努力打通了任督二脉、豁然开朗的自己。

感悟手札

第六辑

少年的你，别来无恙

很多年前，我们都在的时候，我们就开始等候了。那时，我们似乎已经知道，日后能够等待我们的，依旧是静坐在那些永远一样的黄昏里，一动不动的自己。愿每一个你出走半生，还是当初那个少年。

我不担心

李松蔚

一

我的父母常常数落我的睡眠习惯。他们告诉我早睡早起有多少好处，还拿出他们年轻时候的表现作为范本。最让我动容的一句话是："你就算不为自己的健康负责，也该为孩子的身体想一想！"的确，我女儿不到五岁，动不动就晚上十点、十一点才上床，我也没有催促的意识。反观我上小学之前，就养成了每天不到九点就入睡的习惯，日复一日，雷打不动。那的确是靠父母以身作则而养成的。

我有时候也不理解他们："你们每天那么早睡觉，不会不甘心吗？"

"会啊，谁不想多玩一会儿。"他们说，"但一切为了健康嘛！"

我仔细想了想，我对健康并没有那么多的焦虑。我又问："那你们是觉得晚睡几个小时就要生病吗？这种观念是医生说的还是从哪里来的？"

他们说不上来，但仍坚持认为晚睡肯定对身体不好。

"小孩子睡眠不够的话，长不高！"母亲说。

我女儿长得也不矮。

父亲又提出新论点："早睡早起本来就是一个好习惯！"

"可是临睡前确实有很多事情想做。"

"你熬夜做的都不是正事。"父亲一眼看穿了我，"看手机、玩游戏，有什么用？有时间不如第二天早起花到正经事上，比如早起锻炼。"

"我也可以晚上去健身房啊。"我说。

这些在他们看来都是胡闹。他们有自己的一套思维定式。而且当我听到父母说"正事"这个词的时候，我忽然意识到了一点，那就是在他们的世界里，生活实在严肃、刻板、乏味得多。睡觉对他们来说是一件"正事"。

睡觉不是为了睡觉，睡觉是有用的。早睡早起身体健康，早睡早起长得高、记忆力好，人也聪明、有干劲，孩子成绩好，大人工作效率高。

总体上，我的父母这一代人活得很"确定"。这和他们成长在一个物质匮乏的时代分不开。一个人认为生活很危险的时候，就需要利用规则来保护自己。他们的目标很简单，那就是活下去，活得安全一点儿。对于那一代人来说，生活并没有太多可供挑选的余地。对于什么是好，他们是有非常确定的想象的。

吃自助餐的时候，有人精挑细选，也有人胡吃海塞，吃到胃里难受。后者多半还没有完全摆脱心理上的匮乏感。对他们来说，没有什么选择的余地，多吃就是"王道"。他们的假设是"多吃一点儿，才可以活得久一点儿"。

在自助餐厅里，这不是什么理性的假设。但是换到一个食物匮乏的环境中，这就是一种重要的求生策略了。也许我的父母年轻时可以自己掌控的东西真的很少，看不见未来，只能听天由命，没有什么资源，也没有梦想，不敢下海，不懂得理财，牢牢地捧着一个"铁饭碗"，接收不到更多的信息，也不敢相信自己已经脱离险境。对他们来说，早睡早起就是生存的唯一正道。

他们日出而作，日落而息，每天的生活都很有规律，好像唯有如此才能维持某种恒定感，活着就好，并不遗憾。他们等着孩子一天天长大，像农民守候麦子成熟一样。

二

这样一想，我就可以理解上一代人了。

我理解他们为什么恨铁不成钢地说："你怎么这么没追求！"

我理解他们看不惯我的"折腾""胡思乱想"。

我理解他们总是担心我的健康、我的前途会被我吊儿郎当的个性毁掉。

我也理解他们有时候责怪我太马虎、不用心，做不好一个父亲。我在我女儿这么大的时候，已经被迫认识了全套汉语拼音、几百个汉字，背了好多首唐诗，好像还会20以内的加减法。而现在我什么都不教给孩子，哪怕我一整个晚上都在看手机、玩游戏。"你这样怎么行？太不负责任了！"我终于理解了他们的忧虑。

可是……我就是不担心啊。

这不能怪我。只能说我生长在一个物质相对丰饶的环境里，很少体验到匮乏的滋味（这正是父母用他们确定的努力为我争取的），我就不觉得生活可怕。虽然健康、财富、孩子、事业……一切都有变数，但都没有那么值得担心。

不需要抱着"唯一正确"的生活方式来应对生活本身。

躺在床上的时候，我可以工作，可以看书，可以看视频，可以在群里聊天，也可以发呆，如果困了当然也可以睡觉。每个选择都不错。有时候我反而不知道应该干什么……而正是通过这种迷惑，我才确认了我的自由，我不必按照给定的模板或规则来定制我的人生。也许是为了确认这一点，我才迟迟不睡。

有时候我也站在床前，看着女儿歪七扭八的睡相，便会想起我小时候的那些条条框框。对下一代的孩子来说，他们出生在一个更加不同的环境里，恐惧更少，自由更大。我忍不住想："长大以后你会是什么样？会比现在的我更迷惑吗？"

我猜，我的父母看到这一幕，一定会微微摇头喟叹："这些乱七八糟的东西，想它们干啥！快睡！"我理解，但也特别想抱一抱他们，说一声"谢谢"。

感悟手札

被看到很重要

雯颖

生活中，我们经常能够感受到"被看到"的重要性。比如费了很多周折才签下的订单，默默努力才取得的一点点进步。得到同事或老师的关注和认可，有时候比订单和成绩本身更加令人感到欣慰和鼓舞。

人们在乎"被看到"，是因为很多事情并不浮于表面，那些有关情绪的、内心的、背后的情愫和内容，我们希望有人能够理解。

小孩子也是如此。

我们常常觉得小孩子幸福，因为有大人的关心和照顾，他们什么都不用操心。但我有时候觉得，小孩子也有不那么幸福的地方，就是没有自主权。他们不能决定晚上去哪家餐厅吃饭，下次去哪里旅游，仅有的情绪出口就是对父母诉说和哭闹，但是又时常被忽略。

"小孩懂什么！""没事儿，让他闹一会儿就好了。"这两句话被很多父母当作万金油，他们不知道小孩子也有喜怒哀乐，也有很想或很不想做的事情。

我给大家分享一件自己十岁左右时发生的事情。

那年，爷爷带我去商场挑了一只兔子玩偶，我视若珍宝，因为那可能是第一件由我自己挑选的玩具。我每天兔不离手，去哪儿都抱着它，于是在春节拜年期间就把它带去了小姨家。

一进门，小姨就对表弟说："你看姐姐多好，给你带了玩具作礼物。"然后直接把兔子拿走了。我在错愕中参加了当天的聚会，一直惦记着我的兔子。之后，我几次向妈妈求助，想要回我的兔子，妈妈都觉得开不了口。

回家后过了几个月，在我的再三要求下，妈妈才觉得这是件事儿，于是带着我去索要。但是小姨说："哎，早就不知道把它给谁了。"

可能在大人眼里，不就是一个玩具嘛！妈妈这么觉得，所以不好意思索要；小姨也这么觉得，所以很轻易地拿走了它，很轻易地将其送人。但是它不仅是我的玩具，还是我的心爱之物，没有人看到和理解。

这就是小孩的无奈之处。换作是大人，总会有人问问本人的意见吧？

现在我有了孩子，我时常会对她说："你愿意做那件事吗？你想要和别人分享吗？不愿意便不用勉强。"

有一位当老师的朋友跟我说："有一名学生敞开心扉跟我聊天，说他上课和同学说话、出洋相，其实是想得到老师和同学们的关注。他成天玩游戏、买装备，也是想让更多的同学认可他。"

这就是孩子的求关注的心理。如果他的欲望、情绪能够轻松地被看见和理解，那么，他就不必用一些非常规的方式来寻求关注了。

所以，别忘了孩子也有喜怒哀乐，请你关注他，真的"看到"他。

感悟手札

你可以飞得更高

余毛毛

我是在约20年前认识"银铃小雀"的,这是我给一种小鸟起的名字,也只有我一个人这么叫它。那时候我住在一个老式小区,房子在第五层,不临江,但从房子走到江边只要五分钟。银铃小雀是一种江边的小鸟。它非常小,连头带尾,我感觉都没有我的手掌大,比麻雀还小。但身材苗条匀称,姿态活泼优美,叫起来就像银铃声一样,这也是我给它起这个名字的原因。

它经常飞到我家阳台上来,蹦跳一阵子就走了。它每次来我都开心得要命,它总让我想起一个美丽的、有着艺术天赋和纯洁心灵的可爱的女孩。它这么娇小,却能飞到五层楼上,我觉得它很棒。

后来我换了房子,房子在第十层,临着长江。我住了没几天,又发现了它。我惊喜万分,感觉它就是跟着我来的。我心里想,这个小不点儿真是厉害得很,它居然能飞到十层楼高,十层楼,总有三四十米了吧。

过了几年,我又换了一次房子,这次房子换得比较远,距原先住的大楼约15公里,而且楼层更高,在31层,也是临着长江。我有一个几十平方米的露台,就像一个空中小院。31层,有100多米高了,我在露台上踱步的时候,时常感到有点寂寞,因为没有什么鸟来。住在江边的日子里,我开始喜欢上鸟,住五层、住十层的时候,早上醒来,感觉鸟就在耳边叫,非常亲切。但住到31层的时候,也能听到鸟叫,但总有一种旷远、隔膜的感觉。我时常趴在露台的栏杆上看下面的江滩,希望能看到鸟,但我有1000多度的高度近视,除了翩翩白鹭,我什么也看不见,只能听见散落在空中的点点滴滴的鸟鸣。我愈发地寂寞了,时不时想起"银铃小雀"。

有一天早晨,我坐在书桌前发呆时,突然听到了那熟悉的像银铃一样的声音。我笑了笑,摇了摇头,觉得自己真是疯了,它怎么可能飞得这么高呢?白鹭那么大、那么有力,也只在十几层楼高的地方飞。然而,当一道漂亮纤细的影子伴随着那动听的声音从我眼角边倏地一晃时,我的心猛地跳动起来,我慢慢地抬起头看外面的露台,在露台的桌子上,我看到了它,我亲爱的"银铃小雀"。

积20年之观察,我可以断定它就是生长在江边的、我们本地的一种留鸟,它不会像燕子和白鹭那样春天来秋天走,江滩就是它们的家园。这些年来,江边的楼房日渐"长高",而鸟儿们也似乎随着人类的生活变化发现了自己的潜能,当楼房只有五层高的时候,它能飞到五层;当楼房有十层高时,它也能飞到十层;当楼房高到31层时,它居然也能飞上来。我望着旷远的天空,心里想着假如有更高的楼房,60层、100层,它还能不能飞上去呢?我想应该能吧。谁也说不清它的飞翔高度的极限在哪儿,但我们可以断定的是这个极限肯定超乎我们的想象。如果"银铃小雀"有灵,完全可以在更高的地方、在更爽劲的气流里,拥有更宽广的视野,更为流畅优美地飞翔。而我也是有灵的,我现在知道生活可以完全无凭无恃地往更高处走,所有的依附不是怯懦就是冥顽。我真的很感谢"银铃小雀",它不仅自己飞到了更高的地方,而且也将我的思想带到了更高的地方。

早起的鸟儿有虫吃,那早起的虫呢

Harps

俗话说:"早起的鸟儿有虫吃。"这句话常被用来劝诫人们早起。不那么顺从的小孩会反驳:"如果自己其实是一条虫子呢?那早起的下场岂不是被鸟吃掉?"如果自己家的小孩这样问,家长不该动气,不该责怪他们不听话,而是应该赞赏他们拥有从多个角度思考的能力,并初步理解了矛盾的利益关系。虽说如此,早起上学还是不能耽误,在某个阶段就必须遵守该阶段的制度,直到离开那个阶段为止。

早起可能是小孩最先接触到的长大的苦味。从三岁上幼儿园开始,小孩就要跟大人差不多同时起床,迷迷糊糊地梳头、洗脸、吃早饭,被塞进童车或私家车或公共汽车,一路摇晃着被载到校园,度过一整天的集体生活。

早起的小孩苦，父母更苦。要收拾自己上班和孩子上学的东西，整理衣服鞋袜，准备早饭。配合默契的父母，常常是一个照顾小孩吃饭，一个帮小孩整理东西甚至梳头、扎辫子。小孩身不由己，被齿轮一样高速旋转的时间挟带着，对成年生活的阴影就这样一点点地越积越深。对不喜欢早起的小孩来说，周末不必有别的娱乐活动，只要不用按时起床，不必目睹父母慌慌张张地在闹钟的催逼下起床忙这忙那，就是愉快的假期了。

电影里的清朝皇帝，天不亮就有个太监在窗外拉长嗓子喊"黎明即起，万机待理"。导演可能考证过，不然这样大胆的讨嫌举动哪个太监敢做？只怕皇上生起气来，会像《一千零一夜》里的暴君一样，每天砍掉一个"人形闹钟"的脑袋。皇帝的日常起居每一样都有记录，非常不自由。

王维写"绛帻鸡人报晓筹"，说明唐朝也有人一早叫皇帝起床。平民百姓起得更早："丑末寅初，日转扶桑。"一天星河还没有熄灭，赶路的人已经上了路，打鱼的人已经下了河，念书的学生忙上学堂，绣房的佳人在巧梳妆。在没有电灯的年代，夜晚的照明手段都光线微弱，又十分昂贵，无论是耕是读都得靠白日的光亮，所以说"一日之计在于晨"，无论是鸟是虫，大家都赶在早上忙活。

早起就像锻炼，虽然明知对生活有好处，也难免不情不愿。偶尔放纵自己或者放纵别人一次，在应该早起的日子里睡懒觉，会有悬崖撒手的幸福。

有一天早上七点，闹钟响了，一岁多的宝宝还在酣睡，两排长睫毛像小飞蛾停在鼻梁两侧，小嘴被胖腮帮压得微微张着。妈妈去给他热了一瓶牛奶，他没睁眼，抱起奶瓶喝完继续睡。妈妈拉着他的睡袋把他拖向床脚，打算把睡袋给他脱下来。哪知一松手，他就一声不响地沿直线爬回自己的枕头旁，仿佛什么都没发生过。面对这个坚定的小孩，我们这对不坚定的父母瞬间就屈服了：睡吧，孩子，反正以后早起的日子还多着呢。

感悟手札

小溪流是绿色的

李曼路

一

我读初中的某一天,爸妈告诉我,我们要搬家,并且我得转学到城郊的 A 校读书。这意味着我要离开相识已久的朋友和老师,独自去面对新环境。

估计大家小时候多多少少都经历过那种因陌生环境而产生的恐惧吧。新来的转校生往往会拘谨甚至慌张,坐在教室最前面,或者临时搬个桌子躲在角落里。他们被叫起来回答问题时的样子,总让我想到海滩上的小螃蟹——你搬走石块,它们就会紧张地乱爬,却怎么也躲不过周围那些好奇的眼神和肆无忌惮的手。

我现在也要变成转校生了吗?

我爸妈一直都非常民主,唯独在这件事上,不管我怎么哭闹,他们都不肯让步。僵持到最后,我妈偷偷告诉我:"路,家里生意出了问题,我们的存款总共不到三万元了。你算算,就算不吃不喝,能供你在现在的学校读多久?"

我知道三万元是什么概念,是钢琴,是首饰,是立体环绕声音响,是生活里开出的花。而现在,三万元是我们家未来衣食住行的全部。

至今我都记得,当时我盯着妈妈的脸,想从中看到一丝开玩笑的意思,但是没有。她也没有像小说里那些家道中落的女人一样哭哭啼啼,只是轻描淡写地陈述了这个事实。

那时候我还不懂成年人的世界,不曾想过她和我爸挨过了多少个无眠的夜晚。我只是隐约觉得,对于当下的境遇,只能接受。

二

新家在城市最老旧破败的一角,从前我并不知道这个现代的工业化城市除了霓虹灯、广场、音乐喷泉,还有四季冒烟的工厂以及地面油腻到粘鞋的大排档。

工厂还好一些,废料的气味闻久了也就习惯了,你会觉得这是个虚弱患病的邻居,每天坐在楼下晒太阳,幽幽地看你走过。虽然他的目光让你不舒服,但是绝不会冲上来扇你耳光。

而饭店特别差劲，为了节约成本，服务员经常把污物直接倒进旁边的水井，导致水井堵塞。总有工人过来，把堵塞的粪便、泔水、生活垃圾掏出来堆在水井旁。要是在冬天，雪一盖，什么都冻成硬硬的一坨，恶不恶心的也就无所谓了。可夏天总是下雨，粪便和泔水会随着雨水漫出来，冲刷着原本就黏腻、肮脏的道板。雨后的空气本该是清爽的，这里却弥漫着酸臭味，你必须提着裤脚，挑干净的边边块块走。尽管如此，有时候一脚踩下去，污水会猛地从道板缝隙里溅出来，在小白鞋上留下绿色的斑斑污点。

晚上回家从楼下的饭店前走过，我总是低着头、缩着肩膀，躲过饭店门口的那些醉汉——他们总在半夜吵闹甚至打架，在路边留下恶心的呕吐物。这些都超出了我原本对世界的认知，以致我进公寓之前都会反复回头确认身后是否有人跟踪。

我真的非常不喜欢这里，可那又能怎样呢？我妈再没提过关于贫穷的一个字，家里还是一样，能吃到鱼，能吃到肉，能吃到水果，却也能在垃圾桶里看到有"特价"字样的包装袋。我经常一早到了教室，边钻到书桌下擦鞋边告诉自己，生活其实没有本质的不同，只要学习成绩不受影响就可以了。

然而一个混乱的夜晚彻底击溃了我。

那天爸妈都不在家，一群醉汉在楼下的大排档闹腾到凌晨，最后竟然架起了麻将桌。哗啦啦的麻将牌声和高声的笑闹在寂静的夜里那么刺耳，我翻来覆去睡不着，惦记着第二天重要的分班考试，焦虑和愤怒如同手术刀般切割着我的神经。

最后也不知道是在几点，我摸黑从床上爬起来，接了满满一桶水从窗户倒了下去。

几秒钟后楼下开始叫骂，尽管不出所料，但内容污秽得可怕，是我此前的人生中从未听见过的。我在黑暗里听了一会儿，然后钻进被窝盖住耳朵，此前的焦虑和愤怒统统变成害怕和无助，我的眼泪控制不住地流了下来。

对我来说，那些辱骂声扯开了生活的序幕，暴露了狰狞的角落。这里没有公平，也不讲道理。从那天起，我脑子里只有一个念头，就是离开这里。

三

对初中的孩子来说，改变自己命运的唯一办法就是学习，想通这一点之后，我把自己深深地埋进题海里。所幸学生时代成绩当道，大家对古怪但是成绩好的学生总是网开一面，只是我仍然觉得自己像一只在大迁徙中迷路的动物，没有同伴，孤零零地在旷野上寻找绿洲。

直到有一天，K逃了晚自习来新学校看我。

K是我从前的邻居，自小就认识，又一路同班，故事多得说不完。简单点讲，K就是我青梅竹马的伙伴，是我年少时偷偷想嫁的人。

我记得那天，K扒着栏杆探头探脑，看上去鬼鬼祟祟的——这个优等生从没逃过课。我看到他那样子，又想笑，又感动。

即使已经"脑补"了我们俩的婚礼，但我还是控制着特别高兴的心情，假装平常地问他："你怎么来啦？"

K从栏杆的缝隙里递给我一个档案袋，说："你不是数学不好嘛，我把最近的笔记复印了一份，你一定要好好学啊，到时候我们都考一中。"

除了点头我还能做什么？一切都那么美好，我最喜欢的少年隔三岔五把复印好的笔记拿给我。多少个孤独的晚上，我摩挲着他的笔记，如同摩挲着情书，熟悉的、清隽的字体自带能量传感器，让我愿意咬咬牙再多琢磨一道题。

但是在我生日那天，K突然出现在我家楼下。

他得意扬扬地说："我找×××问你家住址啦，这样就可以周末来给你送笔记了。生日快乐啊，小路！"

一瞬间，我不知道该用什么表情回应他。

我偷偷瞄向K身后的水井，几天前水井又堵了，绿莹莹的水欢快流淌，如同小溪，只是洼陷处沉淀的污物和泥浆暴露了污水的身份，还有蝇虫——K来之前我还没觉得这些蝇虫如此扎眼。

K照例把笔记给我，然后说了一些学校的事情。我胡乱应对着，心里像揣了一枚定时炸弹，生怕K发现水井，怕他厌恶这里的环境，甚至怕他厌恶这个环境里的我。

聊了一会儿，K果然皱了皱眉头，随口问："什么味道，怎么臭烘烘的？"

我很紧张，明知故问道："有吗？"

K扭头乱看，看到了那条小溪时很惊讶："现在竟然还有这东西，也太恶心了吧。"

然后这个"直男"乐哈哈地跟我说:"你什么鼻子啊,是不是在臭味里待久了?"

我似乎能听到心里那枚炸弹爆炸的声音,炸出的全是绿色的污泥。在我喜欢的少年面前,我真的不知道该怎么处理那种强烈的羞耻感,只能装出强硬的样子说:"你鼻子好,你赶紧滚蛋!"说完我就跑了,进楼门之前我偷偷回头,看见K推着自行车,呆愣愣地站在那里,不知道发生了什么。

其实K根本没做错什么,我们俩从小就打打闹闹、相爱相杀,估计他早就不记得那次争执了,我们现在仍然是很好的朋友。

只是,如果说醉汉的恐吓和辱骂是重拳,让我明白生活的无奈,那么那个少年——我青春期里最完美的少年,我涂好粉色唇膏才会去见的少年,才真正让我感受到了一种叫自卑的刺痛。

四

其实一路走来,我的少女时代在旁人看来是很平顺的,成绩优异,念重点高中,考上心仪的大学,顺利参加工作。那些如今看来略显矫情的戏码,只有当时当下的当事人才能深刻感知。

后来,城市进行发展规划,工厂、饭店都被迁走,所有基础设施翻新,"病弱邻居"不见了,流氓醉汉不见了,绿色的小溪流也不见了,少年时刺伤我自尊心的痛楚似乎就这么被时间冲刷干净。

再后来我走上工作岗位,每天都要处理比年少时的惶恐、自卑复杂百倍的事情,这时候我才逐渐明白,解决问题就是人生的常态。无论年少还是年老,无论幼稚还是成熟,只要活着,总会遇见各种各样当下无法改变的困境,总会遇见种种疼痛、无奈、自卑、窘迫和恐惧。

而这个时候,内心强大比什么都重要,做好眼下能做的事情比什么都重要,在人生中无数次的"转学"里,学会如何体面地回答好生活的难题比什么都重要。

故事的最后,我和男朋友吃火锅的时候,他突然问我:"你为什么不爱吃肉,只吃土豆?"

当时我的生活已经没那么拮据了,男朋友一问,却让我瞬间想起初中那几年,我妈炖了牛肉土豆,三口人都挑土豆吃。因为土豆顶饱,吃饱也就不馋肉了,毕竟肉就那么一两块。

我笑了笑，跟他说："那时候家里条件差嘛，家门口还有一条臭烘烘的水沟呢，要不是被市政府清理了，还可以带你回去看看。"

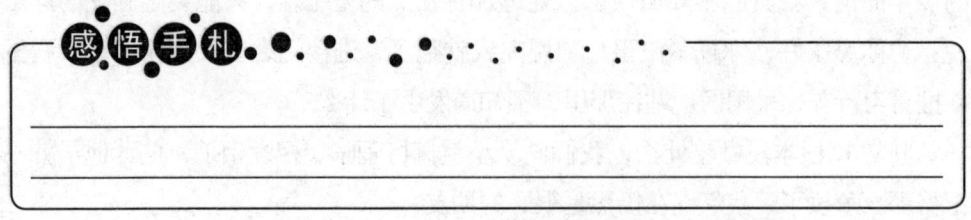

永远不会和你分手的那个人

松浦弥太郎

我在一个类似于大杂院的公寓里长大。我家所在的公寓一共有八户人家，有不少同龄的孩子。不管是同岁的，还是稍稍大点的，或者小点的，大家都在一起玩耍，不管什么时候，身旁都不会缺少玩伴。

住在公寓里的人，关系都十分融洽。即使是大人，也可以自由出入别人家，甚至对别人家抽屉里放了什么东西都了如指掌。不管是去小巷子还是公园、空地，抑或车站内的糕点店，只要在家的周边，去哪儿都没有不认识的人。邻居家晚上做的是土豆烧牛肉，楼下那对夫妻老吵架，转弯那家的姐姐又被她妈妈骂了……总之，生活的琐事，全员知晓，没有秘密。

你的世界，谁都了解。一般来说，这是一个温馨的世界，会给人一种安心、踏实的感觉。不过，大约在我小学五年级的时候，这种安心感变成了一种厌恶感。这也许是每个人在成长时期都会经历的事情，到了一定的时期，便开始讨厌人与人过于亲近。

从某天开始，我突然就不在我们街道附近玩耍了，喜欢一个人骑着自行车去外面游荡。我骑着自行车，到处去逛，到处去冒险。我骑着骑着，就感觉自己进入了一个全新的世界。越走进这个全新的世界，我就越感觉到自由空间的宽广。

没去过的公园，未知的喧闹街道，我都会远足前行。由于是一个人行动，所以，我用不着和谁商量要去哪里，也没有必要听从比自己大的小伙伴的意见。我可以一个人决定，一个人出行。我可以一个人到处闲逛，然后一个人回来。

朋友，你有过"独自"经历的事情吗？

很多人可能不喜欢独自去购物、去吃饭。即使我们在工作、学习，甚至应该独立去完成某项任务的时候，仍有不少人希望有个同伴。偶尔变成了一个人的时候，也会有不少人开始介意周围人的看法，怕他们说自己"这个人没有朋友，这个人很孤单"。

成年后，我终于明白我孩提时候做得比较好的，就是"我是单独一人"。这并非我有多么优秀，也并非我的深思熟虑，只不过是我在孩提时候知道了独处的快乐——虽然不久之后也体会到了独处的艰难。然后，我不知不觉就领会了这一点：不管和谁在一起，都应该是一个独立的人。

我觉得在一个人面对某个人之前，首先要面对自己。只有对自己感兴趣、觉得自己有意思，才会对别人感兴趣。

对你来说，你的朋友就是你自己。

"单独一人"没什么不好，希望大家接受这种观点。这不是拘泥于自己，而是对自己的直接审视，对真实的自己有一个深刻的了解。我认为这是感受一切美好事物的开端。

关掉镜头，好好吃饭

二三

小时候，我因为偏瘦，家里人给我盛饭用的是最大号的碗，大人们总是笑眯眯地把各种肉菜夹进我的碗里。我来者不拒，吃得一干二净。虽然吃得多，但我的体重分毫不长。父母常常担心我没吃饱，总会在茶几上摆满各种各样的零食，在临睡前还会贴心地给我加餐。朋友聚会时，我一个人能吃两个人的量，朋友常常羡慕地问我："你怎么就吃不胖呢？"

一次偶然的机会，我在YouTube（视频网站）上看到了吃饭直播（也称"吃播"）。镜头前，食物摆得满满当当，而主播的脸一样秀色可餐，还有食物烹饪时发出的"滋滋"声和主播津津有味的咀嚼声，我像着了魔一样一遍遍地观看着。

很快，"吃播"就占满了我的偏好列表。每天的睡前时光就像一场与"吃播"的秘密约会，开始变得宝贵而令人期待。和喜欢吃一样，我喜欢"吃播"，它让我感到幸福。

没想到的是，我的室友R竟然也是"吃播"的爱好者，而且，她自己也是一位美食主播。初见R时，我们只是见面打招呼的关系，让我们从陌生室友在三秒内升温到戴着耳机抱在一起大喊大叫的，正是"吃播"。

"我都不敢跟别人说自己喜欢听这些奇怪的咀嚼声，怕别人说我变态！"R碰到志同道合的我，难得露出欣喜的笑容，点开了她最喜欢的一个吃饼干的视频。我们俩挤在小小的电脑前，互相推荐喜欢的主播，一人戴着一只耳机，陶醉在主播吃饼干时发出的轻柔嘎吱声中。R说："真的超级好听，我常在学习和工作时听他们吃东西，还总是担心耳机线松掉被人听到。"

我翻开她的个人主页，点开一张张照片，看到精美摆盘的菜肴和她手捧丰盛食物自拍的笑脸。每张照片下面还附着她自己研制的菜谱和做菜时的心得，她在留言中也会悉心解答网友的疑惑，热心与粉丝互动——多么充满活力的美食主播啊！

我一瞬间被打动了，为什么自己不试一试？反正我有吃不胖的体质，又那么热爱美食，做"吃播"应该是将爱好和职业结合起来的美差。我当即新建了一个Instagram（移动社交应用，主要用于分享照片）账号，还开了Facebook（社交平台）主页和YouTube频道，花了一个小时设计了个人Logo和名字，感觉信心满满——充分的准备是缔造不凡事业的第一步。接着，我在网上买了一个"迷你八爪鱼"三脚架。

在一个寂静的夜晚，我关掉空调和风扇，打开厨房的灯，把手机架在小"八爪鱼"上，调整到对准砧板的角度，聚焦于圆乎乎的土豆，搓搓双手，颤抖地戳了一下录制键,开始了第一次拍摄:切土豆!

　　我选用的上好新鲜土豆与菜刀和砧板发生着激烈的碰撞,产生了干脆利落又略带淀粉摩擦的美妙声音。厨房天然的回声效果令一切更加悦耳动听,仅听声音就能勾起唾液的分泌……

　　除了切土豆,我还录制了吃薯片、搅拌土豆泥、吃雪糕、嗍粉、做铁板烤肉、吃拌饭、焗虾等视频,分别剪辑成一分钟的短片发在 Instagram 上。自己听得爽的同时还收获了许多点赞和评论,真是一举两得!我仿佛看到了自己成为下一个"吃播网红"的曙光。

　　然而,一个突如其来的变故打乱了我的"网红"之路:我长胖了。

　　为了追求拍摄效果,我不再随性地想吃什么就吃什么,而是选择一些观众喜欢的、诱人的食物。不幸的是,蔬菜和水果从来不在这个行列之中,吱吱冒油的烤肉、脆香多汁的炸鸡、甜蜜的芝士蛋糕和冰激凌,成了我"于公于私"的偏好。

　　我发现许多人更爱看烤肉的视频,于是我去烤肉店的次数变多,甚至连续吃了五天的自助烤肉。为了留下满意的素材,我每次去餐厅都会点更多的菜,在家时也会烹饪更多的菜肴。

　　开始做"吃播"的一个月内,我的体重增加了 20 斤,衣服的尺码从 M 变成了 XXL。20 年来向世人得意扬扬地炫耀的自己吃不胖的资本,在我致力于拍摄"吃播"视频的过程中瓦解。一向只会催我多吃点的妈妈,都会在微信上看到我的近照后,发来一个意味深长的微笑表情:"脸怎么圆乎乎的啦?"

　　忽然间,我什么都不想吃了。

　　一天下午,我一个人在长椅上坐了半天,加州的阳光正好,艳阳下的草地散发着夏天留下的暖意。我的身旁围坐着一群嬉笑着的白人姑娘,她们手捧着餐车上五美元一杯且加足了冰和糖的珍珠奶茶。不远处卖奶茶的餐车前排起了长龙,不同肤色的男孩和女孩伸长脖子巴望着,只是为了尽快吸上一口来自亚洲的甜饮。

　　换作以前的我,大概会拉着朋友冲过去排队。但是此刻我无动于衷地坐着,身体没有做出任何反应,只是看着人群从四面八方聚拢,再带着奶茶散开。日落时分,我看着奶茶餐车关上门,渐渐远去。不知为何,我的心情甚是低落,宛如一个迷失了方向的孩童。

　　因为一味地想要录出好听的声音、拍出好看的照片,吃给予我的幸福感在镜头和社交媒体的凝视下被一层层剥夺干净，"吃播"变成了一出迎合观众的独角戏。"吃播"主播身份下的我，对食物越来越不感兴趣，更何谈吃东西时的幸福感。于是我再也没有更新过社交媒体主页，我的"吃播"之路就这么戛然而止了。

但激发我走上这条路的R还在继续，她总是在小房间里画好妆，穿上好看的裙子，一个人背上装有小相机、三脚架和自拍杆的书包出门觅食，不知道的人都以为她是去约会。一切似乎进展顺利，视频观看人数逐渐增加，粉丝纷纷留言鼓励她继续拍摄。

有一天，她很晚才一脸疲惫地回到宿舍，我听见她啜泣着和朋友说，因为录制时点了太甜的饮品，不得已掺了很多冰，硬着头皮喝光了，但录制结束后她马上就捂着肚子跑去了厕所。两天过后，手机上弹出了R的最新视频。我犹豫着点开，看到笑容灿烂的R搅动着一大杯冰拿铁，眯着眼一口一口地抿着，发出咕噜咕噜的声音。她右手端着杯子笑着说道："嗯，我点的这杯抹茶拿铁有点甜，不过为了避免浪费，我机智地向店员要了一大杯冰。这样搅拌着喝，正好中和了拿铁的甜度，冰冰凉凉的，很适合在这个季节喝呢！"

我皱起眉头，关掉了视频。如果不是偶然得知幕后的故事，我怎么能想到这样快活的语气是她忍着疼痛和酸楚演出来的呢？

有一次，我发现一直在社交媒体上说绝不会浪费食物的她，居然在录制完视频后把刚刚出炉的吐司扔掉了。看着我惋惜的神情，她一脸平静地说："我一般都把做好的食物分给别人吃，或者扔掉，我现在做完饭之后什么都不想吃。"

后来在一次夜谈中我得知，现在腿细如竹竿的她曾经是个"肥妹"，从小给家里做饭并屡获好评的她，希望通过美食传递更多的"正能量"，于是开始做美食主播，积累了一定的人气。然而她始终惴惴不安，不敢多吃乱吃，害怕某一天自己会重新变胖，回到过去的黯淡时光。她说："我以为拍摄视频时记录自己吃东西的样子会令我更加快乐，但关上镜头后，我却会莫名其妙地担惊受怕，也不知道自己在害怕什么。"

这种似曾相识的失落感，令我突然理解了她。我这才明白，原来不止我一个人感受到这种幸福感被吞噬的过程。那些让人艳羡的美食自拍视频背后，是别人看不见的迷茫与孤寂。主播被困在这种不属于自己的满足感中，只能继续穿戴漂亮地精心赴约，然后笑着边自拍边告诉大家：我吃得很好，不用担心。

结束短暂的"吃播"生涯后,我再也没看过"吃播"视频。我的饮食习惯渐渐规律起来,我重新找回了吃饭带来的幸福感。然而,每次在网络上看到那些又瘦又好看的主播在镜头前面带笑容地吃着大量的烤肠、炸鸡和汉堡,我都会感到心疼。

在一个韩国纪录片中,著名"吃播"主播Shoogi为了保持娇小的身材,每天都坚持去游泳,一天中唯一的一顿饭便是镜头前的这餐。因为做"吃播",她没有社交时间,每天就是家、健身房和录影小办公室的三点一线,一整天说的话都是对着镜头的自言自语。记者问她:"你怎么能吃这么多?"Shoogi淡淡一笑:"做这一行久了,胃就撑大了。"

大多数做"吃播"的,都不是什么大胃王,他们是平凡如你我的普通人,但又因为这份职业而不能继续做一个普通的人。

也不知从什么时候开始,R再也不上传任何"吃播"视频了,但是在她的私人Instagram主页上,她还是会偶尔上传一些自己做的甜点的照片。没有了花哨的文字,也没有了一丝不苟的微笑,我想,她在镜头看不到的地方,应该吃得很幸福。Shoogi说,她最大的希望是,每个看她"吃播"视频的观众都能好好吃饭,而我在做过"吃播"以后也有同样的感受:关掉镜头,好好吃饭吧。

无烦恼,不青春

简洁

我一直不太赞成用一句"为赋新词强说愁"来粗暴地概括青春期的所有烦恼。大人们总会觉得青春期的烦恼和纠结有些孩子气,但只有身处其中的人才知道那些情绪都是真实的。

成长中的心事看起来很小，比如顶着一头没剪好的头发会自卑到不想出门，想到第二天的考试就焦虑到睡不着，分到新班级感觉跟周围格格不入交不到新朋友，说话有口音或者声音比较特别会被人视为异类……

因为不是什么"大事"就更加不知道该怎么说出口，因为无法得到理解就越发孤独，一个敏感的孩子的青春期会比一般人的过得更加辛苦。

当被人视为异类时，会感到自卑、压抑。在听到我和别人讲话时，之前学校的一个男同学突然惊呼："天啊，你的声音怎么变得这样嗲了，你以前讲普通话时不是这样的啊！"然后他做出捂心口的惊恐状，高呼需要速效救心丸。他像看稀有物种一样拉着别人来听我说话，我每说一句，他们就发出一阵爆笑。

从此以后，我的声音就成了他们偶尔想起来的一个笑料。每当我在课堂上回答问题时，一开口，班上的一小群男生就会吸凉气、捂心口，吵着要吃速效救心丸。我渐渐变得能不说话就不说话，万不得已要开口时，就刻意压低声音讲话。

当意识到人与人的差距时，也会失落和无奈。当时全年级25个班，我的成绩即使是全班第一，也还要在整个年级的排名中奋力厮杀。即使最后，我的名字挂在了宣传栏的红榜上，可是前后都是一些爱玩、爱打扮、体育好、有特长、成绩也不差、长得还好看的言情小说主角一般的人物。比如隔壁班有一个白净、俊美又时髦的男生，某次期末考试，他是年级第八，而我是年级第十二——这是我高中前两年所拿到的最好排名。传说他每天上课睡觉，一放学不是打篮球就是去网吧。那一刻我真切地感受到了人和人之间的差距——别人的举重若轻和我的无奈。

考试前夜的焦虑，都是青春期特有的失眠理由。初中时，考试前要是复习不完，睡觉时我就把书放在枕头底下，一边回想一边睡，有记不起来的，便抽出书，开灯看一眼，补足记忆上的空白，才能安心地睡去。那时我的床是靠墙的，床头靠着书桌，入睡都像是带着任务。那时的老师也会要求学生在睡前背几个单词，把学生的时间满打满算到了极致，连睡觉都不能轻松。

即使毕业以后走入社会，我也会时常自我怀疑。有时我甚至担心，自己大概会成为同学中"读书无用论"的例子。刚到深圳时，去杂志社面试，基本工资不到2000元。行政部主任拿着我的简历一级一级往上加：研究生学历加一级，有几年工作经验加一级……她加了好几次，最后拿标准一对比，研究生学历基本工资只比本科生多了 80 元。深圳的夏天热，新闻上说务必保证各行各业最低工资，还要加清凉补贴。我一算，自己拿的连最低工资标准都达不到。其实我想要的，也只是一份理解而已。

希望能有人告诉自己，敏感的孩子不应该活得那么辛苦。这些成长过程中必须面临的问题，都是属于你的失败与伟大。

感悟手札

我们终究是不一样的

蒋曼

代沟这东西是必然存在的，它让处于不同年龄阶段的人好像真的活在两个世界。如今，它更加繁密。

辛辛苦苦在厨房里把一条大鱼剖开，去了鱼鳞，挖去鱼鳃，我对自己的手艺颇为得意，这是我从小练出的技艺。女儿在一边看见了，却用一种惊讶的目光看着我，不满地说："想不到你是这样的妈妈，好残忍哟。"而且她宣布从此不再吃鱼。

我都不敢给她说外公外婆会杀鸡、杀鸭，她乡下的爷爷每年都要杀猪。让她知道这样的家族技能，她会不会从此把我们视为潜伏于人间的恶魔。

乡下的表姐也很苦恼，现在的孩子真是心善得让父母难做呀。家里喂的鸡鸭羊，孩子们不准杀、不准卖，说是要保护动物。表姐说："难不成我一个乡下人还要开家动物园？"杀个鸡鸭，孩子们都要伤心落泪，要是杀个猪牛羊，简直就是"杀人犯"。表姐忧心忡忡："心善是好，可人还得吃饭呀。"搞得大人卖个鸡鸭羊，不但不敢让孩子帮忙，还要偷偷摸摸，避开他们的视线。

女儿天性怕水，学了好几个暑假的游泳，也只学会了蛙泳，而且必须戴泳镜才愿意游，因为眼睛稍微进点水，她就紧张得不行。我让她把头抬出水面游，她很是不满，说那不是游泳的标准姿势。这种对规则的死板认同让我大伤脑筋，本来当初学游泳是为了获得一项生存技能，但看她现在如此固执，我无奈地说："难不成，以后落在水里了，你非得有一副泳镜才能游得起吗？"她也觉得荒谬，可依然坚持必须戴泳镜才游泳的规矩。

现在小孩子练的童子功，是钢琴、轮滑、乐高玩具、标准的蛙泳，而我们的童子功是杀鸡、剖鱼外加可以救命的狗刨式。

生活的背景发生了太大的变化，只是在每天翻篇时，忘记了日复一日之后就是长年累月。这些在丰富的文明和物质中成长的孩子，彬彬有礼，遵守规则，内心纯净。我们也乐于向他们展示精心建设的美好世界。但有时候你种下的花，不一定会开出想象中的样子。

女儿买了一辆新自行车，我让她周末把车放在家里。我们的小区比较老，自行车棚没人看管，而且家在二楼，车也不重。本想搞个安全教育，提醒她小心自行车被盗。结果，女儿义正词严，说我心理阴暗，"现在还有谁来偷自行车呀？到处都是共享单车，你竟然怀疑我们小区的人？"她嘲笑着我的经验。结果，一周之后，自行车"成功"丢失。

我倒是有点幸灾乐祸，只是这教训并不便宜，还不知道沮丧的女儿到底能反思出什么道理。也许她会说，不能以偏概全、一叶障目。现在的小孩，批判和颠覆的能力如与生俱来一般娴熟。

在街边的时装店买衣服，老板要价500元，我看了看，随便还价300元，我说："春天都要来了，你卖一件就少一件，好进新货。"老板倒是爽快，心里略一盘算，松了口："那你再加点。""差不多了，你这是人造棉的，洗得不好，棉都滚在一起了，说不定穿不了几次呢。"老板下定决心："好，成交。"回头再看一旁的女儿，她满脸的厌弃和不满，一走出时装店，就对我大加抨击："你太狠心了，人家的店铺有租金、人工费、水电费，肯定要贵一些嘛。你这样砍价太可恶了。"

我一下子火了:"我的钱难道不是辛苦挣来的吗?我又不是抢她的衣服,给的价格,她不能接受,就不卖。如果她愿意卖,说明这个价格她可以接受。吃我的,用我的,还胳膊肘往外拐,不为妈妈节约了钱高兴,还视我为'黄世仁',以为我是奸诈、可恶的大反派。想不到你是这样的孩子!"

想起我小时候,为了给家里减轻负担,放学时常去捡煤矸子,所有的旧书、报纸、牙膏皮,都是欢欢喜喜拿去卖了的,父母得大钱,我拿小钱,买个棒棒糖,甜到心里去。

想到这些,我悲从心起。我们的代沟不是沟,是高墙。我们养育着自己的背叛者,不知该值得欣慰还是惶恐。

"我们坐在高高的谷堆旁边,听妈妈讲那过去的故事。"这是过去的童话。

在大城市的霓虹中,白莲花云朵里的月亮早已消失,我们和孩子隔着相当漫长的岁月。不是时间,是不同的成长背景,我们现在对彼此一无所知。

那些把兔子、猪、羊当宠物养的孩子,他们认识图片上的许多动物。他们喜欢的自然是整齐的树林、干净的草坪和美丽的鲜花,生机勃勃,芳香扑鼻。我们不一样,我们在真正的旷野中长大,看到过幸福的晴川,也害怕过黑夜中奇怪的声响。被狗追着跑,把猫撵上树,抓得了黄鳝和泥鳅,也被蜜蜂叮起过一个个红包……在真正的田野上,我们从不敢过于放肆。

城市正成为巨大的温室,孩子们那种原始的野性在文明的洗涤中消失。我们的生活经验似乎再也不能传承下去,即使在同一空间,所有的告诫交错着过时。我们终究是不一样的。

感悟手札

我们为什么要保护孩子的叛逆

吴子健

今年春天，我参加了包玉刚实验学校（上海民办包玉刚实验学校是一所私立双语国际学校，以下简称"包校"）RUN-A-WAY 俱乐部成立五周年的一次活动。

在去参加活动的路上，我问一位参加过俱乐部骑行的八年级女同学："你来学校以后，哪件事让你印象深刻？"

她说，在一年级的第一节课上，班主任提出了三个问题：你和别人一样吗？你有什么不一样？你喜欢与别人不一样吗？

这三个问题，包括后来同学们的回答，一直伴随着她这八年的成长，让她建立了自信。

当然，我们提出这三个问题是容易的，由这三个问题而引发的许多令人意想不到的事情，却是我们教育工作者必须好好思考并且认真解决的。

对孩子叛逆的宽容

我想给大家讲三个发生在"包校"的真实故事。

第一个故事——黑客。

有一次在中学校长会议上，分管品格教育的领导反映，最近"包校"的网络被入侵了，黑客是一名七年级的学生。由于他进入网络可以看到我们所有的邮件，所以有人建议必须对他严肃处理。

但我认为应该先了解事情发生的原因。老师调查后才知道，这名学生想看一下"包校"的网络安全设置到底处于什么样的水平，同时他也想检验一下自己的信息技术能力。

再进一步了解后得知，这名学生是六年级时转来的，入学才两周。我们的信息主任请他的家长到学校来，告诉他们孩子的信息技术能力已经达到高中生的水平，六年级课程已经不能满足他的需要了，建议家长在外面找更好的机构对他进行培训，并且推荐了一些学习网站。

由于这名学生在四年级时每天玩游戏到凌晨四点,所以家长把家里的电脑收了起来,但还是继续给他提供机会让他进一步学习信息技术,这次信息主任的鼓励,更激发了他在信息技术方面的热情。

后来,他和其他同学发明的导盲手机,获得了上海市青少年科技创新大赛一等奖。他还获得了中国科协的肯定,作为中国科协"英才计划"的一员参加各种国际计算机论坛。现在他的导师是复旦大学计算机和软件学院的院长。最近,他设计的智能环境监测系统也在"包校"正式投入使用。

第二个故事——《光明与黑暗之书》。

有一天,在"包校"中学部的宿舍里,熄灯之后,一名宿管老师看到两个男孩在电脑前讨论着什么。按照宿舍的管理规定,他们的电脑肯定要被没收。

宿管老师第二天了解情况以后才知道,这两个八年级的男孩正在创作一部描写19世纪普法战争的小说,叫《光明与黑暗之书》。其中有两个主人公,一个是普鲁士士兵,另一个是法国士兵。这两个男孩通过描写他们的内心活动,来展示整个战争的场景。

由于出版社马上要出书,他们俩只能利用晚上的时间来赶进度。

宿管老师知道这个情况后,不仅没有按照纪律条例处分他们,还把电脑还了回去,给他们的创作创造机会。

第三个故事——抽水马桶。

有一天在小学部,保洁员突然听到卫生间里有异响,打开一看,一个小男孩正在那里拆装马桶的水箱。

课后我们把他喊到办公室了解情况才知道,原来他想研究一下马桶抽水的原理。

我们把他的家长请来后才知道,这个孩子从懂事开始,除了他父亲的名贵手表,家里所有的东西他都可以拆装。

那他为什么拆学校的马桶?因为家里的马桶是连体的,学校的是分体的。家长知道以后,首先对孩子进行了批评教育,然后特地买了个分体的马桶,让孩子在家里拆装。后来这个孩子在香港举办的乐高国际竞赛中获得了一等奖。

保护孩子的创造力

我想通过这三个故事让大家思考一个问题——如何应对孩子在成长过程中的叛逆行为?叛逆行为是不是错误的?

我认为并不能简单地下结论。现在不少老师在上课时,要求学生安静听课、举手发言、把手放到背后,不许交头接耳、不许看与学习无关的书、不许顶撞老师……

这样用"不"培养出来的孩子,能有创新能力吗?

回想当初,我们面试那个拆马桶的男孩时,他差点儿没通过面试。怎么回事呢?

因为他坐不定。从我们的心理行为规范来看,他好像有点"问题",但是经过讨论,大家觉得,说不定他在琢磨事情,这说明他应该是具备创新能力的。果然不出所料。

从一定程度上来说,我认为对孩子叛逆的宽容,就是对孩子的创造力的保护。

最近有一个很热的名词,叫"工匠精神"。

在德国,从孩子上幼儿园、小学开始,老师和家长就按照他的个性、特长来设计他的专业发展路径,60%的孩子会进入专业的职业技术学校学习。

德国的工业水平和产品技术是世界一流的,因为德国的教育就是尽量让每个孩子都按照其个性来发展并取得成功。

因此,我认为,教育的本质就是让孩子享受成功的喜悦。研究学生就是研究教育,研究孩子就是培养孩子。该怎么做呢?通过观测—记录—研究—分析—归纳,知道孩子在发展过程中何时需要呵护,何时需要指导、帮助和支持。

我在《教育在哪里——一个校长的365天》这本书中,讲过一个发生在幼儿园的真实故事。有一天上课,老师拿出一幅画,上面画了一只眼的大熊猫。老师问孩子们这幅画画得对不对,只有一个孩子说"对",其他孩子都举手说"不对",孩子们发生了争论。但老师没有简单地下结论,而是让说"对"的孩子来做解释。

他说:"有一次妈妈带我到动物园,我就看到了一只眼的大熊猫。"他上台画了一只大熊猫的侧面,的确是一只眼睛。

这时候老师说,这两种回答都是正确的,取决于我们从哪个角度去观察事物。

不管是老师、校长还是家长，我们不可能碰到个性完全相同的孩子，所以想让他们获得成功，首先要呵护那些所谓的叛逆行为。

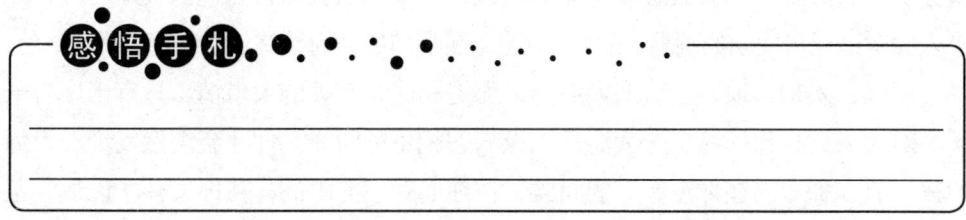

大　　海

马良

在我 20 岁那年，学校组织学生去舟山写生，我才第一次真正见到大海。只是那时是在一条船上，从宁波要去一个岛上，结果出海不久就遇到了 12 级台风。船在狂风巨浪里颠簸，同船的渔民都吐了，我也很难受。但想到是第一次出海，也怕是最后一次，便狠狠支撑着，在晕眩中扶着墙走出了船舱。

船舷边一个人都没有，几个同学正和船舱里的渔民一起呕吐，抱着固定住的木长椅，面如死灰。而甲板上的我死死抱着一根柱子，面对狂暴的海浪，顶着夹着大雨的狂风，吐得自己满身都是。天空是黑灰色的，如同被墨汁染了一般压抑、昏暗；大海倒是明亮的，海浪翻起无数白色的泡沫。天空和大海与我想象里的海天之色恰恰是相反的，像是一个终于真相大白的谜题，隆重地给出了让我意想不到的答案。我兴奋极了，心中竟生出些想死的念头，想到自己也许将葬身于这片与我只有一面之缘的大海，仅仅因为眼前这份波澜壮阔的美，我竟丝毫也不觉得害怕。

后来我当然没死，在人世间拖拖拉拉地稍受了些苦，也着实尝了些甘甜，于是自作多情地把大海当成了多时不见便会很想念的熟人，每次去有大海的城市旅行都会兴奋，真的像是要去探望一个老朋友。后来的大海再也没有在我面前展现过第一次见它时的暴躁，一直是温和沉静的样子，好像它和我一样也老成了，不再有那些无法抑制的狂热。后来有两次我还在国外的海边小镇短暂地住过。每天早上起来，或者黄昏时便去无人的海边坐坐。时间久了，会发现每日的大海都稍稍有些不一样，就像终于在最熟悉的人身上看到一些难以察觉的微妙变化。那时我会突然想起正在一天天缓缓老去的亲人，一步步与我渐行渐远。天地之间，一个人面对这无可挽回的消逝，充满了伤悲，而眼前的大海始终还是大海，不动声色。

所以，人是必须要去认识大海的，那是和成长有关的大事情。只有当你有一天面对大海，想起那些想念大海却无缘与它相见的时光，你才会突然发现，大海原来一直在那里。在你没有来的时候，在你面对它的瞬间，在你离开了以后，甚至在我们所有人都消失了之后，大海永远在那里。每每这时，我就会想起一个词：望洋兴叹，这个词必然也是来自某一位和我一般面对大海发出感慨的前人，可惜早已无法考证，在波澜壮阔的大海面前，一切都是逐浪浮沙罢了。

20年前第一次见大海，只一声叹，便送走了许多的岁月。斗转星移，唯有潮来潮往依旧，我生命里所有的东西都早已被暗中偷换，那些曾经拥有的，以为永远不会失去的，如今只留下些音容笑貌，仔细看看手里还存着的一些人物和情感，我渐渐懂得了珍惜，因为也许明天就尽数失散了。少年时候爱读哲学，唯恐自己不够深刻，曾经读而不懂的，如今大海都告诉了我。哲学里最朴素的真理，无非教人要认真地活着。

黄少女的书桌时光

六神磊磊

一

黄药师当爹，第一眼看上去很不靠谱。因为他长得帅，又太喜欢耍帅。

他给人的感觉是完全沉浸在自己的世界里，"丧父式育儿"，父爱如山体滑坡，闺女这边已经尿了,他可能还在玩音乐。

长得帅的人,更容易遭受世界的恶意。如果黄药师长成鲁有脚那样,大家对他的评价就会不一样了。

黄药师教女儿,给人的印象也是看心情随便乱教的,乱开科目,督导不严。黄蓉仿佛没学到什么真本事。

另外,黄药师最大的缺点,是他还不是一个好师父,经常迁怒于弟子。

不是好师父,还能是好爸爸吗?

二

其实黄药师干啥了?又没给黄蓉贴三伏贴。

十几年一把屎一把尿,把黄蓉从婴儿拉扯成小天仙,如果真是"丧父式育儿",那怎么可能做到?

另外,黄药师教育女儿真是不负责任、随便乱教的吗?

我们倒推一下。黄蓉离开桃花岛时大概是 15 岁。这个 15 岁的小姑娘已经学了哪些科目呢?

文学、历史、音乐、美术、算术、几何、博物学、天文历法、奇门遁甲、五行八卦……粗算下来有十几门。

别忘了,武功这一大类还没算,其他的像划船、游泳、烹饪等疑似自学的也都没算。至于医药占卜、农田水利,黄蓉后来很少展示相关能力,也都不算。

一个宋朝的小姑娘,学的科目比今天的中学生学的还多。这叫随便教教吗?你"随便"教十几门课试试。

黄蓉的知识结构和所有人的都不一样。江湖上,别人基本都是单一的文史背景(个别的像郭靖是单一的畜牧学背景),黄蓉却是独一份的文理兼修,横跨人文科学、社会科学、自然科学三个领域。

黄药师谈不上苦心孤诣,至少也是用心栽培。谁说他不顾女儿,整天玩音乐?

今天的爹妈辅导孩子做作业,动不动就崩溃。"江南七怪"七个老师教一个郭靖,经常教得他们想原地爆炸,而且他们只教武术,别的科目统统都不教!

相比之下,本来性格古怪、孤僻的黄药师教女儿时却没见不耐烦,十几年如一日地教了下来。这个爸爸应该不算差吧?

三

另外，黄蓉是"随便学学"，黄药师是督导不严吗？

看一下黄蓉后来参加"学科竞赛"的战绩。

搞诗词大会，她赢了一灯大师的高徒朱子柳。朱子柳可是大理国丞相、辛未状元，号称"对穿肠"，却输给了黄蓉。

比奥数，她赢了"神算子"刘瑛姑，而且取得了碾压式的胜利。

她赢的都是各个学科的一流人物。

我们总有一种误解，觉得老爹的水平太高，孩子就可以"随便学学"，老爹不用对孩子严格督导，孩子就天生比别人强。这是不可能的，就像李白的儿子就不会作诗，而是做了农民。如果"随便学学"就行，那郭芙怎么不"随便学学"？

为什么人们总觉得黄蓉学得轻松？那恰恰是黄药师最成功的地方——呵护了黄蓉的兴趣。他言传身教、潜移默化，让黄蓉从小形成了学习型的人格。

兴趣这东西一旦建立起来了，怎么苦学都显得轻松。周伯通天天练武，你不觉得他苦。欧阳锋天天捣鼓毒药，欧阳克夜以继日地"泡妞"，你都不觉得他们苦，因为他们有兴趣。我天天读金庸、读唐诗，我做助理的妹妹从来不说我辛苦。我偶尔背一背英语单词，她就同情地说："哥哥，你好辛苦啊！"

四

黄蓉后来取得了极大成功，她一路走来，你会发现，她成功的原因总离不开那些在桃花岛上养成的好习惯。

三教九流她都谈得来、镇得住、吃得开。学文科的，可以和朱子柳、陆乘风等大名士谈笑风生；学理科的，不用挖掘机就可以布个石头阵，活活困住金轮法王。

而且黄蓉思维缜密，遇事从容，说话做事有条理，每临大事有静气。

"江南五怪"在桃花岛上被杀，没有一个人能带上脑子好好分析，查出真凶，都坚持认为凶手是黄药师。整个江湖最后就靠黄蓉一个人推理破案。这样的人不冒尖、不成功，那什么人才能成功呢？

五

曾经，黄蓉为了教训刘瑛姑，随手给她出过一道数学题，叫作"立方招兵支银给米题"。

想到这道题，忽然莫名感动，有点"泪目"。

童年时，在岛上，轻柔的海风中，小黄蓉多半曾拿着算筹、石子，由黄药师陪着，津津有味地算着"立方招兵支银给米题"。那时候，别人都觉得这是游戏。

多年之后，她英姿飒爽地站上襄阳城头，指挥若定，支银给米，调度万千甲兵粮秣，你还觉得那是游戏吗？

有首歌叫《有人》，其中有一段词："有人浪迹江湖，有人寒窗苦读……有人精打细算，有人满不在乎。"

多年后看来时路，有人难得糊涂，有人悔不当初。

少年的书桌上，从来都没有虚掷的光阴。

感悟手札

干就完了

严 明

那是高考前的冬天，眼看着还有半年就要决定命运了，我的成绩仍是平平。

一天吃午饭的时候，父亲委婉地问我愿不愿意去当兵，我瞪大眼睛说不愿意。随着我一点点长大，与父亲交流渐少，但他竟然在替我考虑出路，还想出当兵这样的"下策"。受了刺激，我有点儿不高兴。父亲见我态度这么坚决，说了一句："那你要好好干了。"他便不再言语。我感觉到了形势逼人，一切已迫在眉睫。

当天晚上，我失眠了。那时候我在院里的小屋住，与一个小火炉相伴，复习、复习、再复习。想到未来一片茫然，我怎么也睡不着。

思考的结果是要在自己身上找问题，还是得加倍努力学习。我要通过一个行动证明自己开始发愤了。盘算来盘算去，我决定对自己狠一点儿，在自己的手腕上烙个什么字，用以明志。

那个时代流行的劝学口号是"科学有险阻，苦战能过关""勇攀科学高峰"之类的话，我决定提炼一下，用一个字归纳。辗转反侧，冥思苦想，灵感终于来了，一个"干"字浮现了出来。

于是我翻身下床，开始文身壮举。我找来一根缝衣针，用钳子夹住，在煤炉上烧红。

我要开始了！犹豫了一小会儿，这已经是笔画最少的励志之字了。开干，两横一竖，随着"刺刺"的响声，青烟上升时伴随着一股儿肉香，疼得我龇牙咧嘴，差点儿晕过去。我长这么大，还没尝过硬生生挨烫却不能躲避的滋味！

搞定。欣赏着左手腕上红红的烙痕，发现最后那一笔出了点儿头，不够完美，我一时又无计可施。真是让英雄扼腕了，那遗憾，不亚于阿Q死前觉得自己画的那个圈儿不够圆。

于是我又开始宽慰自己，可以理解为"冲天干劲"！哈哈，有文化真好，其寓意竟然还有延伸。得，在这一点上，我真应感谢阿Q了。实在得意还有这么简单而有力道的字被机智的我想出来，算是经历了一场小型的浴火考验了吧。再后来看台湾电影，在电影台词中出现"干"这个字时，我发现字幕上写的是"幹"，心中便一阵后怕，实在感激简体字的出现。

那个冬天在炉火前的赤膊少年，在快到20岁时幡然醒悟，用他可怜的勇气向身体发出简化号令，知道自我励志了。在此后的人生里，他可没少进行精神与身体的争斗，切肤之痛多得很。因此，王尔德才会说"烫痛过的孩子仍然爱火"。父辈只告诉他去干、去奔跑，似乎再也没有其他交代。在尚不具备辨别、判断等诸多能力的时候，我们在那个小环境中获得了最初的动力，暂时的目标也只是离开那个环境，其实还根本不知道朝哪里去。

倒是有一个概念随痛钻进了心里——干就完了。

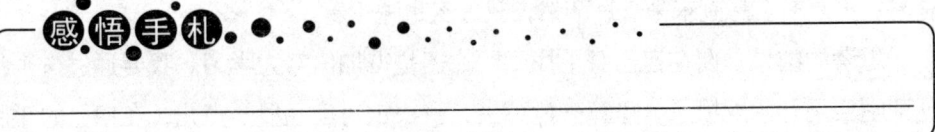

八 分 好

汪亭

周末去城西爬山，与友人同行。山路蜿蜒深入，古寺藏匿其中，老树茂盛，绿荫遮阳。当天不逢初一或十五，信徒游客寥寥无几，显得佛门清净。

殿堂出口处，端坐着一位年过古稀的和尚，面前案台上摆着插满签条的竹筒。友人是居士，凡遇佛门中人总要颔首问好。友人站在老和尚面前行了佛礼，随即与他攀谈起来。无所事事的我，只好静坐一旁，默默聆听禅语。

环视四周后，我的目光停留在竹签上。友人笑问："想不想求一支签呀？"我迟疑了片刻。老和尚看我一眼，说："施主，求签安心，心安何须求？"

顷刻，被这佛语怔住了。我抽出一支签，递给老和尚。老人打开后说："此签为中中签，是一支好签。"听到这儿，我十分疑惑："上上签才是好签呀！"

老和尚微微一笑："上上为圆满，圆满之签并不是好签。在佛界，圆则寂。尘世中，圆满刹那湮灭，容易流溢。其实，中签才是好签，有缺可补，有憾有想，八分为好。"

山谷空灵，古寺清幽，这番话分外悦人心扉。凡事只争八分，不贪十足。这种处世境界，说来容易，践行好难。

想起年少时，喜欢上一个女孩，几近疯狂地追求。每天上课时间写情书，等到放学跑去她的座位上坐一小会儿，把情书夹进她的课本。日日一封，心事纷飞。几个月下来，女孩突然传来一张纸条，寥寥数语，冷冷清清，劝我不要再写。

那时的我，内心如有一头快速奔跑的狮子，不管女孩如何回应，依然我行我素，将满心爱恋一股脑儿地抛送给她。那些时光好年轻，爱得太满太执着，不给彼此留一点空隙，让爱的人感到压抑窒息。最终，相思成落花。

大学时候喜欢写作。每次写完一篇文章，遣词造句改之又改。几十次的增减，从一个句子到一组词语，甚至一个字，都反复斟酌，力求结构完美，韵律工整。最终我在不断的修改中无法自拔，感到颇为纠结烦闷。

住对门宿舍的师兄曾跟我谈心，说我语不惊人死不休，但过于执拗未必是好事。曾经年轻气盛不能理解，如今才知，行文应不拘形式，随心随性，以情理动人，适时留白，让读者遐思，才能产生共鸣，深入人心。

医者常说，饮食八分饱，真是至理箴言。高中时住校，生活拮据，每天晚上自习到十点多，腹中空空，挨饿过夜，落下了胃痛的毛病。大学毕业看中医，吃了半年的中草药，苦不堪言，却收效不佳。而后索性不吃，自己琢磨着调养，每日三餐定时少量，遇到美味食物，同事们大快朵颐，我自控少吃。半年后，胃痛反酸的毛病居然慢慢好转。食欲乃人之本性，可五脏六腑自有习性，顺其自然，才能互补互助。反之，内外争斗必然相伤。

年少的情事，做得太多太过，便令人生厌最终落空。对待写作过于追求形式，让自己困陷其中身心疲惫。人到中年，历经世事洗礼，便慢慢醒悟出八分好的真谛。

月满则亏，水满则溢，大自然如此，人生亦同。切莫追求十分圆满，舍去二分累赘，定能收获八分之好。

感悟手札

智者见山，愚者见渊

辉姑娘

我上高中时，当地有一个少年打架犯了事。他父亲声泪俱下，说他从小喜欢看武侠小说，总想学小说里面的侠客打打杀杀，没想到酿出惨祸。说到激愤之处，父亲还把他之前看的小说一股脑儿烧了。我至今还记得燃起的熊熊大火，白了头发的老父亲把《书剑恩仇录》《天龙八部》《楚留香传奇》一本本撕开，边哭边烧。

我去参加一场座谈会，一位很有名的武术指导被问到最喜欢的作品，坦率地答：'我最喜欢的就是武侠小说。"原来他上初中时，第一次看到《绝代双骄》就迷上了，甚至把书反复誊抄。后来干脆把武侠小说都买了回来，也尝试着去写，从短篇到长篇，渐渐对招式有了自己的想象。高中毕业之后他去一所武校潜心学习，最终成为一位知名武术指导，经他设计出的武打动作都颇有新意，又容易被演员理解、学习，他因此被人评价道："拳下有江湖。"

同样是看小说，有些人走了岔路，有些人成了武术指导。这当然不是创作者的问题。难道看过琼瑶的小说就要和老师私奔，看过三毛的小说就要离家出走，看过韩寒的作品就不想参加高考？其实人和人最大的区别，在于认知维度不同。一旦认知浅薄，对事物的理解就会变得片面，容易走进低级错误的死胡同。

某次聚会聊起司汤达，立刻有人称赞："他的《红与黑》真是一本佳作。"在座的某位"军事迷"却笑道："我倒是知道他的一些野史，他是拿破仑的忠实拥趸，后来拿破仑倒台了，他才不得不跑去当作家。"另一位医生哈哈大笑："那你们可知道，据说他去意大利参观艺术作品，因为被'雷到了'，所以一出门就晕倒了，后来人们把这种被美震撼到的症状通称为'司汤达综合征'。"我感慨："这些我都不知道，但我很喜欢他的墓志铭，上面只有三个词——活过、爱过、写过。"举座皆抚掌："原来研究一个人，竟然可以有这么多角度。"然而这群人，就足够总结出司汤达的生平了吗？

吴伯凡曾说："人与人之间的交流，就是两点之间最长的那条线。"人们在交谈的时候，好像拿着同一张地图，但其实你拿的是陆地地图，他拿的是海洋地图，跟你看到的是完全不一样的世界。你看到的是一个真真切切、繁荣昌盛的世界，而对于他来说，世界一片白茫茫，大地真干净。

为什么我们一定要提高自己的认知？就是为了尽可能地看到更远的地方，欣赏到更好的风景。也许依然无法穷尽，但至少更加通透、明朗，懂得吸纳和辨别，进而有正面的收获。

山就在那里，静默无语。你眼中是奇峰罗列，还是临渊而立，那不取决于山，只取决于你所站的高度和角度，以及内心的深度。

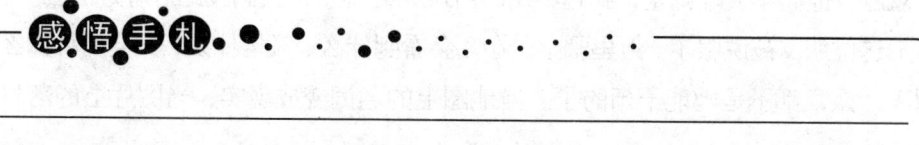

去看大好河山的年轻人

叶倾城

暑假期间，朋友忽然问起我在天安门看升旗的事情。当时我正忙，随口说："太麻烦，就别去了吧。"她毅然说："不行。这是我一年前给孩子的承诺。"

去年，电影《无问西东》大热的时候，她和上初中的儿子去看了这部电影，孩子对清华大学一见钟情，立刻树立了高考目标，发誓要进入"牛人"的行列。朋友心中暗爽，嘴上却说："这志向太小了，你为什么不想上哈佛？"并准备给儿子推荐《风雨哈佛路》。不料，儿子板起脸来说："清华已经是中国最好的大学。如果它不是，只是因为它的历史太短。做科研出成绩都是需要时间的，百年树人，大师也不是一天就能炼成的。"她第一次发现，儿子嘴角隐隐发青，那是即将长出来的胡须。已经高出她一个头的儿子，此刻正以成年人的姿态，庄重地与她对话。之后的一整年，孩子都为了中考在拼。想考清华，就像勇士志在屠龙，苦练剑法与箭法。到了今年暑假，孩子是揣着好成绩出发的。

能陪孩子共看祖国大好河山的日子也不多，我另一个朋友向我苦笑："我被抛弃了。"这个夏天，她上大二的女儿要去新疆支教。女儿的学长学姐们和新疆的一些支教机构一直有联系，每个暑假都会去开短期集训班，让当地的孩子有机会听一下相对纯正的英语，看一下物理、化学实验是怎么个玩法。每一个去过的人，回来后都会感叹，原来连一杯奶茶、一块鸡排、一张可以无限量借书的图书证，都是一种福利，并不是人人生而有之。支教对体能、成绩、性格、口才都有要求。朋友的女儿知道自己被批准后乐得一跳三尺高。但无数问题涌到朋友的嘴边，她问女儿："你们去多少人？你懂什么？你能做什么？有水吗？有电吗？有 Wi-Fi 吗？"女儿终于忍不住大声叫停，她挺直腰板，像我朋友公司里新来的实习生一样，有板有眼地说道："一切都完备。当地的学生，从来没机会看到现场版的英文戏剧。他们不会嫌我差，我也不用面对挑剔的观众，我们彼此给对方机会。"

这位朋友被说服了。万里疆土，女儿会看到什么、领悟什么，又会播种什么、留下什么，都不是她能干预的了。当地图上的名词变成现实，当图片上的落日近在眼前,她相信,女儿对"中国"的理解一定会不一样了。

今年以来,我听到许多这样在路上探索、学习的故事。有人带着孩子进行古都之旅,将第一站定在了洛阳。两千多年前东周就建都在那里。他们一路迤逦,终点在北京,在陈子昂说的"前不见古人,后不见来者"之处。另一队我认识的年轻人在延河旁驻足。他们中年纪最大的在读研,年纪最小的只不过是初中生。

这些事情让我想到,爱是什么呢?是想了解、想触及、想拥你入怀。爱人如此,爱国亦然。你在这片土地上生长,怎能不知道每一寸土壤之名?若你不曾用自己的双足经过它的每一条河流,你怎么能发自内心,轻轻地说:"我爱这个美丽的国家。"

感悟手札

这故事就要完结

约像

落笔时本应满天枫叶,可现在却绿草如茵,无法释怀。

从去年 10 月开始,我渐渐戒掉游戏,今天敲起键盘,不复往日的熟练。那款游戏像黑洞,挣扎在边缘的我,像只可怜虫,除了上课,就是跟朋友们玩游戏。其间的爱恨情仇、嬉笑怒骂也让我变得患得患失。怎样戒掉游戏?卸载,悲伤哽咽;再下载,亦喜亦悲。

今天,就为这段故事画个句号。

在迷恋游戏的两年里,我经历了 S6 到 S11 赛季,心甘情愿地充值,每天邀请学姐学长、学弟学妹以及同学组队"开黑",我将太多朋友带入游戏这个坑。看 KPL 常规赛、半决赛、决赛、赛后采访;混迹于直播软件——虎牙、斗鱼、触手、

YY、企鹅；熟知每一个知名游戏主播——拖米、剑仙、嗨氏、张大仙、孤影、往事；对各大战队选手的位置如数家珍——刺客梦泪、射手 Knight、法师老帅、坦克胖墩、辅助 Yang；也了解每一个直播赛事的解说——Gini、瓶子、白乐、英凯、灰灰、UU；微博上关注了一堆游戏营销号，QQ 上不仅加了职业选手为好友，对话列表的前几条都是有关游戏的推送。

上面提到的 ID 太多，单挑几个典型，若一一讲述能说上三天三夜。

两年来我在学习上毫无建树，在写作上停滞不前，抛弃了很多关系不错的朋友，只是因为把时间花在了游戏上。

我白日里在宿舍组队，放弃了平日去文博中心的旧习；长夜中通宵游戏，错过了与朋友的长亭送别；假期跟朋友组队，错过了陪妈妈看长河落日，不管箸长碗短；景明之时，跟朋友组队，而不愿欣赏落樱细雪、昙花残谢。

我的思维变得迟钝，却对游戏名称反应迅速；我的视力逐年下降，这两年尤甚，却还是直直地对着屏幕，等待决赛的开场；我在上大一时创办的公众号的更新日期一直停留在 2017 年的某一天，却一直安慰自己，是因为学业繁忙。

非常惭愧，游戏里时光的荏苒与蹉跎，在我脸上留下的痕迹很明显。跳不开一个绕来绕去的圈，打不开一个绕来绕去的结。辨不清、说不明，兜兜转转我已大三，在我热爱的写作中留下很多遗憾：没有为大二留下一篇感情真挚的文章，一个断章落在大二的一整年，无法翻阅。回顾以前我的状态，那时的我可能会嘲笑那些"风华正茂，却什么也得不到"的人，因为他们只活在自己毫无营养的世界里。

非常惭愧，我记不清友人给我讲过的陈汤、伊邪那岐，亦记不清友人给我讲过的渔鼓道情、松尾芭蕉、竹久梦二。我下定决心要跨专业考浙大文学专业，却因前段时间的虚度，古代、现代戏剧知识储备零散，不得不额外搭上三年光阴去曲线救国。

涉足游戏是我不可回避的往事，但现在再也没有一款游戏能驱使我为了等待更新，专门从教室跑到餐厅，疯疯癫癫遭同学询问了。

我还是想努力回到过去的状态——"我们哼着小曲拍手唱歌多欢乐，沿着麦田香味迎面扑鼻的花朵"。

这故事就要完结，没有太诗意的诀别，我控制不了高科技带来的瘾，但时间能。现在已绿草如茵，偶有虫鸣。有些晚，但流水桃花里，气温还不错。

故事完结。

感悟手札

人世真局促

潘向黎

我爱茶又爱诗，因此读了茶诗无数。最令我心醉神往的，就是这两句了："乳瓯十分满，人世真局促。"

这是苏东坡的诗句。这两句诗的意思可以理解为：茶器里的茶汤可以注到十分满，人生在世却有种种欠缺，不可能这样圆满。或者，可以进一步解释为：满是茶汤的小小茶杯真是广大，杯外的人世反而狭小局促。但是，这十个字的含义似乎远不止这些。说不清，但能体会到；真是——醍醐灌顶。

茶芳洌清神，其清入骨，除了实用和享受层面的益处，还有一些精神层面的特殊功能。"艺术修养高的人，借助茶的媒介，使自己获得一种特殊的时空感，取得内心的平静。"王从仁的这句话说到点子上了。

有人则是在桃花源品茶之后，漫步竹径，细雨清风之中，竟觉得说不定在这小径深处，会意外遇上解甲归田的陶渊明。茶兴、茶爽，使时空发生了转移。

类似的感觉，苏州人说得更透彻、更天经地义。"在园林里是能遇上古人的，或者他们将自己就当成古人了。他在拙政园泡好茶，好像唐伯虎已经到北寺塔了，唐伯虎也是闲来无事，出了桃花坞的门，散着步一路走来……"这是苏州人陶文瑜的版本。这样的异想天开，实在是茶带来的乐趣和幻梦。

说到幻梦，梦与真实的边界有时是模糊的。苏东坡于元祐四年（1089年）到杭州，作《参寥泉铭》，铭曰：

在天雨露，在地江湖。

皆我四大，滋相所濡。

伟哉参寥，弹指八极。

退守斯泉，一谦四益。

余晚闻道，梦幻是身。

真即是梦，梦即是真。

石泉槐火，九年而信。

夫求何信，实弊汝神。

所谓"真即是梦，梦即是真。石泉槐火，九年而信"，说的是苏东坡亲身经历的一件奇事。熙宁四年至七年（1071—1074年），苏东坡任杭州通判，与诗僧道潜（号参寥子）很投缘。元丰三年（1080年），东坡谪居黄州，一天夜里梦见参寥子携诗相见，醒来后只记得其中两句："寒食清明都过了，石泉槐火一时新。"梦中东坡问道："火固新矣，泉何故新？"答曰："俗以清明淘井。"九年后，苏东坡再度来杭州，在寒食节那天去参寥子卜居的孤山智果精舍相访，"舍下旧有泉出石间，是月又凿石得泉，泉更清洌。参寥子撷新茶，钻火煮泉而瀹之"。这和九年前梦中的情景完全相符，谈诗论茶之梦，九年后居然应验，苏东坡大为惊奇。

茶秉天地至清之气，一般嗜茶之人可以以之清心养志，忘忧出尘，忘记身处何时、何地、何种处境。像苏东坡这样文化修养极深厚、感悟力极强的人，可以借助茶获得非现实的时空感觉，并且通过对人对己的心理暗示将它实现。这可能是这个趣闻唯一合理的解释。

"乳瓯十分满，人世真局促。"只有对茶、对人生都有着很深体会的人，才写得出这样的诗。我认为，这触及了茶饮的终极意义。也可以反过来说："人世真局促，乳瓯十分满。"正是因为人世有太多的龌龊，所以需要茶的清洁；正是因为人世有太多的缺憾，所以需要茶的圆满；正是因为人世有太多的局限、仓促、无奈，所以才需要茶的圆满丰盈、舒缓从容、无边自在……饮茶带来的特殊的时空感，是虚幻的，又是真实的，它无限广阔，澄清无尘。

日常是灰暗，茶是鲜明照眼。

人生是干枯，茶如秋水盈涧。

现实是暗夜，茶如明月当头。

世是炎热，茶如清风拂面。

身临其境，似有我，若无我，身外之物化作烟雾散去，似乎天地间只剩下一个我、一盏茶，刚刚找到自己又飘然忘却此身。"长恨此身非我有，何时忘却营营？"茶烟轻扬，茶香缭绕，茶甘在喉，当此际，说忘也就忘了。

也许，人们对茶恋恋不舍，归根结底，不是因为百般功用，不是因为千般风雅，而是这种在短暂的人生、局促的人世中找到片刻自在的感觉。

感悟手札

一盏茶，三种况味

郭华悦

孩提时，茶是梦想。

那会儿，邻里亲友之间，关系尚热络。每次跟着大人去串门，一进门，对方便开始热情地泡茶。冲泡好的茶，逐一端到大人们的手中。至于孩子们，常常是没有的。

多一杯茶，自然不费什么工夫。只是在大人们的眼里，孩子们不过是串门的配角。于是，每回串门，看着大人们手里捧着的茶水，心里头总是格外羡慕。一个和成长有关的梦想，便从此在小小的心中扎了根，那就是盼着自己赶快长大，成为大人，日后也能捧着茶与邻里亲友热络地聊着天。

对于孩子来说，茶是成长的梦；而对于已走到人生中段的人来说，茶则是生活。

看过很多这样的例子。很多人在年轻时，味蕾上往往偏爱浓烈的食物，比如酒，比如各类饮料。而到了中年，却重拾饮茶的习惯，对茶情有独钟。

对于有了阅历的人来说，品茶往往不仅仅是为了解渴，更多的是一种生活方式。抛开纷扰，与两三知己，一盏清茶，娓娓闲话，这便是俗世中难得的清静时光。年轻时，对这样的时光，避之唯恐不及；直至人生有了阅历，才发现这种灯火阑珊处的宁静，更是生活的常态，更值得珍惜。

当然，此时的饮茶，也有养生的考量。大鱼大肉吃多了，肠胃油腻，难免有所不适。一杯清茶，去油腻，肠胃清爽。年轻时，总觉得身体是耗费不尽的；唯有到了一定的岁数，才发觉千金万金终不如有一个健康的身体来得更重要。

而对于很多步入晚年的人来说，茶则是故乡。

故乡水，故乡茶，那是多少游子们翘首以盼的思乡梦？人在异乡，最盼望的不过是一盏来自故土的清茶。品茶香，思故乡，能令人在不知不觉间，湿了眼眶。

一盏茶，三种人生况味。对于不同年龄段的人来说，品茶亦是品人生。

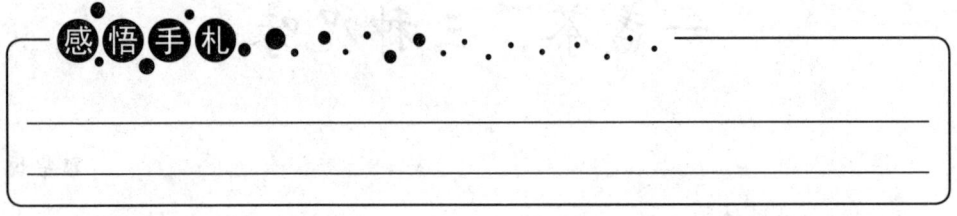

感悟手札

示强与示弱

佟晨绪

寥廓天空中，示强的雄鹰傲视蓝天，才有了搏击的勇健；似火骄阳下，示弱的小草卷曲着叶子，才有了生存的延续。示强与示弱体现出不同的生命的态度、方式和原则。

曾看到过这样一则新闻：两辆车在宽度只容一车通过的山间小道相遇，两个司机争执半天，都没有丝毫相让的意思。正在两车对峙时，突然山体滑坡，两辆车都被砸进了山谷。试想，如果两个司机中有一个能够示弱，也许悲剧就可以避免。关于"六尺巷"的故事大家更是耳熟能详：清代康熙年间文华殿大学士兼礼部尚书张英的老家人与邻居吴家在宅基地问题上发生争执，公说公有理，婆说婆有理，谁也不肯相让。张家人写了一封家书，千里迢迢送到在京城的张英手中。为此，张英给家人写信："千里家书只为墙，让他三尺又何妨。长城万里今犹在，不见当年秦始皇。"张家人收到这样的回复，于是主动让出三尺，吴家见状深感惭愧，也将院墙后退三尺。

  生命是强大和脆弱的统一体，在这种矛盾中，该怎样看待示强与示弱呢？大山高高耸立，岿然不动，绝不俯就，可是山越高，山顶上的东西就越少，就像喜马拉雅山的山顶上除了冰层就是积雪，寸草不生，毫无生机；大海则不同，因为它地势最低，所以能容纳百川，滋养万物。示强与示弱是一个问题的两个极端，生活中有时需要示强，又不可一味地示强，有时需要示弱，也不能一味地示弱，能够在二者之间找到平衡才是生存的智慧。

  生活中遇到摩擦，人们常常会互不相让。排队时的互相争抢，身体摩擦时的恶语相向，轻则言语冲撞，重则拳脚相向……此类琐事不胜枚举。面对如此小事，稍稍示弱便会烟消云散，过分示强便会导致大动干戈乃至引发悲剧。丛林里的生存法则是弱肉强食，人类社会却不同，人类可以运用文明的方式，运用自己的智慧，妥善处理好两者之间的关系。在某些时候，示弱反而显得强势，示强反而显得弱势。什么时候示强，什么时候示弱，要做到知己知彼，明确具体情势下自己的位置。

  永远昂头向上的雄鹰难以找到食物，总是低头的小草长不成参天大树。生活是个大舞台，每个人都是其中的角色之一，我们需要把握示强的分寸，懂得示弱的原则。

感悟手札

感叹时光

杨伯良

时光,像一位行旅匆匆的游子,就在不经意的瞬间悄然逝去,如飞过的流星,陨落时只在空中划过凄美的轨迹。时光,在不停地走,人生也在悄悄地溜走,忘记了月儿圆了多少回,忘记了季节换了多少次,从幼稚走到成熟,从冲动历练到沉着。身后的影子多少次辗转,曾经澄澈的眼睛多少次回眸,可是,岁月早已沧桑了过往的光阴,也已苍老了青春的容颜,更是苍茫了昨日的曾经。

岁月的河床上曾弥漫过青春的感伤,曾存放过记忆的泪滴,曾记录下光阴流逝的踪迹,也曾碾碎过刻骨铭心的痛楚。时光暗淡了少年的色彩,在青春的步伐里演绎着悲欢离合。时光,把许许多多的日子折叠成深藏的记忆,那些记忆或许永远沉眠,永远不会在梦中醒来,一些陈年往事或许就成了隔世之情。人都会遗忘,都会回忆,也都会匆忙于每一天的刷新,更会沉淀于昨日的回忆。

或许在某一天,已然老去的西风挟着昨日辉煌,洗去疲惫的尘埃,那些断断续续的记忆便化作了时光里的清风凉雨,变成了无情无义的月芒寒霜。时光,对于每一个人来说都是非常宝贵的,但往往也是每一个人最容易忽略的,或者是最不在意的。时光在不经意中流逝,当你翻开旧日的笔记,字里行间充满着情深意境的交错。就仿佛回到了那曾经的风风雨雨和坎坎坷坷,旧时的繁华残存在记忆的档案,却多了几分沧桑。

曾经的"平淡",其实早已消失在茫茫的烟雨红尘,把记忆留在了过去的岁月之中,想温习只能回头阅览,或许会沉醉于静静的安逸,淡淡的忧郁和寂寞就在心底葱郁苍翠。每个人都在匆匆的路上被时光改变着,当意识到自己已经被变化的时候,一切都已经迟了,好多人就在不由自主中消失在时光之路的尽头。时光里,有多少数不尽的缭眼繁华,有多少不可言讲的眷恋归依,有多少情思绵绵的百转柔肠,有多少无尽情愁的莫名伤忧。

时光里,不断流淌着莫名的情感,这种情感有怀念,有快乐,有悲伤。可是,生命不能轮回,时光不会倒流,天和地都在岁月的飘摇中进行着一场逆行的旅程。岁月的风中,匆匆埋葬了多少热泪情狂,又消融了多少悲郁忧伤,某些执着的坚强也未能抵住生命最后那一声长叹,算不清人生有多少相逢与离别,一次次的流失让心情与思绪逐渐清醒明朗。人说生命就是一场痛苦。而我想,为何不将痛苦的生命诗意起来呢。于是,就希冀在告别的痛楚中邂逅快乐,在痛楚的告别里找到诗意。让诗意抚慰自己苍凉的心胸,让诗意的脚步为自己踏歌。

时光在流逝,每个人都处在时光流逝中,谁都明知年华终将老去,却都迷茫地站在青春之舟的尾梢静静眺望,期盼西风送来抚慰的微笑。有时,突然感觉是否因为自己走得太快,来不及把那些恋念的美好找个地方寄存,就把曾经的青葱岁月丢在了时光的陌路。甩在背后的那片时空,只剩下残缺的怀念和回想。

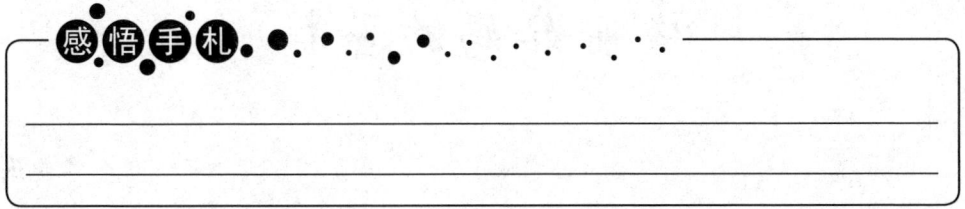

看淡过往

乾野

有句话说得好:"人生没有如果,只有后果和结果。"

我们大多苦于两件事:一是得不到,二是已失去。生活总是这样,有太多的遗憾,太多的怅惘,所有错过的人和事,终将教会我们懂得珍惜。

每个人都有过去,不一定要忘掉过去,但一定要放下过去。沉溺在回忆中的人过不好现在,只盯着遗憾的人则看不到更美好的未来。

时间在走,日子还要继续。接受现实,无论再怎么努力,再怎么懊恼,逝去的都已经消散,别让伤痛在心底扎根。

所有的经历,都是一种修炼。人生就像蒲公英,看似自由,却身不由己。有些事,不是不在乎,而是越在乎,痛得就越厉害,谁也改变不了曾经的结果,何必一遍遍地让自己难过?

放下过去,让心归零,然后释怀一切。等到很多年以后再回首,会发现,现在流过的泪、受过的伤,都会使自己变得越来越坚强。

这一路上,谁不是跌跌撞撞地前行,有欢喜也有哀伤,正如花开花落、云卷云舒。做个内心强大的人,过去,一笑而过;将来,安然以待。

梅丽姑妈的蛋糕

李晓燕

最近几天,梅丽姑妈的行为让十岁的女孩托宁感到很奇怪。每天放学,托宁刚走进家门,梅丽姑妈便笑盈盈地端着蛋糕走出来,招呼她:"托宁,快来吃蛋糕啊,这是专门为你烤的!"

可是,看上去令人垂涎的蛋糕,却总让托宁失望。因为,那蛋糕不是没有加糖,就是没放奶油,或者切好的水果放在厨房里,而不是蛋糕上。每次吃着略带缺憾的蛋糕,托宁总是禁不住向姑妈抱怨,可是,每次姑妈只是很无奈地冲她耸耸肩膀,摊一摊手,就转身进厨房忙碌去了。

有一次,托宁终于没忍住,因为梅丽姑妈居然把一块生蛋糕放在她的面前,请她品尝。看着眼前的生蛋糕,联想着连日来的种种情况,托宁禁不住火冒三丈:"姑妈,您这是怎么回事,您每天准备的蛋糕不是没有放糖,就是缺少奶油,今天又把生蛋糕摆在这里,这让我怎么吃得下去呢?"

面对托宁的质问,梅丽姑妈没有着急,反而微笑着反问托宁:"对于蛋糕来说,奶很重要吗?""当然!"托宁不假思索。"糖和加热的过程也同样重要吗?"姑妈又问。"是的,没有糖,不加热,就没有美味的蛋糕了!"托宁回答。"可是,孩子,这几个月来,你每天回到家里,都要抱怨,在舞蹈剧里,只有你这个主演是最重要的,那些配角就是在那里添乱,我耐心劝说,也没有改变你的想法,你现在来看,你这样想,对吗?"

姑妈这一问,托宁这才想起,学校里成立了舞蹈队,老师让美丽而又有舞蹈天赋的托宁担任主演,而她却嫌弃那些舞蹈队里的配角,常跟姑妈念叨,那些配角根本就是可有可无!

如今,托宁听了姑妈的话,羞愧极了,是的,没有糖和奶,不加热,即使有再好的面粉和鸡蛋,也不会有美味的蛋糕,舞蹈队里,没有那些配角,只有主角,也演不出一部出色的舞蹈剧。

当她长大了,梅丽姑妈的那些蛋糕也一直留在她的印象里,它们时常告诫她,在一个团队里,任何一个成员都很重要,大家需要彼此合作,才能获得更完美的结果。

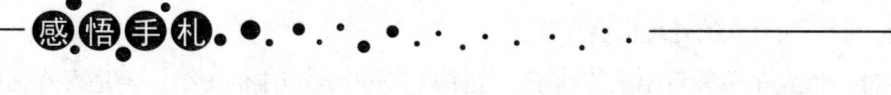

不怕别人变好

连岳

害怕别人变好,尤其是害怕身边的人比自己更优秀,可以说,是普遍的人性。嫉妒心也就是这么来的。强烈的嫉妒,几乎是摧毁性的。你很容易发现这种人,他们的一生,就是在诋毁比自己出色的人中不停地沉沦。

既然嫉妒这么坏,为什么会成为这么普遍的人性呢?可能在繁殖层面,它有作用。人原本不过是基因的工具,我们长得这么健壮,只是为了保护基因、传递基因。从基因的角度看,人的唯一目的就是繁衍。嫉妒是以最粗暴的方式争夺资源,母亲的乳汁是有限的,食物是有限的,成本是有限的……别人不变好,就是自己得到更多;别人变好,就是自己的损失。

从老师的角度来看,那些嫉妒班级第一名的孩子,不可理喻,因为最终的竞争,并不是在这几十个人中展开。大家的水平都高,可以全上好大学;大家水平都低,也可能没一个人考上大学。你是与全国的考生竞争,你的同学好,对你是有好处的,因为你可以从他身上学习,从而变得更好;如果你的同学都很烂,这确实能满足你的虚荣心,可对你并没有什么好处。

视野一大,格局一大,嫉妒心就会慢慢消解。人受基因驱使,又慢慢挣脱基因的奴役,有了自由意志,会做很多基因并不想让人做的事。基因认为人如果没有繁衍能力,差不多就该死了,但人类会通过技术拼命延长寿命,也能找到其他海量的乐趣与意义来充实此生。

不怕别人变好,这是人格局变大的体现,是挣脱基因奴役的体现。

为了得到这点认知,人类也付出了惨重的代价。他们原来相信战争,杀光对方,自己拼命繁衍,其实这是摧毁式的竞争。直到工业革命出现,市场力量变大,才普遍转向交易式竞争,人们不必彼此屠杀、彼此嫉妒,各做自己擅长的,结果奇迹一般,所有人的处境都会改善。

摧毁性竞争下教育出来的孩子,往往具有两个弱点中的一个:一是喜欢强势压制他人,原型是摧毁式的竞争,将欺诈与抢夺视为主要手段,当这种强势无法得到满足时,往往诱发嫉妒,以获得心理安慰。二是变成无私奉献的圣母,不敢争取和维护自己的利益,以示弱示惨为生。两者凑在一起,就是虐待狂与受虐狂,都不正常。

交易式竞争,是后天习得的。我维护我的利益,你维护你的利益,我做好我的事,你做好你的事,我们分工合作,双方利益更大。我不怕你变好,只怕你不变好。

我们应该做一个自己不停地变好,同时也让别人不停地变好的人。有了这种认知,你会发现,别人的进步,别人的优秀,都是你的资源。你的朋友都是亿万富翁,你怎么可能会穷呢?你的朋友都聪明,你再笨,也有一流的智囊团。

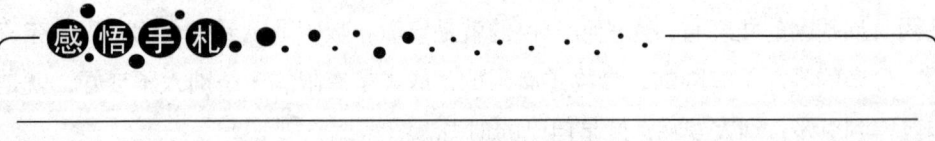

学着和这个世界保持距离

莫言

生活其实就是一种态度,悲与乐就在自己的一念之间,想通了也就是那么回事。

萧十一郎说,他从小就失去了爹娘,与狼生活在一起,狼是最忠贞的动物,就好像他一样,从小,他就学会了在苦中作乐。

他清楚地知道世界的现实,他想要逃避,想要过宁静的生活,可是现实却逼迫着他向前,不允许他停止脚步。

我知道萧十一郎本就是古龙想象中的一个人物,可是这也是他自己形象的一种典范,年轻的时候受尽了颠沛流离的生活之苦,后来便通过酗酒来度过余生,这也导致了他英年早逝。

其实,比起金庸我更加喜欢古龙,至少说,比起古龙,金庸是幸运的,所以,这也是他们写作创作风格的不同之处。

古龙希望过平静的生活,能有家的温暖生活,就好像是小说中的萧十一郎,正因为如此,所以萧十一郎喜欢上了沈璧君而不是风四娘,因为沈璧君代表着善良、美丽、真诚。

因为看清了世界的真实面目,所以他总是与这个世界保持着一定的距离,保持在安全线内,他的要求不多,只想过平静的生活,想要一个家。

这也导致了邪恶派连城璧的出现。其实连城璧也是一个悲剧的人物,作为一个抱养的孩子,没有感受过一点亲情,直到遇上沈璧君,而这,也是问题的根源。

多次被误会,不解释,因为时间会证实一切,好多次想要了断自己的生命,可是使命却让他不能如此。所以他就这样坚强地活了下来。

原著中,本来萧十一郎的结局不是很好,这也让大师古龙很是不满,于是又着手写了续《火拼萧十一郎》,于是有了完美的结局。

其实这也是古龙自己想要有的生活结局,可是都不能如愿。

生活其实就是如此现实,现实得让人可怕。可是我喜欢萧十一郎这个角色,苦中作乐,也许我应该学习一下他的精神,学习他对于生活的态度,虽然我没有什么护刀家族的使命,但是至少我应该为我的事业想一想。

世界上的人那么多,品种也那么多,我能考虑的又能有多少呢?

学着与这个世界保持着一定的距离,至少不要让自己受伤,不要让自己轻易地受伤。

在岁月中沉淀

王国梁

小时候,母亲每年都做红薯淀粉。那次母亲把一些类似牛奶的液体放入一个玻璃缸里,说是要等淀粉沉淀。母亲说,那些是已经过滤了的,再沉淀一会儿,还会有淀粉出来。我坐在旁边,看淀粉怎样一点点沉淀。

那样的过程,真的是有点神奇呢!渐渐地,缸里的液体慢慢变得不那么浓稠了,而玻璃缸底层的淀粉却越积越厚。我总觉得,是时间的力量让淀粉沉淀的。因为母亲说,不着急,等会儿把上面的水倒掉,就可以滤出淀粉了。我感觉到,在时间的流逝中,淀粉的细小颗粒,一粒粒往下沉,直到精华全都沉淀出来。在沉淀的过程中,淀粉颗粒一定遇到了水的阻力,但它们凭借自身的重量优势,努力往下沉,直至把精华聚集到底部。

沉淀,是一种过滤和抛弃,也是一种凝聚和积累。去除糟粕,沉淀精华,时间每时每刻都做着这样的事,它改变着世界,也改变着我们。

那次我在山脚下,仰望一座巍峨的高山,忽然感觉神圣起来。高山仰止,大概就是这样的感受。怎么会有如此高的山?大自然创造的神奇世界带给我们无限惊叹。再看这座山,层层叠叠的褶皱里面,隐藏着时间的痕迹。在亿万年漫长的时光里,它沉淀出安稳坚定的气质,沉淀出傲岸不屈的风骨,是任何风雨都撼动不了的。如果没有岁月中一点点的沉淀，它怎会如此淡定安然？又怎会如此壮美强悍？时间赋予它精华，沉淀出岁月的味道。

世间的一切，都在时光中沉淀。时间改变着世界，岁月改变着你我。

我周围有些白发苍苍的老年人，他们脚步从容，脸上的笑容温和宽厚。谈起过往，说到曾经一些苦难的经历，他们总会云淡风轻地笑笑，然后轻轻摇摇头，说一句，都过去了！那神情，那语气，好像是在说，什么都是浮云！

人生起伏，岁月沉香。我想，每个人都会在岁月中沉淀出生命的馨香。年轻时，我们还没有经历过时光的沉淀，没有经历过悲喜忧欢的历练，整个人都像是轻飘飘的。年轻人脚下无根，头脑冲动，一不留神就会拍案而起，制造点不利于人也不利于己的尴尬动静。尽管事后悔不当初，但做过的事，说过的话，收是收不回来了。没经历过岁月的沉淀，人容易失意时萎靡，也容易得意时忘形，没有淡定的心态。没经历过岁月的沉淀，听不得批评，一听到不顺耳的话恨不得立即扑上去跟人拼命；总喜欢别人假意的恭维，一听就会喝醉了般忘了自己是谁，所以人是浮躁的，欠缺安稳。

生命给了我们足够的沉淀时间，在那些成长和老去的时光里，我们慢慢收敛了满身的张扬和卖弄，收敛了满身的狂妄和愚鲁，变成了一枚苍绿的宝石，泛着温润祥和的光泽。有一天，你也会变得得之淡然、失之泰然，沉淀出一颗宠辱不惊的心。有一天，你无论听到别人说什么，都会微微一笑，悦然接受，沉淀出达观的性格。我们在时间的流逝中，慢慢剔除了性格中的糟粕，沉淀出温厚美好的修养和品质。沉淀的过程，悄然改变着我们，让我们越来越好。不经历岁月，怎能沉淀出最美丽的人生？

生命在岁月中沉淀出馨香，淡泊、冷静、智慧，这些都是岁月赐予我们的最后的精华。

感悟手札

诚 意

林燕妮

我对弹钢琴非常有诚意,但是学了几年,依然成绩不好。

我对芭蕾舞十分有诚意,但是跳了十年,依然比不上很多人。

诚意只不过代表了我真正喜欢做我在做的那种事情,而不代表我有天分、有技巧或者有成绩。天分比我高的人,指头一按下琴键,发出来的音色已经比我带着十分诚意的指头好。

太多人把"诚意"这两个字扩展得过大,大得代表了成绩。其实,真正爱好艺术的人,在创作的时候,很难会有"假意"。同是有诚意的人,天分高的与天分低的,成绩便有天渊之别。要是有诚意便一定好,那么好便太容易了。

诚意可以驱策我们努力,但不保证成功,一旦发觉自己只有诚意而无天分,不做也罢。

撕毁人设之后,你是谁

黄小邪

理学家霍妮曾提出:人的一生是一个努力克服虚弱感,并在一个充满危机的世界里安身立命的过程。为了达到这个目的,人会根据自己的情况,在不同的"人设"中进行选择。

所谓人设,是一种带有戏剧感的人物设定。它限制了人物本身的某些特性,而让人物在限定的轨道内进行表演。

当下生活，人设泛滥。

在剧组拍戏，我有幸与某知名演员合作。夜里收工后，集体组织去吃夜宵，那位演员无论如何都不肯参与，事后她一一发信息向我们道歉，并解释不是自己不想去，而是不得已，因为经纪公司给她的人设是那种克制、自律的人，假如不慎被粉丝拍到自己的偶像深夜在外吃吃喝喝，容易人设崩塌。

这倒也能理解，在成年人的世界里，言行情绪，多数时候并不自由。

人设只供别人观看，本也无可厚非，但有些人面具戴久了，就像长在脸上，再也揭不下来。在面对自我时，依旧努力维持人设，实在是一种悲哀。

某些公司职员就是践行人设的惯犯，他们平日强抑自己心中的想法，坐在电脑前安分度日，不加入任何闲聊八卦小分队。在领导可能出现的场合，秒变活跃分子，做每一条老段子与坏包袱的忠实听众。这些职场人设，令几十平方米的办公室，塞满了演技。

若在一个大众均有人设的场合，无人设，或人设错误，便会导致社交事故。

朋友家境较好，女儿才上一年级，便被爷爷奶奶强制送往各类才艺班，钢琴、书法、架子鼓，一丝不肯怠慢。但孩子很痛苦，毋庸置疑，朋友爱孩子，拒绝孩子被种种课余才艺淹没快乐的童年，因此被认定为不在乎孩子的成长，并不适合做一名优秀的母亲，即便那么富裕，依旧舍不得花点钱为孩子报个才艺班。所以，其他家长便不太愿意与这样"不求上进"的家长打交道。

看，好像怎么做父母，都有固定的人设。

反观自身，每个人或多或少都会有一个比较广义的人设，也许我们并未在意，但一定存在。不过，有人时刻清晰人设与现实的差别，并能平衡人设与真实的比例。而有些人早已混淆了人设与真实，贪享人设带来的光环，却忽视了修炼自身，过度包装自己，最后人设崩塌，一败涂地。

看看朋友圈那些精心设计的人设。一些人在朋友圈里是精进务实的员工，是尽职尽责的父亲，是温柔幸福的母亲，是为朋友两肋插刀的好兄弟，是生活优质、不忘初心的自己。有些时候，一张修了无数次的图片在获得满屏点赞时，仿佛听到了溢出屏幕的羡慕声，沉迷假象，自己都没办法拒绝朋友圈里完美的自己。

可现实呢？生活一片狼藉，挫败与苟且强抑于内心深处，精心打造的体面人设，在一间脏乱的出租屋内碎裂崩塌。

明知一切违心的人设终有崩塌的那一天,他们虽然很分裂,但是依旧很享受。

作家毛姆讲,我那时还不了解人性多么矛盾,我不知道真挚中含有多少做作,高尚中蕴藏着多少卑鄙,或者即使在邪恶里也找得着美德。

好吧,你当然可以拥有人设,但别忘了你是谁。

"为了钱而工作",这是了不起的

[日] 中村恒子

在心理咨询工作中,经常会碰到这样的烦恼,"工作到底是为了什么"。工作没有价值,得不到领导和同事的认可,与同事关系不和……原因各不相同,总之大家都感觉很痛苦。

不过,我希望大家先想想看:人原本是为什么而工作呢?

也许有人说"是为了做自己想做的事",也有人说"是为了实现梦想"。我认为,这些回答都是正确的。

然而,从本质上来说,人就是为了生活而工作。这个道理,亘古未变。为了养活自己,为了养活家人而工作,我认为这是工作的首要目的。

当自己能够自食其力,凭借自身的能力在社会上立足时,就会开始被周围人认可,觉得你是"可以独当一面的大人"。因此,在我看来,为了钱而工作,并不是可耻的事情,这是理所当然的事,我认为是非常了不起的。

有些工作不需要直接赚钱,但可以为上班的丈夫或者妻子提供帮助,替他们照顾孩子和家人,这也是十分重要的工作。

赚多少钱倒没那么重要,如果能够支撑自己和家人的日常生活,这就足够了。人生，就是这样活着而已。

我刚开始从事医生工作时，并没有想着要"救死扶伤，助人为乐"，只是"顺应潮流"而已。

1945年6月，16岁的我从广岛尾道前往大阪。我们家有五个孩子，父亲是一名普通的小学教师。父母宠爱两个弟弟，他们经常告诉我"从女校毕业后要么当老师，要么嫁人，总之尽快自食其力"，除此之外我没有别的选择。对于出身农村、孩子又多的家庭来说，这些话可能再平常不过。

在这种情况下，我不得不早点出来工作。当时，正在大阪开诊所的叔叔说："如果有谁想当医生，我可以资助他全部学费。"

因此，我决定成为一名医生。这个选择没有快乐不快乐之说，也无所谓想做或不想做，当时我别无选择，我必须工作。

顺便说一句，我并没有自己开诊所。从医将近70年，我一直是受聘医生，也就相当于上班族。

我没有什么野心，工作挣钱也是为了养儿育女。现在孩子早已经独立，我也上了年纪，不用赚钱养活他们了。但是面对信任我的患者，我仍然不得不继续工作。如此寒来暑往，已经有70年了。

说得好听一点，就是让人生顺其自然吧。对于工作的态度，这样不是很好吗？

如今，我们很容易看到一些令人不安的新闻，某人过着怎样的生活。因为这样，内心的不安和不满会令人心情糟糕透顶。无法预料的未来会令人感到不安，世界是瞬息万变的，任何时代都是这样的。

这是我们无能为力的事，特别是面对政治、经济等问题。面对生活，我们就要说服自己，必须照顾好自己，守护好家人。

当你面对"为了什么而工作"感到迷茫时，你就干脆而果断地告诉自己"工作只是为了赚钱养活自己而已"。这就是人要工作的根本。

至于"人生价值""自我成长"之类，是要等自己立足安稳后，在闲暇之余慢慢思考的问题。人生很长，慢慢思考就好了。

如果你已经可以自食其力，工作十分出色，没有什么需求要满足，那可以试着考虑一下，还有哪些想法没实现。

总之,为了活着而工作,并不是什么可耻的事情。

为了钱而工作,并不是可耻的事情,这是理所当然的事,我认为是非常了不起的。

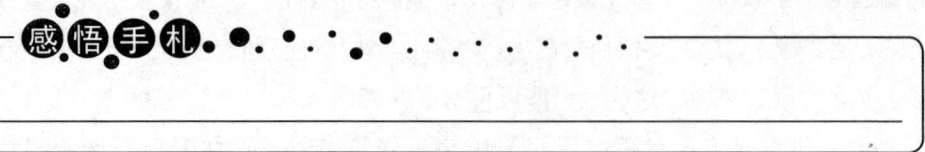

搭讪的勇气

王宇昆

大学的时候,不怎么喜欢一种人。

这种人精明能干,会在所有群体性活动中引得所有人的关注,几个小时前的陌生人,很快就会成为他的朋友。

嗯,社交花。不知道是哪个特别有语言天赋的人,总结出来这么一个精辟的词。

之前去外地参加一个电影宣传活动,一个同行的姑娘格外引人注目,开会的时候总是积极踊跃地发言,每次发言都要称赞主办方几句。活动最后的酒局上,这个姑娘跟每位领导和投资人敬酒,几句话后就顺理成章地加上了对方的微信。

说实话,那一刻,我是有些嫉妒她的,因为她很快就跟那位我一直特别欣赏的导演聊得甚欢,而我却连上去搭个话的勇气都没有。

我该怎么迎上去?我该说什么才能让他对我有印象?他会同意加我微信吗?诸如这样的问题在脑袋里盘旋,索性放弃吧,我安慰自己:干吗活得这么用力啊?

之前在大学实习的时候,同小组早进来的那一批学长学姐都在争取留下来的机会,看着他们为了那为数不多的几个名额抢破了头,不得不感慨现在的竞争压力真的很大。

最后出结果的时候,有一位学姐的入选让大家都大跌眼镜,明明她的最终考核成绩并不是最优秀的,却因为另一个组的一位德国主管写了一封推荐信,而成功留了下来。

那位德国主管曾经在团队聚餐的时候跟我们一起吃过饭,大概因为上下级,实习生们都没有敢主动过去搭话的,唯独那位学姐主动上去聊天。

我开始重新审视"社交花"这个略带恶意的词。其实,作为人的本能,社交的能力又何尝不是一种才智的证明呢?

记得新生周的第一天,学校特别设置了几个小时的活动,就是让我们所有人聚集在学校的广场上,什么也不做,让大家努力地去和陌生同学交谈,认识陌生人。活动的目的是拉近陌生同学之间的距离。

我发现亚洲的面孔大多抱团聚集在一起,讲着自己的母语。羞涩的我也不自觉地和"中国同学们"抱成一团。或许这是初来乍到异国他乡,最能获得安全感的方式吧。

认识的一个家境不错的朋友曾经在加拿大生活了好多年,终日待在华人圈的他,回国后英文还是磕磕巴巴的。

无论是提高能力,还是真的要去交一些朋友、开阔一下眼界,不能勇敢踏出固有的圈子真的是很可怕的。

这真的不是一件容易的事,它可能比做其他事情更需要勇气和胆识。

不若与众

二公子

曾有歌词说:孤独的人是可耻的。哲学家也说人天生是社会的动物,理论上都喜欢扎堆凑热闹。早在战国时的孟子就提出了这个问题:独乐乐,与人乐乐,孰乐乎？当时齐宣王回答说："不若与众。"大家一起比较开心。

可是当谈到人口爆炸、大都市膨胀时，大家又都很恐惧，比如东京涩谷的十字路口就经常作为一个负面例证在无数纪录片里出现。那是一个车站和几条街道交会的庞大路口，天空被巨大的电视屏霓虹灯占据，当人行道绿灯亮起，四面八方的人潮就会如程序设定过一样，步伐迅速地通过路口，老练而漠然地擦肩而过。据说，这里是世界上最繁忙的地方，平均每分钟有3000多人通过，每天约有250万人在这里走走停停。成百上千着装入时或另类的人群交织在一起，纷繁复杂中透露着一种迷茫。获得奥斯卡提名的日本女演员菊地凛子曾被问过，如果拍摄关于东京的电影，选一个社区扮演一个角色，最想演哪个？她说她想演涩谷。因为那里流动着一种整个社会都盛不下的精神和活力！草率而冲动。

看看自己，喜欢聚会、忙闹、"草率而冲动"的时期也就是在上学的日子里。在大学每年都积极地参加各种新年倒计时活动，还曾为了跟一群人去看一场狮子座流星雨、看世界杯转播通宵未眠。

有一年的新年，在越南河内，晚上街道上的人和比人还占地方的摩托车格外多，不仅让我无法走路，反而倒推着我朝相反的方向后退。

我本来想走回住处，看到这个情况索性留下来跟当地人倒计时庆祝了，直到凌晨两点，人流逐渐散去，我才回到本来直线步行五分钟都不到的青年旅社。可当时不仅不觉得累，还觉得体验很特别。

现在人到中年，变得好吃懒做，坐拥两个娃，在家里当沙发土豆最多。当在电视上看到号称"世界的十字路口"的纽约时代广场一年一度的水晶球倒计时一夜聚集了100万人，顿觉头皮发麻。脑袋里第一个问题就是，孩子上厕所怎么办？

回头跟朋友交流，发现所有人都有参与集体狂欢的惨痛经历，有人在八月十五的上海外滩公交车搁浅；有人在北京演唱会后无车可打最后坐送菜的板车回酒店；有人在黄山、武当山、武夷山、某座什么山因为人太多，体验了"真正的上山容易下山难"！

美国有个青年叫克里斯托弗，就提出人要离开社会。他家境优越，是亚特兰大私立名校优等生。毕业后，克里斯托弗放弃了令人羡慕的工作，把存款捐给了慈善机构，做了一名流浪汉，去阿拉斯加寻找自我，最终他一个人住在森林里，死在了他为之迷恋的荒野。他的这段经历后来被写成了一本书，也被拍成了电影《荒野生存》。令人唏嘘的是，他抱着巨大的勇气离开社会，走入荒野，却表示了后悔,他在回忆录里留下这样一句话:跟别人分享的欢乐才是真实的。也就是齐宣王说的不若与众。

最善泳者,忘水

冯唐

"急于求效,杂以浮情客气,则或泰山当前而不克见。以瓦注者巧,以钩注者惮,以黄金注者昏。外重而内轻,其为蔽也久矣。"

这句话是曾国藩引用《庄子》的。

庄子说,生而为人,仿佛进赌场。一言一行,都是赌注。赌注大小,心理负担不同,承受力不同。用瓦片以小博大,心里轻松;用银钩下注,就会害怕;用黄金下注,就会心慌意乱了。

生而为人,难免下注,最重要的是内心要沉稳坚固、心平气静,不把赌注看得太重(把赌注看得重,就是"外重而内轻"),如此才能看得远、博到大。

越是能干的人,越是成就了很多的人,越是容易心重,越是想赢怕输,越是容易动作变形、寝食难安,越是不能"治大国若烹小鲜"。迈不过这个坎儿,再聪明勤奋能干,也就是诸葛亮。迈过这个坎儿,就是曹操、刘秀、刘邦。

最善泳者,忘水。

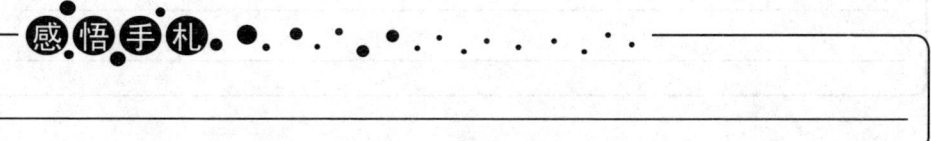

多虐待筋骨，不虐待心情

吴淡如

每次要去健身房前，总有个声音告诉我：要不要找个理由请假？

刚开始时是最辛苦的，不是用吃奶的力气咬紧牙根，也不是软着腿走下健身房的台阶，而是第二天醒来全身僵硬，接连三天都因为酸痛难以入睡。

我也没有设置什么目标，硬着头皮守信用去上课，约好了就得去，去了就得忍，忍了就继续忍，以免前功尽弃。本来只能跑"半马"，在第六次练肌力后，竟跑完了一个"全马"，纪录比我想象中快得多，这天降神迹让我发现肌力训练的好处，于是持之以恒但也毫不勤奋地每月固定接受一两次健身。

意外地，我年少时的肩颈酸痛竟然好了大半，几乎不用再去找整椎师傅。其实，整椎没用的，神仙妙手把你的骨头都调正了，你那松软无力的肌群也会在不久后自动缴械投降，让它继续歪回去。而我也发现了肌力训练和跑步最美好的副作用：当我开始虐待筋骨之后，我几乎不再虐待自己的心情。

那些以前会钻的牛角尖，竟然在对自己的肌肉越来越有掌控力的时候，不再为难了。挥汗练习后，什么仇人啊，伤感啊，都抛在脑后，酸言酸语更是无所谓了。

其实有些后悔：如果年轻时，就明白这个好处，一定会少浪费一些心情在作茧自缚。

真正的自信，原来不是只种在心中，它成长在筋骨强韧里。

世界再乱，请准时到站

之一

茶水滚烫，这间酒楼算是稳住了

和朋友约在她家附近的一间酒楼喝早茶。

上一次来这间酒楼还是十多年前，公司的财务小姐在这里摆婚宴。那时酒楼新张不久，气象旺盛，财务小姐对婚宴安排很是满意，宾客对酒楼菜品也印象颇深。

可是朋友说，这间酒楼前几年经营不善人客寥落，她住在附近都很长时间没来，直到前段时间她路过这里看到门脸在重新装修，貌似内部管理也经过了一番整改，于是她上周试着在这里请了两拨从广州过来的旧同事吃饭，发现，此地又能来了。

各类粥点小菜很快上桌。试一试，春卷够香脆，叉烧肠够滑、白灼菜心碧绿可喜，玫瑰红枣糕温润软糯但并没有甜得腻死人，最后上来的XO酱炒萝卜糕卖相讨喜味道也相当不错。

朋友环顾满座食客，说，这间酒楼算是稳住了。

然后朋友细细说，看一家酒楼经营如何，你先看茶水够不够热。这里的茶水滚烫，擦手的毛巾也滚烫，说明经营者是有心的，不拿温水和冷毛巾糊弄食客。

其次，菜品味道好，说明质量有保证；上菜快、服务态度好，更说明员工训练有素，整个流程是有效率的。

再看服务员。你看这里的服务员，二十岁也有，四十岁也有，说明老板资金充裕，开出的薪资能满足不同年龄员工的需求——中年员工不像年轻员工只管自己就好，他们要养家，薪资太低就没法做。

而且，无论是一间酒楼还是其他种类的公司，员工年龄层次分明，说明人员结构合理，公司大势稳定——员工全是"90后"或者全是"60后"，都会是一件可怕的事情。

综上所述，朋友说，这间酒楼是可以期待的。

228路，硬硬的还在

曾经看过一个故事，说是"二战"结束后，不安与恐惧在日本社会如野草般蔓延，可是，一位每天乘地铁上下班的东京市民却发现，地铁依然像以前那样准时到站。

于是这位市民由衷感叹："地铁还能准时运行，看来战后的人生还是可以期待的。"

一间酒楼，一个社会，一个城市，一个人，都是如此。

离开一个地方，最怕就是回来后找不到原先熟悉的东西。从前住广州，喜欢吃广州的肠粉，经常一早坐校车进市区，到广大路的一家波记肠粉店去吃我最爱的"韭王鲜虾肠"——抱歉当年广州满街招牌都把韭黄写成"韭王"。

街边店，热肠粉浇上喷香烧鹅油，好吃到难以割舍。

后来从广州到深圳，周边找不到一家广府风味肠粉店。

有同事早餐爱吃一种加了腌制大蒜的不知是哪里风味的肠粉，打包到办公室吃，每每闻到，死的心都有。

直到有次重返广州，在广大路拐角的肠粉店里吃到我最爱的韭黄鲜虾肠，眼泪都要下来了。

再过一些年，深圳街头多了一些广府风味的肠粉店，不少酒楼也有了早茶，就像我朋友家附近那间酒楼一样。

慢慢地，深圳在我眼里成了当年的广州，每次外出旅行久了，心里会想，等回到深圳，我要吃白粥，吃肠粉，吃三寸菜心，对，在深圳。

我曾经在2012年离开深圳，在外地住了一年。

2013年回到深圳后，有一天要去一个地方，查百度地图，发现有228路公交车可以到达。当时心里一喜：228路还在啊。

刚到深圳时，住在福田，每天沿红荔路自西往东到罗湖上班，来来回回坐的就是228路。

那时人多车挤，早上通常要站到华新村才有座位。

有一次下班太累，好不容易有个座位，结果坐下去就睡着了，昏茫中被邻座男子好心叫醒，抬头看天色已晚，车窗外涌入大股清凉气息，原来车正在经过莲花山。

很好啊，228路，硬硬的还在啊。菜市场旁边的烧腊铺还在，小区楼下的外贸店还在，花店和凉茶铺也都还在——虽然有一些店铺已然消失，有一些店招早已换了几茬。

有它们在，这个城市就是可以期待的。

按部就班，一切就不必担心

几年前，我打算从上一间公司离职，也做了有可能失业的心理准备。但心里总不踏实，我担心自己做一名自由职业者会不够自律，胡混度日，一事无成；在心态上若是脱离社会，变成一个怨妇，就更加无药可救。

那时有一个远方的朋友，我们时不时聊天，她经常会给我一些很有智慧的建议。听到我各种叨叨各种恐惧，她非常郑重其事地给我写了一封长邮件，细细地讲她在家工作的体会，告诉我，只要每天能按时、照常做事，该写字的时候写字，该运动的时候运动，该做饭的时候做饭，该看电影的时候就去看电影，踩准钟点，按部就班，一切就不必担心。

另一位远方的朋友，一名曾经的外企高管，在生完孩子后，曾经有三年在家工作的记录。这也是一位非常律己的女士，为了不与外界脱节，她找到了一个颇具形式感的做法：在家工作的时候也跟在公司一样，穿套装，穿高跟鞋，化妆，涂口红，戴手表，戴首饰，让自己的外在形式跟上班的时候分毫不差。

三年后，她把孩子送入幼儿园，自己重返工作并身居高位，新同事一点也看不出她在家待过整整三年。

我后来也明白了这个道理。

这几年里，我换过两次工作，在家待了一年，身体也出过状况，但我始终记得那两位朋友的话，按部就班，该做什么做什么，一切就不必担心。

际遇不由人，但节奏由自己定。

无论是一段低落的人生，一段迷惘的人生，还是一段被突袭后七零八落的人生，只要每天踩住节拍，准点起，准点睡，有工作的穿得整齐悦目每天准点打卡上班，没工作的穿得整齐悦目每天准点买菜做饭，日子就是可以期待的。

世界再乱，心中的秩序不能乱。

该开花的时候没开，那叫千金难买我愿意

自然界里，万物也各有钟点和节奏。花准时开，果准时结，叶准时落，四季就是可以期待的。该开花的时候不开花，通常是生命力不够强大；不该开花的时候却反季节怒放，《红楼梦》里老祖宗说，那叫妖孽。

不过，有一些"准点"，就要另当别论。

前些年总听人说"人在什么年龄就该做什么事"，说多了渐成一套理论，由于逻辑太过强大，很多人急急忙忙照此奉行，比如25岁必须结婚，30岁必须生孩子，35岁必须买房，40岁做不到总经理就是废柴……

总之没做到"这个年龄该做的事"就是不正常，就是失败，就是没有前途的黯淡人类。

所以那些催婚的、催生的、催买房的、催上进的，一个比一个起劲，都以为自己是在做一件无比正确的事。他们心急如焚地看着那些被催的人，这些人眼看着就要输在起跑线上，怎么还不知道着急？

可是，哪个年龄该做哪些事，难道不是由每个人自己决定的吗？每个人活在世上，付出努力，去奔自己想要的前程，可你的规矩未必是我的规矩，你的逻辑未必是我的逻辑，你的节奏未必是我的节奏，你的人生未必是我的人生。更何况人生总有意外，就算没有意外，我还不能不按你的规矩出牌吗？

地铁要准点到站，航班要准时起飞，但人生的树如何长高长大，是一场谁都不能说了算的例外。

你觉得应该开花的时候它没有开，未必是生命力不够，那叫千金难买我愿意；你觉得不该开花的时候它却反季节怒放，那叫我偏要给你们一个惊喜。

感悟手札